# *Teil 1*

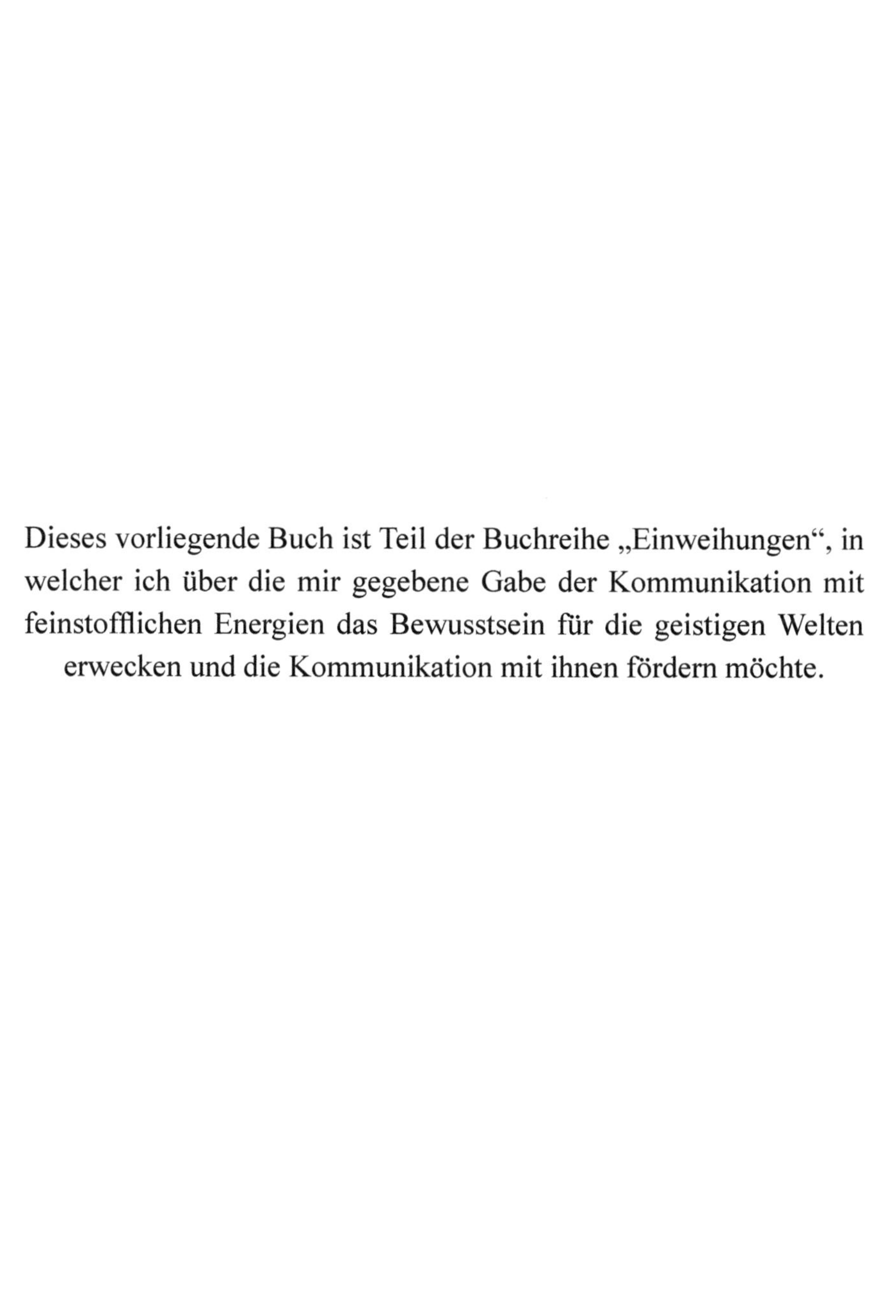

Dieses vorliegende Buch ist Teil der Buchreihe „Einweihungen“, in welcher ich über die mir gegebene Gabe der Kommunikation mit feinstofflichen Energien das Bewusstsein für die geistigen Welten erwecken und die Kommunikation mit ihnen fördern möchte.

Dieses Buch ist deiner Seele gewidmet.

Mögen diese Botschaften uns lange überdauern
und bis in alle Ewigkeit in unseren Seelen klingen.

∞

**Impressum**


Herstellung: BoD – Books on Demand
Cover- und Buchgestaltung: Anja Jakob; www.ey-jay.com
Lektorat: Birgit Groll, Benediktbeuern; www.birgit-groll-coaching.de
Illustrationen: Sandra Wobster, www.grafikbysandra.de
Grafik Stockerpoint

ISBN: 978-9962-702-32-0

Kontaktinfo Sylvia Leifheit
www.sylvialeifheit.de
contact@silverline-publishing.com

*Lieber Mensch,*
*geliebte Seele,*

*schon seit meiner Kindheit möchte ich die für uns unsichtbare Stofflichkeit verstehen, sie kennen, mit ihr arbeiten, sie nutzen. Auf meiner Suche nach Antworten begegneten mir viele Lehrer, die dann leider nur immer einen Teil meiner Fragen beantworten konnten. Den ganzen Kontext, das große Ganze kannten sie nicht. Noch schlimmer, sie gaben sich mit den bisherigen Erkenntnissen zufrieden und hinterfragten sie nicht (mehr).*
*Mit jedem noch so kleinen Schritt auf meinem Weg wurden mir jedoch die erhobenen Zeigefinger der Religionen und ihr liebstes Werkzeug namens Angst mehr und mehr zuwider.*
*Wenn etwas Liebe predigt und Unterdrückung lebt, wenn etwas Toleranz fordert, aber selbst Millionen Morde im Namen seines angeblichen Gottes bis heute vorlebt, wenn etwas Aufklärung postuliert und denjenigen, die diese tatsächlich bringen, das Leben nimmt, wenn etwas sich heilig nennt und gleichzeitig seine Kinder misshandelt, dann bedarf dies einer genaueren Betrachtung. Wie kann eine Menschheit derartigen weiter folgen? Was genau ist die Essenz hinter der täglichen Grausamkeit?*
*Dieses Verstehenwollen der energetischen Zusammenhänge unseres ganzen Seins und das Forschen nach dem Kern hinter den destruktiven Lehren ist die Intention meines Schaffens hier.*

*Es ist an der Zeit, diese falschen, lebensvernichtenden, blockierenden Formen mit unserem heutigen physiklischen Wissen zu wandeln - in Aufklärung und Verständnis. Denn nur, wo wir verstehen, können wir vertrauen. Und nur, wo wir vertrauen, können wir wachsen.*

∞

*Der Kosmos ist ein ewiges Perpetuum mobile des Seelenwachstums, und wie viele und vor allem welche unterstützenden Kräfte dabei wirken, soll dieses Buch festhalten.*

*Tiefer und tiefer tauchen wir ein in die Geheimnisse des Kosmos, um zu erkennen, wie alles mit allem verbunden wirkt. Dass es kein Zufall, sondern Naturgesetz ist, wer wir sind, warum wir sind und dass wir niemals alleine, ohnmächtig und unbeholfen sind, auf der Reise unserer Seele durch Raum und Zeit.*
*Es gilt die Werkzeuge endlich zu kennen, die helfenden Kräfte zu verstehen, um sie zu nutzen wie nie zuvor.*

*Sei bereit für die nächste Stufe Deines Seins, die nächste Stufe des Verstehens und damit des Vertrauens. In Dich selbst, in den Kosmos und seine fördernde Intention hinter ALLEM.*



*Danke. Liebe.*
*Sylvia*

9

∞

## Inhaltsverzeichnis



# *Teil 1:*

# *I. Der energetische Aufstieg*





∞

## II. Der energetische Abstieg



## III. Der Bereich des Organischen

# Fortsetzung in Teil 2 :

## IV. Seelenphysik

Die Verbindungen
Wahrnehmungen
Bewegungen der Energien
Seelenenergie
Dualseelen
Seelenrückholung
Erlaubnis

## V. Kosmische Physik



Dämonen/Besetzungen
Das Ganze
Schutzgeist/Schutzengel
Hellsehen
Schwarze Magie
Akasha
Seelenreisen
Träume und Meditation

## VI. Seelenkatalog

∞

# VII. Praktischer Teil

# VIII. Fragen und Antworten

# IX. Epilog

„Bewusstsein und Liebe sind feinstoffliche Elemente, so, wie Feuer, Wasser, Luft und Erde, Elemente unseres Planeten sind.“

Sylvia Leifheit



∞

# Einleitung

Das Leben ist dazu da, in Freude schöne Erfahrungen zu machen und im besten Fall nur Liebe zu geben. Jedes andere Gefühl, das nicht mit Liebe unterstrichen ist, und jede Tat, die nicht aus einem liebenden Herzen entsteht, ist nicht im Einklang mit dem Kosmos und wird Resonanzen hervorrufen, die sich vielleicht in Krankheit oder anderen negativen Erfahrungen widerspiegeln werden.

Tatsache aber ist, dass es keinen Grund gibt, nicht im Einklang mit den Gesetzen zu handeln. Nicht einmal das Vergessen, das mit der Wahrnehmungsveränderung im Inkarnationsprozess einhergeht, darf die Verantwortung von uns nehmen - im Gegenteil. Jeder Mensch ist für sich selbst und seine Taten verantwortlich. Also muss auch jeder Mensch in dieser Eigenverantwortung den Prozess der Erkenntnis und damit der Reinigung ganz alleine durchwandern. Niemand kann ihm das abnehmen.



Lediglich um kosmische Hilfe können wir bitten, doch auch diese kann nur dort wirken, wo wir wirklich dazu bereit sind.

*

∞

# Über die Vermittlerin

Seit meiner frühen Kindheit bereise ich andere Welten. Wenn ich aus meinem Körper „heraustrat", war das oft verbunden mit dem Gefühl, als würde man mir einen Panzer abnehmen. Ich fühlte mich federleicht und frei von allen Zwängen des weltlichen Seins. Kehrte ich dann wieder zurück, fühlte es sich an, als würden mir tausend Tonnen schweres Blei um den ganzen Körper gelegt werden und alles wurde beklemmend und unangenehm heiß. Schon früh begann ich die Erlebnisse in den anderen Wahrnehmungswelten aufzuzeichnen.

Doch im Laufe der Jahre wuchs der Druck der „Armee Menschheit", wie ich sie nenne, mich doch den Regeln und Gesetzen des irdischen Seins anpassen zu sollen. Eingebunden in feste Strukturen fügte ich mich dem, und mit jedem Tag, an dem ich meine Gedankenfreiheit aufgab, verschwand meine Fähigkeit des Bereisens anderer Bewusstseinsebenen.
Bis ich sie fast vergessen hatte.



Doch eines Tages, inmitten einer ganz normalen Nacht, erinnerte sich meine Seele wieder an den Zustand der Freiheit. Das Tor wurde wieder geöffnet und ich schwor mir, von nun an nie wieder die Wahrnehmung der Getrenntheit, die die Menschen leben, als meine eigene Wahrnehmung zu akzeptieren.

In meiner Wahrnehmung gab es nie eine Trennung zwischen den Menschen und den feinstofflichen Energien. Im Gegenteil. Die Menschen kamen mir immer wie die Schüler einer Vorschule vor, die auf ihre sehr unbewusste und vernebelte Art versuchten, die Welt zu be-

herrschen, dabei jedoch noch nicht einmal das ABC konnten. Dementsprechend missverständlich betrachteten sie meine Art zu denken und zu handeln - bis ich es aufgab, die Gedanken zu teilen. Die Lieblosigkeit der Menschen ist vielfältig und ich hatte schlicht und ergreifend keine Lust mehr, sie zu provozieren. Also tat ich einerseits so, also sei ich Teil der „nie hinterfragenden und immer nur alles ausführenden Armee Menschheit" und andererseits erweiterte ich meine Gabe von Jahr zu Jahr immer mehr.

So lebte ich in dauerhafter Kommunikation mit Elfen, Zwergen, Engeln, Meistern, Lehrern, Schutzgeistern, Verstorbenen, hohen Energien aus Ebenen, die keinerlei Form mehr kennen - und so vielen mehr. Sie waren und sind Teil des Ganzen - wie wir alle Teil eines Ganzen sind.



Eine mich immer begleitende Kraft ist meine Neugier. Und vor allem ist es die Neugier, den Kosmos zu „verstehen". Wie eine feinstoffliche Wissenschaftlerin nutze ich meine Gabe der Kommunikation mit feinstofflichen Energien, um von ihnen Wissen zu erfahren. Nichts was ich jemals geschrieben habe oder schreiben werde, habe ich in anderen Büchern gefunden. Die Suche dort nach Antworten habe ich sehr schnell aufgegeben, da ich niemals eine derartige Vielfalt an Erklärungen für die wirkliche Ganzheit fand, wie ich sie erfuhr, wenn ich mit den feinstofflichen Energien Kontakt aufnahm.

Der Weg ist das Ziel und so hat mich der Forschergeist in mir immer weiter und weiter geformt, bis ich eines Tages vor dem Medium Joao de Deus stand, weil ich selbst aus den feinstofflichen Welten bis dato keine Antwort bezüglich meiner immer schwächer werdenden Augen finden konnte. Also hoffte ich, dass mir dort geholfen würde. Das wurde es, doch wie ich jetzt weiß, waren meine Augen nur ein Anker in eine Richtung, die ES in mir leben wollte. Denn ziemlich gegen Ende meiner ersten Reise zu Joao und den Wesenheiten sprach die Wesenheit aus ihm: „Du wirst eine Gabe entwickeln."

Für den Leser dieser Zeilen mag das nicht sehr „besonders" klingen, doch für mich bedeutete dieser eine kleine Satz die Welt. Denn ich wusste, es gibt jemanden, der meine Fähigkeit erkannte und mich sogar auch noch darin bestätigte. Ich fühlte mich wie ein Kind, das sich schon damit abgefunden hatte, immer alleine mit sich auf der Welt zu sein und das nun von jemandem an die Hand genommen wurde, der ohne Worte genau wusste, was des Rätsels Lösung war. Deshalb war dies nicht nur irgendein Satz für mich, sondern die Bestätigung, wieder mehr zu dieser Fähigkeit zu stehen und sie noch deutlicher zu leben.



Von da an veränderte sich meine innere Haltung mit jedem Schritt und jeder Antwort aus der geistigen Welt. Ich entwickelte mich zu einem Menschen, der die Verbindung mit allem bewusst erfährt und lebt und in dauernder Kommunikation mit anderen Ebenen und deren Energieformen steht.

Und damit war der Startschuss gegeben, das erste Buch mit dem bis damals erfahrenen Wissen zu veröffentlichen. Das 1x1 des Seins fasst dieses Wissen zusammen und soll so einen ersten Einblick in die Ewigkeit geben, wie sie sich meinem forschenden Geist, seit ich denken kann, offenbart. Jeder, der sich für das Wieso, Weshalb, Warum des Kosmos interessiert, findet dort erste Antworten.

Die Gabe hat sich weiter entfaltet. Ich kommuniziere mit Verstorbe-

nen, mit Wesenheiten aus unterschiedlichen Ebenen und mit Tieren. Alles, was durch Bewusstsein belebt wird, trägt Informationen, die, wenn es erlaubt ist, gelesen werden können.
Um den Leserinnen und Lesern dieses Buches eine kleine Grundlage mit auf den Weg zu geben, will ich eine kleine Einführung in die kosmischen Gesetze geben, wie ich sie von den Wesenheiten der anderen Ebenen gelehrt bekommen habe. Das kann helfen, die kommenden Kommunikationen mit den Wesenheiten besser zu verstehen und einzuordnen. Daher bitte ich, dies vor den Botschaften dieses Buches sorgfältig zu lesen.

1. Ein bestimmter Teil des kosmischen Wissens erreicht die Menschen immer nur zu einer bestimmten irdischen Zeit. Das hat kosmisch-energetische Ursachen.

2. Wissen ist Verantwortung. Verändern sich die kosmisch-energetischen Umstände, so verändert sich die Wahrnehmung der Menschen und damit ihr Bewusstsein. Dies geht eng einher mit der Verantwortung, die es zur Umsetzung des erlangten Wissens in der Materie bedarf. Je bewusster ein Wesen, umso verantwortungs- und respektvoller sein Umgang.

3. Der menschliche Organismus unterliegt Naturgesetzen, doch auch diese unterliegen in der Fortführung den kosmisch-energetischen Gesetzen. Diese Gesetzmäßigkeiten sind dafür verantwortlich, welches Wissen die Menschen erreicht haben und wie sie es »übersetzen«, verstehen und aufnehmen. Der Mensch wirkt also als Filter, durch den diese Energien in Form von Wissen fließen können. Die Bildung des Betrachters, des Filters Mensch, ist zusätzlich entscheidend dafür, wie das eintreffende Wissen dann gedeutet, formuliert und ver-

standen wird. Aus diesem Grund sind beispielsweise unsere bisherigen Naturwissenschaften keine Wissenschaften der Natur, sondern Wissenschaften der menschlichen Interpretation der Natur.

4. Die Dimensionalität eines Planeten erschafft die Wahrnehmungsmöglichkeiten der Wesen, die auf ihm leben. Unsere dreidimensionale Wahrnehmung gibt die Grenzen vor, in denen das Wissen verstanden werden kann. Ein anderer Planet schafft andere Voraussetzungen. Auch andere Körperlichkeiten können andere Sinne hervorbringen und somit dieselbe Information ganz anders wahrnehmen. Vierdimensionalität lässt vierdimensional wahrnehmen usw.

5. Alles, was du aus der Vergangenheit an Wissen irgendwo niedergeschrieben findest, galt für die damalige Zeit und das damalige Bewusstsein, für den »Filter« dieses Menschen und der Gesellschaft, für die Bildung und das Glaubenssystem, in die dieser Mensch eingebunden war.



6. Deshalb bewahre dir immer die Offenheit und die Neugier, dieses alte Wissen nicht als das einzig Geltende und Richtige anzuerkennen, sondern achte auf die Interpretationen der damaligen Zeit. Und solltest du Impulse haben, bestimmte Dinge anders zu sehen, dann gehe ihnen nach und gib ihnen Raum.

7. Denn das Wissen des Universums ist so allumfassend, dass wir immer nur ein Stück von ihm verstehen und auch wirklich aufnehmen können. Das bisher kommunizierte Wissen ist ein Teil davon, doch das, was du heute empfängst, ist ein weiterer Teil, eine weitere Stufe.

8. Es gibt keine Grenzen, und alles ist möglich – nur allein mit dem Bewusstsein. Das Bewusstsein ist ins Unendliche erweiterbar und dehnbar.

9. Die Energie in uns nutzt die unterschiedlichen Ausdrucksformen der Materie, um das Bewusstsein zu formen und über die Körperlichkeit das Wissen zu erfahren. Das Bewusstsein ist dabei der Schlüssel, wie die Erfahrungen aufgenommen, verarbeitet und verstanden werden.

10. Nur die Bewusstwerdung allen Seins in allen Formen, in allen Möglichkeiten und Frequenzbereichen bedeutet, die Ganzheit des Seins zu erfahren. Es gilt nicht nur, zu wissen, sondern das Wissen zu werden. Dann BIST du ganz, weil dein Bewusstsein alles Sein durchdringt.



∞

# Beipackzettel

Meine Gabe ist es, Energien so stark zu „fühlen", als seien sie Teil meines Körpers. Jeder noch so kleine Muskel wird dabei durch diese feinstofflichen Energien gelenkt. Ich habe im Laufe der Zeit durch viele Übungen einen Weg gefunden, das Wissen dieser Energien so zu kanalisieren, dass es für uns verständlich wird.Dabei begebe ich mich in einen meditativen Zustand, vollziehe bestimmte Regeln des Schutzes und dann lasse ich die jeweils erfühlte Energie durch die Bewegung meiner Muskeln schreiben. Im wahrsten Sinne des Wortes schreiben sich die Buchstaben einer nach dem anderen von Geisterhand. Nie weiß ich, wenn der erste Buchstabe sich schreibt, welches Wort sich schließlich formen will. Dies fordert meine vollste Hingabe und Konzentration, doch ist dieser meditative Zustand gleichzeitig sehr entspannend und gibt mir unendlich viel Kraft. Die kosmische Energie, die dabei ungebremst durch mich fließt, nimmt mir keine Kraft sondern erfüllt mich ausschließlich mit einem sehr weiten, unendlichen Gefühl an Liebe und Vertrauen.



Die Antworten des Kosmos fließen sehr schnell im Vergleich zu unseren menschlichen Abläufen, sodass ich im Laufe der Zeit diese Art des „Schreiben lassens" etwas verfeinern wollte und einen Weg fand, der nicht mehr an das Schreiben auf Papier gebunden ist, sondern die Hand in der Stellung eines bestimmten Mudras ohne Stift bewegen läßt.

Ich befinde mich während der Gespräche in einer anderen Wahrnehmung, die derjenigen ähnlich ist, wenn wir träumen. Das hat „leider" zur Folge, dass ich mir keine der Antworten merken kann. Und da sich die Botschaften nun nicht mehr auf Papier schreiben, spreche ich das, was sich schreibt, gleichzeitig laut aus und lasse dabei immer ein Band laufen. Das ermöglicht, dass ich einerseits jede einzelne Antwort wortgenau festhalten kann und gleichzeitig ermöglicht es eine vielfachere Geschwindigkeit. als die, wenn die Botschaften sich über einen Stift und der möglichen Bewegung auf dem Papier festhalten würden. Du liest daher den direkten Dialog, genau so wie er sich schrieb. Die Energien/Wesenheiten, die ich dabei kontaktiere, nutzen meinen Wortschatz und mein Wissen, um die Antworten zu schreiben. Es ist, wie den Finger in ein Meer aus Informationen zu halten aber nur mit meinen Messgeräten diese dann verständlich für die Menschen aufzubereiten.

Ich werde und darf die Antworten der Wesenheiten niemals verändern, da ich als Kanal diene und nicht als wertender Filter. Das eine oder andere Mal mag es etwas ungewohnt sein, einen mündlichen Dialog zu lesen, doch es vermittelt gleichzeitig auch ein Gefühl für das jeweilige Wesen.



Jede Antwort formt meine weiteren Fragen. Ich setze unbewusst das Wissen aus all den vorherigen Antworten voraus, daher ist es in jedem Fall ratsam, dass ihr die anderen Werke auch einmal gelesen habt.

Außerdem beanspruche ich auf keinen Fall, dass das, was ich auf diesem Weg erfahre, die einzig richtige Beschreibung des Unsichtbaren sein soll. Es ist MEIN Zugang, meine Gabe, aus meiner Perspektive und meinem Kraftpotential. All dies wandelt stets. Daher ist das hier festgehaltene in jedem Fall „nur“ eine Momentaufnahme meiner Wahrnehmung in diesem Leben, durch diesen Körper, in dieser Kraft meiner Seele. Sicher gibt es noch viele andere wunderbare Seelen, die ähnlich wahrnehmen - oder auch nicht. Das ist wertfrei und sollte es in jeder Richtung bleiben. Auch ich bewahre mir diese Offenheit, um weiter wachsen und dehnen zu können. Dennoch teile ich sehr gerne diese Momentaufnahme der Erkenntnis mit euch.

Kein Mensch und auch keine Wesenheit ist allwisswend, doch schenken sie uns in diesen Dialogen gerne ihre Art der Wahrnehmung. Die Durchsagen fordern daher von den Lesern auch eine gewisse Bereitschaft, die alten Formen unseres Glaubens in Frage zu stellen und einmal aus einer anderen Perspektive zu betrachten.

Ich wünsche dir viele erweiternde Erkenntnisse und vielleicht auch die Antworten auf schon lange unbeantwortete Fragen. Wenn du wirklich bereit bist und dich öffnest, wirst du sie hier finden!



Sylvia

PS: Vor jeder Session beginne ich mit den Worten:

**„Ich bin bereit, ich vertraue. Ich bitte um die Erlaubnis, den Schutz und die Verbindung mit … in diesem Buch: Freund der Indianer.“**

Ich rate auch Dir, diese Worte immer zu sprechen, wenn Du Dich mit diesem Buch beschäftigst. Es ist Erlaubnis, Schutz und Führung zugleich.

# Intro

Ich bitte um die Erlaubnis, den Schutz und die Verbindung, um mit Freund der Indianer (FDI) zu sprechen ...

Liebster Freund und Lehrer. Wir möchten das neue Buch schreiben mit dem Titel: 'Einweihung in die feinstofflichen Welten'. Bitte beginne. Zunächst freue ich mich sehr, dass wir wieder ein Werk auf die Welt bringen.

> *Das tue ich auch Liebes.*
> *Meine Arbeit in den feinstofflichen Ebenen, wenn man das so nennen kann, besteht zu sehr großen Teilen daraus, genau diese Informationen zu sammeln, die du jetzt abfragst.*



Ich weiß nicht, wie wir anfangen sollen, daher bitte ich dich um eine Art Führung.

> *Wenn du gleich mit den Welten beginnen magst, so können wir das gerne tun, aber ich glaube, die Menschen möchten zu Beginn weitere Impulse, was deine Motivation ist dies zu tun.*

Okay. Ich bin zum Glück nicht mit irgendeiner Form von Religion aufgewachsen, aber wann immer ich mit Religionen in Berührung komme, sehe ich, dass sie mit verschiedenen Hierarchien des Kosmos arbeiten, und vor allem mit Hierarchien, die den Menschen Angst machen sollen. Man spricht vom Fegefeuer, von einer Hölle, dem jüngsten Gericht und von vielen anderen Angst einflößenden

Dingen. Und wenn ich das mitbekomme, dann weiß ich schon, dass irgendetwas grundlegend falsch läuft. Denn Angst – das hast du mich gelehrt - ist etwas, das die Seelen nicht kennen, was also sicher auch der Kosmos nicht kennt. Deshalb bin ich sehr gespannt, inwiefern wir Aufklärungsarbeit machen können, um den Menschen diese Angst und diese falschen Bilder zu nehmen.

*Weise Worte, Liebes. Aber du weißt auch, dass viele Ansätze in den Religionen auch durchaus auf Ursachen in der feinstofflichen Welt hinweisen. Ich will damit sagen, dass die Strukturen tatsächlich existieren - die Verwirklichung daraus unterdrückende, beängstigende Hierarchien zu erschaffen aber menschengemacht ist.*

Warum sind die Menschen so?



*Weil sie Weite nicht kennen, Liebes.*

Was meinst du damit? Du meinst die Weite der Seele?

*Ja.*

Aber warum kennen sie die Weite nicht? Ich meine, die Seele kommt, und die Seele ist doch etwas Weites, ein weites Energiefeld und geht in den Körper hinein - dann müsste sie doch wirklich alles tun, um wieder Weite zu fühlen. Warum ist die Kraft nicht stark genug, um diese Weite zu ersehnen?

*Weil Kraft generell Materie formt und diese Kraft aber in jedem unterschiedlich ist, wie du weißt.*

Ja, aber trotzdem müsste doch jeder - auch wenn er wenig Kraft hat - immer noch diese Sehnsucht haben und sich danach ausrichten und seine Schritte setzen, anstatt sich an Religionen zu binden, die ihm die Weite nehmen.

*Wenn du das Kapitel Verbindung und Kraftlosigkeit hier einbaust, so kannst du daran erinnern, was ich bereits dazu gesagt habe.*

(Anmerkung der Vermittlerin: Diese genannten Kapitel „Die Erfahrung der Verbindung“ sowie „Kraftlosigkeit“ befindet sich in Band 1)

Ja, aber ich verstehe es trotzdem nicht - du meinst also, dass es tatsächlich eine Kraftpotentialthematik ist, warum es überhaupt Religionen gibt?



*Ja.*

Wow, okay. Du meinst, je mehr wir den Menschen Kraft geben können, umso weniger würden sie das Bedürfnis haben, einer Religion der Unterdrückung zu folgen?

*Ja.*

Hm, ich finde es ja unglaublich, dass es im Kosmos überhaupt passieren kann, dass so viele Seelen so wenig Kraft haben, dass sie dann diesen Weg einschlagen.

*Werte es nicht, Liebes - es ist so, wie es ist. Und manchmal sind diese Gehhilfen, wie ich die Religionen im positivsten*

*Sinne gerne benennen möchte, auch gut für die Menschen. Sie geben ihnen Halt, wo sie selbst keinen Halt finden.*

Ja, das ist im Ansatz auch verständlich und richtig, nur der Schatten ist halt leider wirklich furchtbar.

*Ja.*

Wir schweifen glaube ich ab. Ich möchte dieses Buch nicht über das Thema Religionen schreiben. Ich möchte dich bitten, mir kurz von deinen Forschungen zu berichten, die du betreibst bzw. betrieben hast, um die feinstofflichen Welten zu studieren. Wie genau machst du das?

*Wenn du dir den Kosmos als eine Art Raum vorstellst, der zwar grenzenlos aber dennoch unterschiedlich frequentiert, unterschiedlich strukturiert existiert, so ist es fast* ***wie bei euch auf der Erde, wenn du unterschiedliche Landschaften besuchst.***



Ach echt?

*Ja.*

Mhm, aber wenn du die unterschiedlichen Landschaften besuchst, wie bereist du sie?

*Ich benutze meine Geisteskraft, Seelenkraft besser gesagt, und beschließe unterschiedliche Frequenzbereiche zu besuchen. Dann halte ich mich in diesen länger auf, um die Art und Weise der Wahrnehmung der unterschiedlichen Wesen-*

*heiten zu erlernen.*

Das finde ich sehr spannend, und meine Frage ist: Wie erlernst du das? Weil schau, einerseits haben wir gelernt, dass die Wahrnehmung ganz ganz stark auch an das Kraftpotential in einem gebunden ist. Bist du schwach, nimmt man oft keine anderen Wesen wahr, man nimmt das Licht nicht so wahr, man nimmt die Wärme nicht so wahr. Bist du jedoch kraftvoll, nimmst du vieles davon wahr. Wie machst du es also, dass du in deiner Wahrnehmung bleibst und außerdem die Wahrnehmung anderer Ebenen studierst? ... Ja, wie machst du das? Änderst du deine Wahrnehmung, oder bleibst du in deiner Wahrnehmung?

*Ich bleibe in meiner Wahrnehmung natürlich, aber ich versuche zu studieren, was sich in den jeweiligen Bereichen befindet. Ich nehme dabei natürlich mehr wahr als oftmals die Wesenheiten selbst, die sich dort aufhalten.*



Ach, du willst mir sagen, dass sie dich vielleicht gar nicht wahrnehmen?

*Ja.*

Ach, ja das macht Sinn. Das ist spannend. Und wenn du reist, kostet es dich Kraft, gell?

*Ja.*

Wo holst du diese Kraft her? Wie tankst du wieder auf?

∞

*Ich lebe in der Verbundenheit mit der Quelle und kann durch sie wieder und wieder die Kraft über diese Verbundenheit zehren, die ich benötige, um zu reisen. Dies ist der Schlüssel in die Welt der Feinstofflichkeit.* ***Nur wer genügend Kraft hat, kann sie als vielfältige Welt bereisen und erleben.*** *Wer sie aber eher kraftlos oder sagen wir mit weniger Kraft bereist, wird diese Vielfalt nicht erkennen können. Daher ist die* ***Essenz dieser Möglichkeit des Bereisens die Verbundenheit und vor allem die Reinheit meiner Seele.***

Ja, das verstehe ich. Ich gratuliere dir, dass du das kannst. Dass du DAS so kannst und dieses Kraftpotential zur Verfügung hast. DAS ist sozusagen deinVerdienst, weil du dich die ganzen Leben so um deine Reinigung und deine Stärkung bemüht hast.

*(Da lächelt er ...)*



Macht es dir Spaß? ... Das denke ich mir.

*(Lacht) Ja.*

Was hat dir am meisten Spaß gemacht?

*Mehrere Dinge. Zunächst ist die Möglichkeit alleine unglaublich bereichernd.* ***Wenn du diese Vielfalt lebendig erlebst, ist der Kosmos weit spannender als das Leben selbst.*** *Und vor allem weicher, liebevoller, kraftvoller und freudvoller.*

Ja, ich weiß. Du bereist also nur Welten, in denen sie alle freundlich und liebevoll sind. Anders, als wenn man als Mensch unterwegs ist.

∞

*(Er lacht)*

Na ja, stimmt doch.

*Bleib barmherzig, Sylvia.*

Ja. Wenn du reist, bist du da echt immer alleine? Also ich meine, hast du noch Freunde dabei?

*Wenn du das so fragst, dann kann ich dir berichten, dass oft die Brüder der weisen Bruderschaft und sogar andere Wesen, welche aus ganz anderen Bereichen stammen, bei mir sind. Sie folgen mir, weil auch sie neugierig entdecken wollen, was der Kosmos alles bereithält.*



Muss ich mir dich vorstellen wie so eine Art Gruppe oder eher eine Schule? Kannst du mir ein Bild dazu geben?

*Mehr wie eine Art Gruppe. Es sind nicht so viele wie in einer Schule, aber manchmal fast wie in einer Klasse.*

(Sylvia lacht) Okay. Und kommuniziert ihr auch miteinander, wenn ihr in diesen Welten seid?

*Ja natürlich.*

Aber, ist es nicht vielleicht so, dass man, wenn man in einen anderen Frequenzbereich geht, um ihn zu erforschen, dass man dann ... also vielleicht auch, um nicht zu stören - ganz still sein muss? Ich weiß ja nicht ...

*Nein. Du darfst dir das nicht vorstellen wie Zonen, die Verbote in sich tragen. Respekt ja, aber wenn wir kommunizieren möchten, so kommunizieren wir einfach. Und auch das ist übrigens eine sehr wichtige Art der Forschung, denn wo funktioniert die Kommunikation und wo funktioniert sie nicht, ist oftmals auch ein Indiz für den jeweiligen Frequenzbereich.*

Wow, ja stimmt. Und wenn ihr dann in diese anderen Frequenzbereiche geht, geht dann jeder so seinen Weg in diesen Frequenzbereich? Oder geht ihr immer als Gruppe in diesen Frequenzbereich?

*Wir erforschen alle gemeinsam, aber einzeln und dann tauschen wir uns aus.*

Ach, das ist natürlich spannend. Das heißt, du bist auf eine gewisse Art und Weise auch ein Lehrer, wie ein Führer für diese Gruppe?



*Ja.*

Schön, oder?

*Mhm.*

Da bist du in deinem Element, gell?

*Ja.*

(Sylvia lacht) Schön. Das freut mich zu hören. Das ist wirklich sehr, sehr schön zu wissen, dass du dort auf diese Weise auch weiter lehren und in deinem Element wachsen kannst. Dass deine Lehren, dein

Wissen nicht aufgehört hat mit dem Menschsein, sondern dass du das tatsächlich auch in den feinstofflichen Welten leben kannst. Wo ich doch immer wieder höre, dass Wachstum auf der anderen Seite schwerer zu vollziehen ist.

*Ja.*

Sicherlich auch ein Verdienst deiner Arbeit und hängt mit dem Kraftpotential zusammen, gell?

*Ja, sehr. Deshalb liegt mir so viel am Herzen den Menschen zu übermitteln, wie wichtig es ist, ihre Kraft zu behalten und zu sammeln, und parallel zu reinigen.* ***Seelenkraft wächst, aber dazu braucht sie Aufmerksamkeit, Liebe und Reinigung. Nur dann kann diese Kraft wachsen.*** *Und dann, wenn sie es tut, ist sie wunderschön.*



Ach ja, liebster Freund und Lehrer. Wenn du diese Reisen gemacht hast, kehrst du dann wieder zurück in deine Ebene?

*Ja.*

Das war die Ebene der weisen Bruderschaft, gell? Dritte, Vierte, Fünfte ...?

*Vierte.*

Okay, und wenn du in deiner Ebene bist, dann tankst du wieder Energie - indem du nichts machst? Oder wie genau funktioniert das? Wie verbindest du dich dann mit der Quelle?

∞

*Ich bin immer mit der Quelle verbunden über meine Bewusstheit, Liebes, aber in meiner Ebene verbinde ich mich in Stille und Konzentration.*

Ah.

*Wenn ich forsche, wenn ich reise, ist meine Aufmerksamkeit, also auch meine Konzentration woanders, und das kostet Kraft. Wenn ich aber in meiner Ebene bin, so kann ich mich ganz auf die Verbindung mit der Quelle konzentrieren, und dabei bekomme ich Kraft geschenkt.*

Ich verstehe, also durch das normale Sein in deiner Welt, in deiner Ebene, kommst du wieder ganz zu Kräften.

*Ja*

Wie merkst du es, wenn du Kraft verloren hast?

*Ich verspüre verschiedene Dinge anders. Meine Wahrnehmung verändert sich in den Farblichkeiten, die mich umgeben. Es wird grauer, matter, wie ein Schleier, und ich höre nicht mehr so gut.*

Ach das ist spannend. Und wie ist das mit dem Fühlen?

*Wenn du nach dem Fühlen fragst, so musst du kurz den Menschen helfen. Es sind nicht Gefühle, wie ihr das im Körper kennt, sondern es ist die Verbundenheit mit Allem, die ich empfinde. Und diese Verbundenheit bleibt aber. Sie wird nicht*

*weniger, da mein Kraftpotential im Prinzip groß genug ist, um diese große Energetik immer zu spüren.*

Ja, das denke ich mir, denn würdest du das nicht, würdest du generell in einer anderen Ebene sein, sein müssen ... Also muss ich mir das so vorstellen, dass du andere Ebenen bereist und dann langsam merkst, wie die Farblichkeiten sich verwandeln und wie du anders hörst, wenn du kommunizierst?

*Ja.*

Und dann gibt es einen Impuls, und du „sagst“: So jetzt reicht es, jetzt gehe ich wieder zurück, ja?

*Ja.*



Hmm ... Hast du in Erfahrung bringen können, ob es all den anderen genauso geht?

*Ja.*

Aha, also ihnen geht es genauso, verstehe. Und ist das Bewegen dann vielleicht auch ein bisschen schwerer?

*O ja, das ist sehr gut, dass du das ansprichst. Die Beweglichkeit verringert sich durch den Kraftverlust, man wird langsamer, gefühlt langsamer.*

Wow, aber das macht dir keine Angst, oder?

*Nein.*

Hmm ... weißt du, was ich nicht ganz verstehe, ist, warum das überhaupt Kraft kostet? Ich dachte, wenn du einmal in deiner Mitte bist, in deinem Kraftpotential, und das hast du ja erreicht - warum kostet es Kraft diese anderen Welten zu bereisen? Warum?

*Weil die Überwindung der unterschiedlichen Frequenzbereiche und die Konzentration sowie die Aufmerksamkeiten lenken, nun mal Energie kosten. Das ist das logische und dennoch kosmische Gesetz, Bewegung, Konzentration, Aufmerksamkeit, Kommunikation, all diese Dinge 'kosten' Energie. Der Kosmos ist Energie, die sich wandelt. Und unsere Energien - also die meiner Gruppe und natürlich auch meine Energie verwandeln sich, während wir dies tun.*



Hmm ... also du willst mir damit sagen, es geht im Kosmos nicht ohne eine Energieverwandlung. Jeder Schritt, jeder Impuls, den du tust, ist aufgrund der Energie und Energetik in dir und um dich herum auch ein Schritt, der diese Energetiken verwandelt, richtig?

*Ja, sehr schön gesagt, Sylvia.*

Es ist ja eigentlich wie im Leben. Wir müssen, wenn wir uns fortbewegen, Energie aufwenden - wie überhaupt das ganze Sein Energie kostet. Insofern macht es Sinn, dass das auf der anderen Seite genauso ist. Du hast recht, wenn du sagst, der Kosmos ist Energie.

*Ja.*

∞

Dein Wissensdurst im Laufe deines Seins. Ist der eigentlich jemals gestillt?

*Nein.*

(Sylvia lacht) Echt nicht?

*Nein.*

Warum nicht?

*Weil die Art und Weise dieser Forschungen so belebend, so berauschend und erfreuend ist, dass ich das niemlas aufgeben möchte. Es unterhält mich, es belehrt mich und damit wachse ich. Und was gibt es Schöneres als in Freude zu wachsen?*



Ja, ich weiß, das ist schön. Schön das zu hören. Aber kann man nicht sagen, dass du vielleicht irgendwann einmal alles weißt?

*Nein.*

Echt nicht?

*Nein.*

Wieso nicht?

*Weil der Kosmos keine Schule ist, die Lehren abgeschlossen bis Klasse XY hat, sondern immer ein lebendiges Gefäß, das weiter und weiter sich entfaltet und wächst, also wachse ich*

∞

*mit ihm.*

Wow, ja, das ist schön. Du hast also eine Art immerwährende Schule oder immerwährende Plattform der Abendteuer.

*Ja.*

Aber wenn du Welten bereist, die anderen Frequenzbereiche bereist, gibt es dort doch bestimmt Dinge, die du sehr gerne machst, und welche, die du weniger gerne machst, oder?

*Ja.*

Was machst du denn am liebsten?

*Das Bereisen und Erforschen der jeweiligen Bereiche ist sehr sehr spannend für mich. Ich tauche ab in die einzelnen Bereiche und bereise ihre Welten, um in ihnen die Details kennenzulernen, die jeder einzelne Frequenzbereich bereit hält. Das sind nicht nur materialisierte Formen - das sind oft auch Techniken, Gesetzmäßigkeiten und eben die Dinge, die nicht gleich offensichtlich sind.*



Aah. Das heißt, du musst, wenn du in so eine Ebene eintauchst, auch manchmal in Kommunikation mit diesen anderen Wesenheiten oder mit den anderen Energien dort treten, um die Gesetzmäßigkeiten auch wirklich zu studieren?

*Genau, so ist es.*

Wow. Es gibt bestimmt Ebenen, die du ganz gerne bereist, oder?

*Ja.*

Dazu kommen wir dann später, gell?

*Ja.*

Und was machst du weniger gerne, wenn du diese Reisen machst?

*Weniger gerne, wenn man das so sagen kann, verlasse ich so manche Ebene, die meine Hilfe und Aufmerksamkeit weiter brauchen könnten, weil dort Wesenheiten sind, die in der Erfahrung des Mangels stecken.*



Mhm ...

*Ich kann ihnen helfen und möchte das natürlich, aber nicht immer reicht meine Kraft, um dies dauerhaft zu tun, und dann muss ich wieder gehen.*

Ach, ja verstehe ich. Liebster Freund und Lehrer. Ich benutze gerne - weil ich auch eine Physikerin bin und Physik sehr mag - den Begriff Frequenzbereich, und auch du hast mir diesen Begriff schon oft nahe gelegt. Reden wir nun von Welten, von Bereichen, oder reden wir von Frequenzbereichen? Wie möchtest du, dass ich diese unterschiedlichen Qualitäten benenne? Wie möchtest du, dass ich diese Fragen stelle?

*Wenn du meine Worte aufgreifst, bitte, und immer diese nutzt,*

*so ergibt alles dann den gesamten Sinn, den es hat. Frequenzbereich kannst du genauso benutzen wie Bereich. Welt wäre mir zu groß, denn diese jeweiligen Bereiche sind zwar in sich schwer in Maßen zu beschreiben, aber sie sind nicht so groß wie eine ganze Welt. Daher möchte ich eher darum bitten, dass wir die Worte Bereiche oder, wenn du magst, Frequenzbereiche benutzen.*

Ja, aber im Detail - möchtest du Frequenzbereich oder Bereich?

*Bereich.*

Okay, gut. Wir haben einmal ein sehr schönes Kapitel zur Beschreibung dieser Frequenzthematik gehabt. Möchtest du da noch ein bisschen tiefer hineingehen?



*Nein.*

Okay, dann halte ich ganz kurz fest, dass der Kosmos aus verschiedenen Frequenzen besteht, auf einer Skala von Null bis Unendlich, und dass es darum geht, dass man diese jeweiligen Frequenzen versteht. Die große Herausforderung dabei ist, dass jede Form bestimmte Werkzeuge mit sich bringt, die einen bestimmten Frequenzbereich leichter zugänglich machen und andere eben nicht. Und genau das ist die Hausaufgabe. Die Wahrnehmung so zu schulen, dass man möglichst viele Frequenzbereiche erfahren kann. Und da ich das eben alles sehr gerne in Anlehnung an die Physik strukturiere, habe ich immer wieder von Frequenzbereichen gesprochen. Doch wir halten fest: FDI möchte, dass wir es einfach nur Bereiche nennen, ja? Das reicht auch völlig.

*Ja bitte. Bleibe einfach, um den Menschen den Zugang leicht zu machen.*

Ja, ich weiß. Mich würde noch interessieren, ob du, wenn du diese anderen Welten bereist, manchmal tatsächlich auch ratlos bist oder sprachlos?

*Ja, durchaus.*

Echt? Das hätte ich jetzt nicht gedacht.

*Warum denn nicht?*

Na ja, weil ich dachte, das ist wie: Okay, ich gehe in den grünen Garten, dann in den blauen Garten und dann gehe ich in den gelben Garten ... ich hätte nicht gedacht, dass es da Dinge gibt, die dich überraschen.



*Das ergibt keinen Sinn. Wenn ich alles schon kennen würde, würde ich nicht mehr forschen müssen, Liebes. Gerade diese Überraschungen und ja, auch manchmal sehr verwirrende Informationen sind das, was die Essenz der Forschung ausmacht.*

Hmm ... verstehe. Und wenn du sprachlos bist, gehst du dann manchmal auch zu den Freunden, um es irgendwie zu besprechen?

*Nein. Ich bespreche es mit den Wesen, die mich begleiten, wenn mich welche begleiten.*

∞

Und wenn du alleine bist?

*Dann forsche ich eben alleine weiter.*

(Sylvia lacht) Hmm ... okay. Aber gab es auch schon mal Ebenen, die dich traurig gemacht haben?

*Ja, sehr viele sogar.*

Was, viele sogar?

*Ja.*

Ach  siehst du, das hätte ich jetzt auch wieder nicht gedacht. Wenn dich etwas traurig macht, dann muss das doch mit Leid zusammenhängen, oder?



*Nein, nicht zwingend. Leid existiert hier auf diesen Ebenen nicht wirklich. Es ist die Begrenzung, die die jeweilige Seele in sich selbst erschaffen hat, die ich beobachte, und dadurch die Erfahrung des Lernens dieser Seele schwierig erscheint. Sie stecken wie fest. Und das macht mich manchmal traurig, dass dem so ist.*

Ja, aber letzten Endes hast du mich gelehrt, dass dem so ist, weil sie eben die Schritte in ihren Leben so gesetzt haben, dass sie ihre Energie verloren haben und dementsprechend in dieser Wahrnehmung sind.

*Ja genau, es macht mich traurig.*

∞

Ach Gott, würdest du das am liebsten ändern wollen, dass der Kosmos so ist, damit das niemandem passiert?

*Nein, die Gesetzmäßigkeit dahinter ist sehr vernünftig, wenn man dieses Wort überhaupt nehmen kann. Sie ist richtig. Sie ist gesund.* ***Ein Jeder, ein jeder Mensch, jedes Wesen, jede Seele bekommt die gleichen Möglichkeiten wie die anderen.*** *Wie alle anderen. Diese Art* ***Gerechtigkeit*** *ist sehr wichtig, und damit geht als Nächstes einher die* ***Eigenverantwortung,*** *und wer diese erkennt, ist wiederum mit allen damit einhergehenden Werkzeugen ausgestattet. Wer sie nicht erkennt und in Ohnmacht sich begibt, der fällt energetisch in diese Zustände hinein. Und das ist - ja ich weiß, man muss es als solches ganz einfach benennen -* ***immer nur ein Ergebnis der eigenen Schritte.***



Hmm ...

*Ich möchte diese Art des Seins, diese Gesetzmäßigkeit keineswegs ändern. Es ist nur manchmal nicht so schön mit anzusehen, wie diese Wesen - Seelen - eine Weile in Zuständen verweilen, die sie selbst erschaffen haben, die aber schon mit wenig Energie wieder viel freudvoller sein könnten. Aber ich darf und kann ihnen diese Energie nicht geben, denn sie müssen kraft ihres freien Willens diese Schritte nehmen.*

Eieiei ... letzten Endes ist es wie auf der Erde. Es gibt Orte, wo man sehr viele arme Menschen findet, und andere, wo man die Reichen findet, und so weiter und so fort ... Kann ich diesen Vergleich nehmen?

*Ja.*

Wobei ich bitte, bitte, bitte nicht falsch verstanden werden möchte, denn ich bin voller Demut und Respekt und will damit nicht sagen, dass jeder, der arm ist, schuld daran sein muss.

*Das hast du sehr richtig gesagt, Liebes.* ***In der menschlichen Welt sind zum Thema Armut, Hunger und Missbildungen andere Komponenten die ausschlaggebenden Impulsgeber als in der feinstofflichen Ebene.*** *Bei euch sind es Umwelt, Familie, Wirtschaft, Klima und so vieles mehr, das derartige Zustände erschaffen kann.* ***Hier aber sind es ausschließlich seelische Komponenten*** *- vor allem energetische Komponenten. Und deshalb werde ich wieder und wieder darauf hinweisen, dass egal in welchen Zustand ihr im Leben geboren und gewachsen seid, ihr* ***bitte immer die Kraft eurer Seele weiter füttert und anreichert.*** *Dies hat nichts mit den äußeren Umständen eures Seins zu tun und ist völlig unabhängig davon, aber hilft euch den Zustand zu erreichen, in dem auch das Wandeln außerhalb des Körpers freudvoll, liebevoll und kraftvoll, doch vor allem lichtvoll sein wird.*



So, und damit kommen wir in einen Bereich, mein lieber Freund, den auch die Kirche für sich beansprucht. In den Predigten wird oft von der „Lebensqualität" nach dem Leben gesprochen –nach dem Motto: Benimmst du dich, kommst du ins Paradies. Benimmst du dich nicht, dann kommst du in die Hölle. Das geht ja jetzt total einher mit dem, was du da gerade gesagt hast, nämlich dass man sich mit seinen Taten darauf vorbereitet.

∞

*Ja, wobei ich diese Vergleiche nicht mag, wie du weißt. Du nimmst Bilder, die von Menschen kreiert sind und verzerrt dargestellt sind, und vor allem Bilder, mit denen Schuld und Angst verbreitet wird. Die ganze Thematik Schuld und auch Angst sind rein menschengemacht und nicht mein Sinnen. Ich möchte lediglich darauf hinweisen, dass ihr die Eigenverantwortung tragt in jedem Moment eures Seins, dass ihr* ***eure Kräfte schont und im besten Fall sogar anhebt.*** *Wenn ihr dies nicht tut und die Kraft als solche nicht wahrnehmt, ausbaut, fördert, dann ist das völlig wertfrei. Jeder kann es handhaben, wie er mag. Ich weise lediglich darauf hin, was was bedeutet. Aber ich tue dies nicht mit erhobenem Zeigefinger, ich tue es nicht ermahnend und vor allem nicht erschreckend. Es ist wie ein Malkasten, den ich aufzeige. Willst du den Malkasten mit den vielen Farben oder nur den mit weniger Farben? Auch hier wertfrei gilt - selbst wenige Farben können ein schönes Bild erzeugen. Bereite den Menschen das Bewusstsein, dass* ***sie die Erschaffer ihres Schicksals und die Erschaffer all ihrer Schritte sind.***



Ja.

*Niemand anderes.*

Hmm ... ja, lieber FDI meine Konzentration geht langsam, ich muss aufpassen.Möchtest du denn zu diesen Fragen jetzt noch etwas sagen?

*Nein. Sehr schöne Fragen hast du schon bereits gestellt.*

∞

Ich danke dir vielmals und freue mich auf gleich. Danke. Liebe.

*Danke. Liebe.*



∞

Ein Versuch alle bisher wahrgenommenen Ebenen/Bereiche des Komos in eine Form zu bringen.
In der Mitte der Frequenzwelten befindet sich der Bereich der Inkarnationen in Körperlichkeiten. Die höher schwingenden Frequenzbereiche stellen den/die von den Religionen benannten „oberen Himmel“ und die unterhalb der Inkarnationsebene sich befindenden Frequenzbereiche den/die „unteren Himmel“ dar. Eine derartige Örtlichkeit ist hier aber nur vereinfachend „gemeint“ und nicht wirklich als solche zu sehen.
Es werden Frequenzbereiche beschrieben und keine Orte.

# Der energetische Aufstieg



∞

# Einführung

Wir alle sind Energie. Und diese Energie ist in Bewegung. Sie schwingt.

Unterschiedliche Aggregatzustände zeigen uns, dass ein und das gleiche Element sich anders zeigt, anders formt, wenn es unterschiedlichen Einflüssen ausgesetzt wird. Diese Wandelbarkeit der Elemente und Energien ist eine feste Gesetzmäßigkeit des Kosmos, und sie gilt in den groben wie auch in den feinen Stofflichkeiten. Sie gilt im Kleinen wie auch im Großen. Wir sind, jeder Einzelne von uns, eine individuelle Ausdrucksform der Seele, eines großen Ganzen, der Quelle. In uns schwingt die Kraft des einen Großen immer weiter. Ewig. Unendlich. Grenzenlos. Doch wir formen es. Mit jedem Schritt, mit jedem Gedanken, mit jedem Gefühl, das wir in uns erlauben zu blühen oder zu unterdrücken, formen wir diese Energie in uns, durch unsere Erfahrungen.



So wie das Element Wasser die Schwingung einzelner Worte, Energetiken eines Ortes und Impulse des Kosmos aufnehmen kann und sich daraus in Resonanz dazu Kristalle formen, so kreiert unser Sein in jedem Moment den „Kristall“ unserer Seele. Unsere Seelenkraft. Ich wünschte, man könnte mit unseren dreidimensionalen Messgeräten die vieldimensionale Seele auch mikroskopisch betrachten, dann würden wir auch unterschiedliche „Aggregatzustände“ der Seelen feststellen. Denn wie in unserer Welt die Elemente des Periodensystems über die Einwirkung der unterschiedlichen Elemente Feuer, Wasser, Luft und Erde beeinflussbar und formbar sind, so können sich auch Seelenenergien formen. Jeder Moment unseres Seins ist eine weitere Zutat auf diesem Weg, und sie bestimmt maßgeblich die Kraft in einer jeden Seele. Diese Kraft ist die Ursache, wie wir wahr-

nehmen. Der Kosmos ist immer schon, wie er ist. Er ist zwar dauerhafte Wandlung, aber in einem festen Rahmen, festen Gesetzmäßigkeiten. Wir aber sind es, die kraft unseres freien Willens die Kraft, die Energie, die wir Seele nennen, wandeln.
Wie ein Satellit tragen wir die Energie dieser Quelle (als Seele) in uns und können mit den Werkzeugen unseres Körpers und Geistes (Bewusstsein) das Bewusstsein dieser Quellenergie/ Kosmos, das große Ganze, verstehen, lesen, nutzen. Wenig Kraft zu haben, bedeutet daher, das große Ganze (welches immer so ist, wie es ist) weniger bewusst wahrzunehmen. Mehr Kraft zu haben, bedeutet ein immer klarer werdendes Bewusstsein über das, was wirklich ist. Was immer gleich „ist", zeigt sich so gesehen immer unterschiedlich, je nachdem, wie sauber die „Gläser unserer Wahrnehmung" sind. Ist die Seele nicht getrübt von Angst und Sorge, so sieht sie die Fülle, die sie umgibt. Ist sie getrübt, nimmt sie all das nicht, oder viel weniger wahr. Denn das Kraftpotential ist formbar, aber es ist es leider nicht nur in eine Richtung.

Und so bestimmt die „Seelenkraft-Prägung", welche wir mit jedem Atemzug, jedem Moment unseres Lebens in voller Eigenverantwortung vollbringen, wie wir im und nach dem Übergang (Tod) wahrnehmen.

∞

# Verstorbene - getrübte Wahrnehmung

Liebster Freund und Lehrer. Bitte beginne zu sprechen.

*Meine Bitte an alle Menschen, die diese Worte einmal lesen, möchte ich zu Beginn dieser Forschungsreise festhalten: Wer diese Art des Seins* ***mit Respekt und Hingabe erfüllt, der wird die Fülle des Kosmos erfahren, mehr noch als Worte beschreiben können****. Es ist die Bereitschaft in den Seelen das „Ganze" zu erfahren, die die Erfahrung des Ganzen überhaupt erst ermöglicht. Meine Art des Lehrens bittet die Zuhörer, aber auch die Leser um volle Aufmerksamkeit, denn diese Reisen in andere Ebenen des Seins werden auch Grenzen überwinden. Grenzen der Glaubensmuster in den Menschen. Diese zu überwinden braucht es* ***liebevolle Aufmerksamkeit und Respekt vor dem großen Ganzen.***
*Nicht das Zweifeln wird euch weiten, sondern die Bereitschaft für das große Ganze. Ich bitte euch daher innig und liebevoll, respektvoll und achtsam, diesen Pfad mit mir zu gehen.*



Habe ich festgehalten, lieber FDI. Möchtest du weiter sprechen?

*Ja.*

Bitte beginne.

*Meine Reise durch die Bereiche des Kosmos habe ich begonnen über die mir bekannten Ebenen. Dazu gehört natürlich*

*die Ebene der Verstorbenen. Bei ihr möchte ich beginnen.*

Ja, bitte tu das. Wie muss ich mir das vorstellen, wenn du diese Ebenen bereist? Du beschließt, dass du dort hingehst, und dann bewegst du dich tatsächlich wie durch Zeit und Raum?

*Jein. Wenn ich das beschließe, so bewege ich mich in diese Ebenen hinein über meine Seelenkraft. Das kannst du dir vorstellen wie die Bewegung durch Raum und Zeit, aber es passiert im Moment des Entschlusses.*

Aah, ich verstehe. Also die Bewegung in die jeweilige Ebene kostet dich jetzt nicht eine gewisse Reisezeit, sondern du beschließt es und bist dort.

*Ja.*

Aha. Okay bitte sprich weiter.

*Als ich den Beschluss traf, merkte ich als Erstes, das die Präsenz der Verstorbenen in diesem Bereich völlig unterschiedlich ist. Dies ist erneut auf das unterschiedliche Kraftpotential zurückzuführen. Manche waren und sind wie eine Art* ***graue Präsenzen, wenig Licht ist in ihnen, sie wirken als würden sie schlafen*** *- andere scheinen* ***etwas kraftvoller und dabei beweglicher****. Ich wandelte durch diese unterschiedlichen Seinsformen und versuchte zu erfühlen, wer von ihnen mich wahrnahm. Doch tatsächlich war es so, dass auf dieser Ebene mich keine Seele wahrnehmen konnte. Ich wandelte und wandelte weiter und weiter vorbei an den unterschiedli-*

*chen Formen der Seelen. Du musst dir das vorstellen wie bei den Menschen, jeder sieht anders aus und jeder strahlt eine andere Energie aus sich heraus - diese Art des Strahlens ist außerhalb des Körpers natürlich umso präsenter. Die Ebene generell wirkte sehr verträumt im Sinne von verschlafen.* ***Wie als würden diese Seelen warten, dass sie abgeholt werden.***

Bitte beschreibe mir ein bisschen mehr. Gibt es dort Landschaften? Sind die Seelen alle sehr nah beieinander oder sind sie eher weiter weg?

*Wir müssen unterscheiden, diese Ebene der Verstorbenen ist auch wiederum unterteilt in unterschiedliche Bereiche. Aber dazu gleich mehr. Um auf deine Frage zu antworten: Die Kraft dieser Ebene ist leider relativ schwach. Nicht alle wirken dort sehr fröhlich, freudig und liebevoll strahlend - viele wirken, als würden sie schlafen. „Das Sein"als eine Art Wartezustand verbringen. Landschaften, so wie du das kennst, gibt es dort nicht, sondern alles ist eher in dieser stillen, ruhigen, wartenden Position. Sie müssen noch* ***realisieren, dass sie nicht mehr in einem Körper sind*** *- und diese Art der Realisierung in einer anderen Form des Seins ohne Körper zu sein, meist sehr geschwächt und unbewusst, scheint wie das, was du als „Wartehalle" bezeichnen würdest.*

Ja, wir können es gerne Wartehalle bezeichnen. Bitte versuch mir Details zu geben. Sind sie sitzend, liegend, stehend? Wie sehen sie aus? Sind die Seelen alle rund, sind manche oval?

*Mehr durchgehende runde Energien, die als solche im Raum*

*stehen - im Raum des Kosmos.*

Ich erinnere mich, dass du ja dadurch, dass du eine geweitetere Seele bist, eher eine ovale Form hast.

*Ja.*

Wenn du da hindurch wandelst, dann wandelst du durch eine Art „Kugelfeld", kann man das so sagen?

*Ja, wobei die Positionen der Kugeln nicht alle auf einer Höhe sind, sondern manche befinden sich etwas weiter unten, manche etwas weiter oben, manche in der Mitte und sie liegen dort wie Perlen unterschiedlicher Farben, aber in Ruhe.*



Mhm ... haben sie keine Gesichter?

*Nein.*

Echt nicht ... das kann man sich immer nicht vorstellen. Man könnte denken, dass sie eine Art Astralkörper mitnehmen und doch noch ein Gesicht haben.

*Nein, nicht in meiner Wahrnehmung. Mag sein, dass derartige Echos noch durch andere Formen wahrgenommen werden, aber ich nehme wirklich nur die Seelenessenz wahr.*

Ja, und das ist prinzipiell auch sehr, sehr schön, aber ich muss jetzt kurz umleiten, weil ich mich gerade an die Ebene der weißen Kugeln erinnere. Diese Seelen dort sind aber nicht mit den weißen Kugeln zu verwechseln, oder?

*Nein, ganz klar nicht. Die weißen Kugeln sind meist kleiner. Aber das ist von der individuellen Seele und ihrer angereicherten Kraft abhängig. Es gibt daher hier keinen wirklichen Vergleichswert.*

Ach, ich hätte jetzt gedacht, dass es vielleicht die ein oder andere Seele gibt, die so viel Kraft verloren hat, dass sie am Ende so klein ist wie eine weiße Kugel.

*Nein. Das ist generell auch ganz klar zu unterschieden. Die weißen Kugeln haben ihre fast schon immer gleiche Größe untereinander - die Seelen haben völlig unterschiedliche Größen und Farben und sind dabei beweglicher - oder eben weniger beweglich. Wir beschreiben gerade den Bereich, in dem sie etwas weniger beweglich wirken. Sie warten.*



Ah ja. Bitte beschreibe mir weiter,wie du durch diese Ebene gewandelt bist. Sie haben dich also gar nicht bemerkt, gar nicht?

*Nein.*

Kannst du diese Seelen dort irgendwie berühren?

*Ja.*

Ach, deine Stofflichkeit kann ihre Stofflichkeit also berühren?

*Ja.*

Und was passiert, wenn du das tust?

*Sie wirken, wie als würden sie aus einem Dämmerschlaf, wie ihr sagen würdet, berührt werden. Sie realisieren kurzzeitig die Präsenz und dann verfallen sie wieder in diesen Zustand.*

Ach, das ist unglaublich interessant, weil das alles ja dann wirklich eine Folge der Kraftlosigkeit dieser Seelen ist. Wir haben ja schon einmal darüber gesprochen, was die Impulse sind, damit eine Seele sich wieder bewegt, und wann diese Impulse geschehen. Ich bin nur gerade sehr verwundert, dass eine Berührung von dir nicht ausreicht, um sie zu mehr Kraft, zu mehr Lebendigkeit zu bringen. Du könntest ja auch eine Art „Erinnerung“ dabei darstellen - Erinnerung, dass da noch mehr ist, als nur diese Wartehaltung.



*Nein, das bewertest du viel zu menschlich. Sie sind dort, weil es gut und richtig ist, dass sie dort sind, und sie erholen sich vom Leben, von den anstrengenden Erfahrungen in ihrem letzten Leben.*

Hmm ... Bitte beschreibe mir ein bisschen mehr von der Ebene

*Mehrere materialisierte Formen der Seelen sind aber als ganz andere Formen wahrzunehmen.*

Wie? Du meinst jetzt nicht als Kugel?

*Nein.*

Ach, als was denn?

*Wesen der besonderen Art des Seins,welche eine Art Verstümmelung erfahren haben. Sie sind nicht rund wie Kugeln, sondern haben sehr viele Dellen und sind verzogen in ihrer Form.*

Beschreibe mir genauer - wie kann ich mir das vorstellen? Wie verzogen? Sind sie eckig?

*Nein. Sie sind dellenvoll, andere weniger kugelförmig. Wieder andere undefinierbare Formen. Sie sind nicht harmonisch.*

Ach ... und bleibt diese Form, oder bewegt sie sich?

*Sie bleibt, sie sind wie in dieser Masse geformt.*

Aha, kannst du mir sagen, ob diese verformten Energieformen eine andere Farbe haben als die, die rund sind?



*Ja. Ganz sicher haben sie eine andere Farbe, sie sind weniger kraftvoll und noch weniger lichtvoll.*

Ach, das heißt, diese verzogenen Formen ... was haben sie denn? Haben sie überhaupt Farben?

*Nein, sie sind, wie du sagen würdest, grau oder gräulich. Sehr wenig Licht aber nicht schwarz natürlich. Aber eben sehr wenig Farbe und Licht, und sie wirken, wie als hätten sie jedes Leuchten des Seins verloren.*

Ach Mensch, das ist ja eigentlich traurig. Kannst du denen nicht irgendwie helfen?

∞

*(Lacht) Nein meine Liebe, das ist nicht meine Aufgabe dort einzugreifen. Diese Formen sind, so wie sie sind, die Summe der Schritte dieser Menschen, dieser Seelen, in ihren anderen Leben. Und sie müssen ganz von alleine an den Punkt kommen, an dem sie diesen Zustand ändern wollen. Das weißt du doch. Das darf auf gar keinen Fall von außen iniziiert werden.*

Ja, ich weiß, ich mein ja nur. Vielleicht geht es ihnen ja nicht gut.

*Wie es ihnen geht, können wir nur ahnen. Ich kann mit ihnen nicht wirklich kommunizieren, das kannst nur du.*

Ja, ich weiß. Ich hab auch schon, glaube ich, mit derartigen Seelenenergien kommuniziert. Die fühlen sich alleine, die sind sehr einsam und haben noch viel Negatives aus ihren letzten Leben in sich. Es ist furchtbar. Man würde ihnen am liebsten wirklich helfen, ihnen eine „Spritze der Liebe" geben.



*Aber das tust du bereits.*

Ich weiß. Mein liebster Freund. Bitte berichte weiter. Also ich stelle mir dich gerade vor, wie du da durch diese Ebene wandelst und lauter Seelen um dich hast, die alle „vor sich hin warten" und unansprechbar sind.

*Genau das ist die Beschreibung dieser Ebene, aber ich möchte darauf lenken, dass es in dieser Art der feinstofflichen Materie dennoch erneut unterschiedliche Bereiche gibt. Also Bereiche in den Bereichen. Als ich die Ebene der Verstorbenen betrat, traf ich zunächst auf diese Wartehalle. Doch nachdem*

*ich eine Weile dort wandelte und viele, viele, viele Seelen in ihrer wartenden Position beobachtete, begann sich dennoch etwas zu verwandeln. Ab und zu bewegte sich die eine oder andere Seele fort von diesem Ort, wenn man das so sagen kann, wobei ich Örtlichkeit in diesen Beschreibungen wirklich nicht gerne benenne, aber es geht nicht anders für euer räumliches Verständnis.*

Wie meinst du - sie bewegten sich fort?

*Plötzlich, wie von einem Moment in den nächsten, begann eine Seele sich aus dieser Ebene wegzubewegen in ihrer Geschwindigkeit nach unten.*

Nach unten? Nicht nach oben?



*Nach unten.*

Aha ...bist du mal so einer Seele gefolgt?

*Nein, weil die Art, wie sie sich bewegte, ganz deutlich vermittelte, dass sie nun in die nächste Inkarnation einsteigt.*

Kann man sagen, dass diese Energien, diese Seelen wie nach unten gezogen wurden?

*Nein, sie bewegten sich von ganz alleine. Es gab nichts, das sie zog, so habe ich es zumindest wahrgenommen. Es schien wirklich wie ein Entschluss von einem Moment in den anderen sich aus dieser Art des Seins wieder zu entfernen, und sie begannen die Inkarnation.*

Ich möchte das ein bisschen deutlicher einfangen. Ich stelle mir also vor, da gibt es dieses Meer aus Energien, und manche bewegen sich dann einfach so nach unten weg, einfach so …?!

*Ja, sie bewegen sich nach unten in die unteren Frequenzbereiche, dort ,wo die Körperlichkeit wartet. Und gleichzeitig kommen andere nach. Es ist daher lebendig, aber dennoch weiterhin eine Wartehalle.*

Du meinst, es kommt immer wieder Nachschub, nach und nach, und gleichzeitig gehen andere. Aber wenn Nachschub kommt, wie kommt der? Kommt der jetzt auch von unten?

*Ja.*



Ach, das heißt, wir haben eine Art Bewegung aus dieser Ebene nach unten wie auch von unten nach oben?

*Ja.* ***Alles dort bewegt sich in einer Art ganz, ganz langsamen Masse, und in diese Form treten die so eben Verstorbenen ein und die neu Inkarnierten aus.*** *Es ist wie eine Masse aus all diesen Energien, die erhalten bleibt, aber dennoch, trotz weniger Bewegung, im Vergleich zu den höheren feinstofflicheren Ebenen, die in Bewegung ist.*

Hmm ... ich habe immer gedacht, dass es auch Seelen gibt, die inkarnieren müssen, auch wenn sie vielleicht nicht wollen ... gibt es das?

*Nein. Das kann es ja gar nicht, wenn der freie Wille über allem steht.*

Kannst du - statistisch gesehen - sagen, dass diejenigen, die verzerrte Energien haben, mehr inkarnieren als die anderen, die ausgewogen, balanciert, gesund sind?

*Sehr schöne Frage, Sylvia. Ich liebe deine Genauigkeit. Nur im Detail liegt das Verständnis für das große Ganze.*

Dankeschön.



*Die verzerrten Kräfte wirkten meist schneller in Inkarnationen zurückkehrend als die weniger verzerrten und normalen Seelenkräfte. Aber rein von den Farblichkeiten, die ich wahrgenommen habe in den Seelen, waren es tatsächlich nur diejenigen, die energetisch schwach sind, welche sich meist am ehesten wieder aus diesem Zustand in die inkarnierte Form zurückbewegten. Ich schließe das darauf zurück, dass der energetische Bereich dennoch höher schwingender ist als im Körper, in der Inkarnation. Das bedeutet, dass diese verzerrten Seelen diesen Zustand wahrscheinlich als eher unangenehm empfinden und das Inkarnieren ersehnen. Außerdem, wie du weißt, birgt natürlich jede Inkarnation das Potential in sich, dass diese Seelen wieder reinigen und wachsen können, und natürlich haben diejenigen, die am wenigsten Kraft besitzen, die größte Sehnsucht nach Wachstum und Reinheit.*

Aber hast du auch schon mal Seelen erlebt, die dort irgendwie ewig sind und ewig warten?

*Nein. Alles war in einem dauerhaften Austausch. Manche blieben länger, aber dennoch bewegten sie sich wieder in die Körper.*

Wir haben die Thematik des Sterbens ja auch schon in unseren anderen Werken erörtert. Und wir haben die Thematik der herausgeschleuderten Seelen bei Unfällen benannt. Kannst du an der Art und Weise der Seelenenergie oder der Seelenbewegung oder an der Art und Weise, wie sie aus der anderen Ebene, aus der Ebene des inkarnierten Zustandes in diese Ebene kommen, kannst du daraus schließen, ob das jetzt Seelen waren, die herausgeschleudert wurden, oder ob sie sich normal langsam ablösen konnten?

*Ja.*

Hab ich mir's doch gedacht. Bitte beschreibe. Woran sieht man das, was genau ist da anders?



*Wenn Seelen aus den Körpern geschleudert wurden, so sind sie meist in ihrer Art sehr taumelnd. Sie bewegen sich nicht zielgerade aus der Ebene der Körperlichkeit in die Ebene der Wartehalle - sie taumeln etwas.*

Aha, aber sie landen trotzdem dort?

*Ja, natürlich, aber meist eben erst nach einer gewissen Weile, wie du sagen würdest. Sie taumeln und suchen noch nach einer Art Weg.*

Wie muss ich mir das vorstellen? Ich meine, prinzipiell ist das doch

alles kosmisch gelenkt. Ich hätte jetzt gedacht, dass sie, wenn sie aus dem Körper geschleudert wurden, dann sofort in dieser anderen Ebene landen. Wenn sie jetzt nicht sofort in dieser Ebene landen, sondern taumeln, wo genau, wie genau taumeln sie? Taumeln sie noch in der Ebene der Körperlichkeit herum oder taumeln sie auf dem Weg? Wie muss ich mir das vorstellen?

*Sie taumeln um die alten verstorbenen Körper herum, bemerken aber, dass die Präsenz dort schwer zu halten ist. Es wird leichter und leichter um sie herum, und das wiederum bedeutet, dass sie sich fortbewegen aus der Körperlichkeit. Nach und nach kommen sie dann in der Wartehalle an. Aber der Weg dahin ist oftmals sehr mühsam für diese Seelen, denn sie* ***können nicht loslassen, halten fest, verstehen nicht das, was geschehen ist****.Die neue Form des Seins, die andere Wahrnehmung, all diese Dinge verwirren diese Seelen, und diese Verwirrung bemerkt man an ihren Bewegungen und leider auch manchmal an der Form.*



Ach, aber wenn jemand aus dem Körper geschleudert wurde, dann muss das doch nicht zwingend heißen, dass er deswegen verstümmelt ist. Ich dachte die Verstümmelung kommt eher aus einer Art Lebenswerk – aufgrund von Gedanken und Emotionalitäten und Schritten im Leben?

*Ja, das ist auch richtig, aber die Schleuderung aus dem Körper kann durchaus auch einzelne komplizierte Momente erzeugen. Stell dir vor, dass die Energetik - die Energie, die Seelenenergie aus dem Körper nicht als Ganzes gleich den Körper verlässt, sondern eben nur Teile und der andere Teil*

*noch im Körper festhängt - das ist sehr sehr komplex. Die festhängenden Teile lösen sich dennoch natürlich nach und nach ab, der andere Teil ist außerhalb und wie durch ein Gummiband verbunden, taumelt dennoch der bereits aus dem Köper geschleuderte Teil um den Körper herum und möchte in seine ganze Form, um dann in die nächste Ebene des Seins zu kommen. Alles in Allem ist das Herausschleudern aus dem Körper wirklich ohne Freude, und man könnte es qualvoll nennen für diese Seelen.*

Das ist furchtbar. Aber ich vertraue darauf, dass der Kosmos es dennoch so eingerichtet hat, dass sich diese Seelen am Ende des Tages in die andere Ebene des Seins bewegen können. Ob jetzt verstümmelt oder weniger verstümmelt, aber dennoch als individuelle, bewusste, ganze Seelenenergie, ja?



*Ja.*

Wir hatten auch schon darüber gesprochen, dass es eine Art Seelenanteile gibt, die vielleicht manchmal verloren gehen. Ist das etwas, das auch bei so einer Schleuderung passieren kann?

*Ja, und das ist ein sehr bedeutungsvoller Vorgang für die Seelen. Er zieht viele andere Energetiken nach sich.*

Wie genau muss ich mir das vorstellen? Geht dann der eine Teil doch schon in die andere Ebene?

*Mehrere Komponenten sind dabei zu beachten. Es gibt tatsächlich die Thematik, dass Seelenkräfte unbewusste, sehr energieschwache Reste beim Herausschleudern im Körper zurücklassen und dann ohne diesen energetischen Teil weiter wandeln. Wir haben darüber schon berichtet, als es um die Entstehung der weißen Kugeln ging. Diese sehr kleinen, an Energie sehr schwachen Reste bündeln sich im besten Fall zu weißen Kugeln; in anderen Fällen formen sie weitere neue Seinsformen gemeinsam mit anderen Resten. Das ist eine sehr komplexe Thematik, die ich gerne ein anderes Mal erörtern möchte, wie sie vonstatten geht.*

Ja bitte. Das ist sehr interessant, aber es weicht jetzt natürlich vom Thema ab, denn wir wollen ja die Welten beschreiben.

*Um bei der Ablösung zu bleiben. Diese aus dem Körper geschleuderten Seelen können auch manchmal durch die Umstände nicht als Ganzes wandeln - damit meine ich die Umweltumstände. Heißt, es gibt Örtlichkeiten, Momente, Problematiken, Umstände des Übergangs, die diesen Zerfall der Seelenenergie in Teile beschleunigen. Doch in jedem Fall ist es verursacht durch den Prozess des Herausschleuderns über einen Unfall oder eben einen plötzlichen, unvorhergesehenen Tod des Organismus.*
*Als weitere Komponente ist dabei auch die Qualität der Seele im Leben zu benennen. Wie hat die Seele in ihrem Leben sich selbst erfahren? Kraftvoll, freudvoll, liebevoll oder doch eher in der Wahrnehmung der Negativität und des Mangels. Wenn die Seelenqualität sehr verbunden und mit sich stark im Reinen, im wahrsten Sinne des Wortes, ist, so ist es schwerer, dass sie in Teile zerfällt in einem Zustand des Schocks. Weil sie stark genug ist. Ist sie aber generell sehr schwach, so ist*

*die Gefahr dieser Zerreißung größer.*
***Auch hier möchte ich erneut darauf hinweisen, welche große Verantwortung ihr jeden Tag tragt, ganz mit euch zu sein und die Seele als einen festen Bestandteil eures Seins zu pflegen, zu lieben, ihr zu lauschen und ihr Kraft zu schenken. Man weiß nie, was das Leben für einen bereithält, und überraschende Übergänge sind so normal wie das Leben selbst, doch kann man sich auch darauf vorbereiten, indem man seine Seele pflegt.***

Das habe ich verstanden, und es klingt wirklich logisch. Es gibt also unterschiedliche Seelenqualitäten, kann das sein? Du schickst mir da gerade Bilder: Es gibt Seelenqualitäten, die sind weich und ganz flexibel, und es gibt welche, die sind wie alte Knetmasse, die, wenn man sie lange nicht geknetet hat, trocken und spröde wirkt. Die Knete hält nicht mehr zusammen, sondern zerreißt dann. Ich denke mir, du schickst mir dieses Bild, damit ich genau diese Qualitäten den Menschen nahelege. Ist das richtig?

*Ja, sehr schön. Du empfängst mittlerweile nicht nur meine Worte, sondern auch meine Gefühle und Gefühlsbilder. Sehr schön, ich freue mich sehr darüber, denn dies erweitert deine Wahrnehmung um ein weiteres Stück. Bravo Liebes.*

Danke. Also zurück zu dieser Problematik, die ich übrigens sehr sehr wichtig finde, auch um den Menschen einmal mehr klar zu machen, in welcher Verantwortung sie sind. Du willst sagen, hält man in seinem Leben die Seelenkraft in sich lebendig, bewusst, liebevoll und vor allem flexibel und übt die Weite, so ist das Risiko nicht so groß, dass diese Seelenenergie in einem solchen Schockzustand auseinanderreißt, richtig?

*Ja. Genau das ist mein Sinnen hier. Seid flexibel und liebevoll dehnbar und offen in eurem Geist, so belebt genau diese Kraft eure Seelenkraft ,und die Gefahr ist nicht groß - sollte dies euch zustoßen.*

Okay. Aber zurück zu den Seelen, denen das passiert, die porös und eben nicht so flexibel sind, dann reißen, auseinandergerissen werden. Tut das eigentlich einer Seele weh?

*Nein, es tut nicht weh, weil sie keine Körperlichkeit mit derartigen Emotionalitäten wie Körperteile besitzt, aber es verstört sie. Es kostet sie erneut Kraft, und sie wird durch diesen Zustand umso verwirrter. Verstehst du?*



Ja okay. Jetzt verstehe ich das auch mit dieser Art Verstümmelung, die tatsächlich in diesem Zustand auch passieren kann. Wir haben also zwei Ursachen von Verstümmelung. Einmal die Art und Weise wie gelebt wurde, und das andere ist die Art und Weise, wie man gestorben ist, und im worst case beides zusammen, richtig?

*Ja genau.*

Und wir haben einmal Seelen, die zwar verformt sind, aber dennoch ganz, und die, welche Seelenteile von sich in solch einem Schock verloren haben.

*Ja genau.*

Was genau ist die Ursache, dass eine Seele aus dem Körper gerissen wird? Also kann das zum Beispiel durch Verbrennen oder Ertrinken passieren?

*Nein, nicht nur, die Umstände sind sehr vielfältig. Wir würden nicht fertig werden das zu benennen, Liebes. Ich kann deinen Ansatz und deine wissenschaftliche Neugier verstehen und möchte diese auch gerne immer unterstützen. Aber jetzt genau zu beschreiben, wann eine Seele unter welchen Umständen genau alles in derartige Problematiken kommt, wäre nicht machbar. Es reicht, wenn du festhältst, dass diese Problematiken Gefahren beinhalten, mehr aber auch nicht. Wir wollen Achtsamkeit erregen, keineswegs Angst oder irgendeine negative Art von Impulsen. Es geht um Aufklärung hier.*



Ja, ich weiß. Okay, das hab ich verstanden. Also die einen taumeln, nachdem sie eventuell auseinandergerissen wurden und darauf warten, dass die fehlenden Teile zu ihnen kommen. Andere kommen dennoch taumelnd, aber am Stück in die andere Ebene. Aber umgekehrt gibt es das nicht, dass Seelen, die inkarnieren wollen, einen Teil in der Wartehalle zurücklassen und nur ein anderer Teil inkarniert, oder?

*Es ist komplex. Wenn der Inkarnationsprozess eingeleitet ist, so gehen immer nur ganze Seelen. Sie inkarnieren als ein ganzer Teil in die Ebene der Körper, ohne sich selbst ganz immer bewusst zu sein. Gesunde Seelen inkarnieren natürlich als ein Teil, in besten Fall dann als ein sich ganzer bewusster Teil. Im schlechten Fall, als eine sich in ihrer Ganzheit unbewussten Seele. Dass eine Seele inkarniert und einen Bruchteil zurück-*

*lässt, kann nicht sein, die verlorenen Teile müssen erst wieder zur „Heimatseele" kommen, auch wenn diese unbewusst und verunreinigt sind, zusammengeführt werden.*

Verstehe. Bitte berichte weiter.

*Meine nächste Betrachtung lenkte ich auf den beweglicheren Bereich der Verstorbenen. Dazu möchte ich dir morgen berichten.*

Was meinst du mit beweglicher? Du hast dich ja gerade in einem Bereich aufgehalten, der relativ „wartehallenmäßig, sich sehr langsam bewegend" war. Was genau willst du damit sagen?

*Ich möchte damit sagen, dass ich auf meinen Forschungen durch diese Ebene der Verstorbenen durchaus auch andere Bereiche kennengelernt habe, in denen wieder andere Thematiken präsent waren, und da dies erneut sehr umfangreich ist, möchte ich dir davon separat berichten.*



Ah, okay. Also wir bleiben in der Ebene der Verstorbenen und gehen weiter in sie hinein.

*Ja.*

Ich danke dir vielmals für diese erneute sehr interessante, sehr schöne Session. Danke. Liebe

*Danke. Liebe.*

∞

# *Helle Ebene der Verstorbenen*

Mein liebster Freund und Lehrer. Du hast gestern gesagt, dass wir jetzt in die beweglicheren Ebenen hineingehen, dabei aber bei den Verstorbenen bleiben. Bitte berichte. Wie muss ich mir das vorstellen? Bewegst du dich in dieser Art von Räumlichkeiten nach oben, nach unten, zur Seite, nach hinten? Wie genau bewegst du dich in die anderen Bereiche hinein?

*Meine liebe Sylvia. Ich finde es sehr wichtig, dass wir die Beschreibung der Räumlichkeiten noch einmal ganz klar definieren. Viel zu viel Verwirrung könnte verursacht werden, wenn du diese Problematik nicht im Detail genauer beschreiben lässt. Deshalb möchte ich das kurz tun.*



*Der Kosmos ist Energie. Jede einzelne Seele besteht aus einem individuellen Energiefeld, welches sich aus der Mutterseele gelöst hat und dennoch in Verbindung zu ihr und zur Quelle unterschiedliche Erfahrungen sammelt. Auf diesem Weg begibt sich diese Energie in unterschiedliche Bereiche von Materie. Du hattest dazu einmal die Definition von unterschiedlichen Frequenzbereichen benannt.* ***Tatsache ist, dass jede Seele - aber auch jede andere Energie im Kosmos- ihre Strahlung und damit ihre Frequenz verändern kann. Dies zu einem bewussten Akt zu machen ist mein Wunsch, mein Sinnen hinter diesem Tun hier.*** *Das Verwandeln der Strahlung der Frequenzen aufgrund von unbewussten Gedanken oder Ängsten macht ein Gefühl der Ohnmacht möglich, welche aber nur Illusion ist. Und genauso ist auch die Wahrneh-*

*mung der unterschiedlichen Zustände ein Akt des bewussten oder unbewussten Handelns einer solchen Seelenenergie. Der Kosmos besteht, und das ist die Essenz, das Wichtigste, was ihr verstehen müsst, wenn wir von Räumlichkeiten sprechen, aus unterschiedlichen Frequenzbereichen. Genauso wie jede einzelne Seele eine unterschiedliche Strahlung, eine unterschiedliche Frequenz besitzt, so besitzt der Kosmos unterschiedliche Frequenzfelder. J**e nach Kraftpotential** der eigenen Seele, der einzelnen Seelenenergie begibt sich diese in den für sie passenden, im Sinne von resonierenden, Bereich. Das ist ähnlich wie die Geburt, welche keinesfalls zufällig an dem Tag oder sagen wir besser Moment auf der Erde geschieht, weil dieser Moment in Resonanz harmonisiert mit der Seelenfrequenz. Mit der Seelenstrahlkraft, mit der Seelenkraft, die in euch ist. Und genauso ist es im Zustand des Übergangs und danach. **Die Seelen wie auch alle anderen Energien befinden sich daher immer in dem Bereich, der für ihre Energetik, für ihre Strahlkraft, für ihre Seelenfrequenz harmonisch resoniert. Letztlich aber ist das alles Teil eines ganz großen Energiefeldes.***



Ja, wir haben einmal darüber gesprochen, dass es eben unterschiedliche Qualitäten in diesen Energiefeldern in diesem einen großen Energiefeld gibt, sowie es manchmal unterschiedliche Wasserqualitäten im Meer gibt.

*Ja, so könnte man es beschreiben.*

Gut ... Bitte berichte weiter.

∞

*Wenn ich mich also nun in die unterschiedlichen Bereiche begebe, so muss ich meine Frequenz verändern, ohne dabei meine Wahrnehmung zu verändern.*

Ja, darüber hattest du schon gesprochen. Ist das sehr anstrengend?

*Nein, aber es kostet Konzentration und Aufmerksamkeit.*

Ja. Gut. Zurück zu meiner ursprünglichen Frage. Du hast also deine Frequenz dahingehend verändert, dass du den Bereich der Verstorbenen wahrnehmen konntest, und hast dich dann in diesem Bereich weiter „fortbewegt“ und einen anderen Bereich gefunden. Bitte beschreibe, wie genau diese Fortbewegung vonstatten ging.

*Wenn du mir kurz erlaubst die Art der Fortbewegung noch etwas genauer zu skizzieren.*



Ja, bitte mach.

*Ich bewege mich Kraft meiner Seele wie durch Gedankenkraft durch diese Bereiche. Doch sind es letztlich nicht meine Gedanken sondern meine Gefühle, die wiederum meine Seelenkraft widerspiegeln.*

Oh, das wundert mich jetzt ... Können Seelen denn Gefühle haben? Werden sie tatsächlich von ihren Gefühlen gelenkt? Ich dachte, es wäre der Geist, das Bewusstsein, das die Seelen lenkt. Bitte geh genauer in dieses Thema hinein.

*Ja, es ist wichtig, um das große Ganze zu verstehen. Jedes ein-*

*zelne Detail ist wichtig.*

Ja, bitte.

*Du hast es schon richtig benannt, es ist letztlich die Bewusstheit, also das, was die Seele neben der Liebeskraft ausmacht, die mich bewegt, aber dennoch empfinde ich es als eine Art Gefühle.*

Verstehe. Ich versuche gerade das zu fühlen, was du fühlst und wie du dich weg bewegst, aber ich muss es dennoch ein bisschen differenzieren. Denn das, was ich als Bewusstheit, als Klarheit in dir spüre, ist nicht das Einzige, was dich bewegt und dieses sogenannte„Fühlen" ausmacht, es ist eben doch auch die Qualität der Liebe.



*Was für ein wunderschöner Hinweis. Natürlich ist es auch die Kraft der Liebe in mir, welche genauso einhergeht mit der Seelenkraft, dem Seelenpotential. Du selbst hast das Credo formuliert. Liebe und Bewusstsein sind beides feinstoffliche Elemente genauso wie Feuer, Luft, Wasser und Erde die Elemente des Planeten Erde sind. Meine beiden Werkzeuge sind also diese beiden Elemente und sie agieren zusammen. Und diese beiden Werkzeuge lenken wiederum meine Seelenkraft .*

Okay, also bewegst du dich anhand dieser beiden „Elemente" und das fühlt sich ähnlich dem Fühlen an, wie wir es im Körper erleben ?

*Ja.*

Wenn du dich also bewegst, heißt dass, du veränderst deine Frequenz.

*Ja. Meine Frequenz, und wir bleiben jetzt mal bei diesem Wort, da es sehr physikalisch und dadurch besser verständlich für die meisten Menschen sein sollte, bleibt natürlich immer im Grunde die eigentliche Kraft, die ich bin. Aber sie kann durch mein Bewusstsein gelenkt unterschiedlich variieren. Wie bei einer Lampe, die ihr dimmen könnt, so kann ich also meine Kraft verwandeln, um anders wahrzunehmen, und so gelange ich in diesen anderen Frequenzbereich, bleibe aber ich selbst in meinem eigentlichen Potential. Das bedeutet, dass ich immer auch aufmerksam bleibe für andere Impulse, die sich außerhalb dieses eingestellten Bereiches befinden. Und so kam es, dass ich durch den sehr statischen Bereich manchmal Lichtmomente wahrnahm, die aus einem anderen Bereich blitzten. Du musst dir das vorstellen wie einen Sonnenstrahl, der plötzlich den Bereich erhellt.*



Ach, das ist spannend.

*Du musst dir das vorstellen, als würdest du dich in dem Meer der statisch wirkenden Seelenenergien aufhalten, beobachten, forschen und wandeln, und plötzlich trifft dich ein warmer sehr heller Strahl des Lichtes.*

Verstehe, und dieser Strahl hat dich natürlich aufmerksam gemacht und du wolltest wissen, was da ist.

*Genau. Ich bemerkte dies immer wieder in unterschiedlichen Abständen und wurde natürlich neugierig.*

Okay, aber warte mal ... woher kam der Strahl, von oben, von unten,

von links, von rechts? Wie muss ich mir das vorstellen?

*Es ist ein Strahlen durch den Raum, welches keine Quelle besitzt. Dieses Licht hier hat keine Quelle, sondern es ist immer da. Wobei es natürlich die Quelle gibt, aber sie ist als solche nicht als eine Quelle erkenntlich. Sie strahlt, sie erhellt alles, ohne die Quelle als solche klar und deutlich aufzuzeigen. Aber zu diesem Thema, wo genau die Quelle ersichtlich ist, kommen wir viel später. Dennoch ist es für dich jetzt wichtig, dass du weißt, dass dieses Licht kurzzeitig aufscheint und wieder verschwindet in diesem statischen Bereich.*

Okay, aber das macht es ja für dich ja umso schwerer zu wissen, wo du hin willst. Du kannst den Ort dieses Lichtes nicht wirklich fokussieren.Wohin gehst du denn dann, wohin treibt es dich denn dann? ... Also du musst ja eine Absicht formulieren.



*Das ist richtig, aber ich musste in meinem Fall nur die Wahrnehmung etwas weiten und versuchen die Frequenz zu erhöhen, und schon begann meine Energie sich zu bewegen und befand sich in der Ebene der Verstorbenen, die mehr Kraft in sich trugen . Im helleren Bereich der Verstorbenen.*

Also es kostet dich einen Entschluss zu sagen: Ich möchte diesem Lichtimpuls folgen. Du öffnest dich und kannst dich dann kraft deiner Urenergie, kraft deines Urkraftpotentials einfach dort hinbewegen. Oder ist es ein sich hinbewegen lassen?

*Dort hinbewegen.*

∞

Aber was war genau dein Beschluss? Hast du gesagt: ich möchte den Ort besuchen, aus dem dieses Licht kommt? Was genau war die Absicht?

*Sehr richtig formuliert, Liebes. Ich habe meine Aufmerksamkeit und meinen Fokus auf die Kraft gelenkt, die dieses Licht strahlte, und die Absicht formuliert, dorthin zu gelangen, wo dieses Licht "wohnt".*

Also als du diese Absicht formuliert hast, bist du kraft deines Kraftpotentials und deiner Bewusstheit, dort hingezogen worden? Wie kann ich mir das vorstellen?

*Ich bin dem Gefühl gefolgt, welches mit dieser Absicht einherging.*



Eieiei, das ist ein bisschen schwer zu verstehen in einer Welt, in der man sich nur linear bewegen kann, aber gut. Ich kann es ungefähr greifen, wenn ich aus dieser linearen Vorstellungskraft aussteige. Was mich noch interessieren würde, wenn du so von Gefühlen sprichst - während du dich von dieser einen Ebene in die andere Ebene bewegst, wie ist das Gefühl dabei?

*Das ist eine sehr schöne und sehr wichtige Frage, die ich übrigens noch zu der anderen Ebene beantworten wollte. Die Ebene der statischen Wartehalle - oder sagen wir besser relativ statischen Wartehalle - ist für mich sehr langsam und unangenehm, wie als würde alles gebremster vonstattengehen. Es ist mühsam und in meinem Empfinden etwas unangenehm, deshalb kann ich mich dort auch nicht sehr lange auf-*

*halten. Ich denke, es liegt daran, dass meine Frequenz sehr schnell und flexibel ist. Und wenn ich diese drossle, auf diesen verhältnismäßig, statischen, langsamen und starren Bereich, kann sich das natürlich nicht angenehm anfühlen, es ist ja eine Manipulation meiner eigentlichen Kraft. Wenn ich aber, und da ist jetzt die Antwort deiner eigentlichen Frage, dann diesen Beschluss, diese Absicht formuliert hatte, in die andere lichtvollere Ebene dieses Strahls hinein zu gelangen, dann war dies sehr beflügelnd wie ein „Kribbeln im Bauch".*

Das ist ja schön gesagt. Es ist letzten Endes ein Entschluss gewesen, dass du deine Frequenz wieder anheben konntest, und das ist natürlich ein etwas schönerer befreiender Akt. Und das ist beflügelnd, gell?



*Ja.*

Aha. Hast du dir mal die Frage gestellt, warum diese Lichtstrahlen, diese Lichtblitze ab und zu in die Wartehalle der statischen Seelen hereinkamen?

*Nein.*

Das würde mich aber interessieren. Wie funktioniert das? Und warum?

*Meine Antwort darauf ist sehr einfach und mit Sicherheit richtig, denn das ist die Essenz allen Seins. Weil die Ebenen immer miteinander verbunden wirken. Nichts ist wirklich voneinander getrennt, und deshalb gibt es natürlich auch immer wieder verbindende Elemente.*

Ja, aber ist da nicht die Frage in dir, warum aus einer anderen Ebene diese Lichtblitze kommen? Ich finde das sehr interessant.

*Ich denke, das ist gelenkt von unterschiedlichen Bewegungen der Seelen. Die Ebene, die ich dann betrat, war voller Seelenenergien, welche viel heller, kraftvoller und freudvoller strahlten. Ihre Farben waren bunter, ihre Bewegungen etwas schneller und generell wirkte alles lebendiger. Ohne dass es mehr oder weniger Seelenenergien waren als in dem anderen Bereich.*
*Und ich habe erkannt, dass außerdem kleinere Lichtblitze immer dann aufschienen, wenn eine dieser Seelenenergien wandelte – vielleicht, wenn sie inkarnierte oder wenn eine sehr hell strahlende Energie aus dem Körper in die Ebene kam. Ich denke tatsächlich, dass dies auch durch diese Übergänge gelenkt ist.*



Hmm, okay, das macht Sinn. Die Seelen gelangen, wenn sie aus dem Körper heraustreten, ja nicht gleich auf die anderen Frequenzebenen, sondern legen manchmal eine Art Weg zurück und streifen auf diesem Weg natürlich auch den Bereich der sehr statischen Wartehalle. Und das ist dann der Moment, wo dieses Licht aufscheint, oder?

*Nein. Bitte merke dir, dass du das nicht vermischst. Das Wandeln der Seelen aus dem Körper heraus materialisiert lediglich diese Kraft der Seelen in sich, bündelt diese und konzentriert sie, und sie bereisen ihren Bereich.Das Blitzen war größer als die Seelenkräfte, größer als diese Bewegungen der*

*Seelen, es war kosmischer. Dennoch glaube ich, dass es mit den Impulsen der Seelen in dem jeweiligen Bereich zusammenhängt. Aber ich mag ungern Dinge vermuten, sondern sie erörtern. Nun hab ich mir eben diese Frage nicht wirklich gestellt. Deshalb habe ich keine wirkliche Antwort darauf, sondern nur diese Vermutung. Aber es ist, wie du sagen würdest, nicht logisch, dass eine Seelenenergie derartig kraftvolle Blitze aus einer Ebene erzeugt, dass sie bis in eine andere Ebene wahrgenommen wird. Es kann nur aus einem gewissen Impuls heraus mit einer anderen Energetik gemeinsam geschehen und das ist das, was ich jetzt hier noch nicht beantworten kann. Aber ich werde mich gerne informieren.*

Ja, das wäre doch mal spannend. Aber das Ganze umgedreht gedacht: Die dunkle Ebene hat doch nicht in die helle „hineingedunkelt“ oder? Also ihr Licht weggenommen oder Schatten geworfen?



*Nein. Köstlich ...(Lacht)... deine Fragen sind unverbesserlich, Liebes.*
*Licht ist Energie. Und wo wenig Energie ist, kann auch kein Licht strahlen - oder sagen wir - weniger strahlen.* ***Der Kosmos wird immer aus Energie bestehen und deswegen auch immer Licht tragen. Aber, weniger Licht kann nicht in das helle Licht hinein wirken. Das ist ein rein grobstoffliches, aber auch freinstoffliches Gesetz, dass die größere Kraft die Kleinere verdrängt.***

Hmm ... Okay, ich dachte, die Seelen im Bereich der helleren Wartehalle können die anderen in dem dunkleren Bereich der Wartehalle wahrnehmen.

*Nein, so ist es nicht wirklich. Die hellere Ebene der Verstorbenen, die beweglichere Ebene der Verstorbenen, ist in sich sehr klar und strahlend hell. Du musst dir das vorstellen wie eine andere kleine Welt, die in sich abgeschlossen wirkt. Nur der Beschluss, die Absicht einer jeweiligen Seele und ihr innewohnendes Kraftpotential können es ermöglichen, dass sie diesen Bereich verlässt. Aber es kostet eben diesen Entschluss.* ***Wenn eine Seele erfüllt ist und ihren Bereich als erfüllend und richtig erkennt, so gibt es keinerlei Impuls, sich dort fortzubewegen.*** *Das darfst du nicht vergessen. Die Art, wie ihr im Leben Impulse setzt, um dies und jenes zu tun und zu machen, zu erschaffen und machen zu müssen, gibt es im Feinstofflichen nicht.* ***Die Seelen sind erfüllt oder sie sind es nicht.*** *Aber wenn sie es nicht sind, dann ist meist ihre Wahrnehmung so getrübt, dass sie leider nicht die Kraft haben sich dorthin zu bewegen, wo sie erfüllter wären. Aber damit sind wir wieder bei einem ganz anderen Thema, das hatten wir schon angeschnitten. Ich möchte damit nur sagen, dass die Seelen an sich sehr zufrieden in ihrer jeweiligen Ebene sind, vor allem in den lichtvolleren Ebenen. Hier in dieser lichtvollen Ebene, von der ich gerade berichte, ist dies der Fall. Deshalb befinden sich die meisten dieser Energien dort und nehmen es so an, wie es ist.*



Ja, das war jetzt auch nicht meine Frage, lieber Freund und Lehrer. Ich wollte ja nur wissen, ob man in diesem Zustand die anderen Ebenen auch wahrnimmt?

*Nein, es kostet einen Entschluss, so wie ich mich dazu entschließen musste die anderen Ebenen wahrzunehmen, hätte*

*ich das nicht, hätte ich sie nicht wahrgenommen.*

Also ist es in jedem Fall nötig, dass man seine Energie lenkt, und über diese Manipulation ist es möglich auch andere Bereiche kennen zu lernen, wenn man das aber nicht tut, weil man das nicht will, dann bemerkt man die gar nicht, richtig?

*Ja.*

Aha. Gut, hab ich verstanden. Ich hätte halt jetzt gedacht, dass man, wenn man in dieser hellen Ebene ist, ein bisschen umherschweift, ein bisschen schaut und dann auch schon andere Energiequalitäten wahrnimmt.



*Ja, dem ist so, aber das ist nur wie die Wolken an eurem Himmel oder wie Vögel, oder nimm irgend etwas anderes, das du in eurem Himmelszelt wahrnimmst - willst du deswegen dorthin?*

Aaahhh ... Moment, das macht ja schon einen Unterschied, ob ich die Sachen sehe, also doch wahrnehme, oder eben gar nicht wahrnehme. Also irgendwie nehme ich die anderen Ebenen ja schon wahr, oder?

*Nein ... Jein. Es ist alles eine Frage der eigenen Wahrnehmung. Manche Seelen können natürlich die anderen Energiequalitäten irgendwie weiter auch wahrnehmen, so wie ich auch den Lichtblitz wahrgenommen habe in der Wartehalle der statischen Seelen. Ich vermute aber, dass die unteren Frequenzen nicht derartig flexibel sind wie mein Geist und deshalb die anderen Energieebenen nicht wahrnehmen, nicht so bewusst!*

Okay also wir fassen zusammen: Es ist möglich sie wahrzunehmen, aber es liegt in einem selbst, ob man die wahrnimmt. Prinzipiell ist der Kosmos aber so aufgeteilt, dass die jeweiligen Energien ihren Bereich als Ganzes wahrnehmen, und das ist auch gut so. Das ist auch richtig so, dass sie sich dort wohlfühlen.

*Ja.*

Nun lass uns mal in diesen hellen Bereich hineingehen. Also du bist dann dort angekommen - was genau hat dich da erwartet? Du hast gesagt, die Seelen hatten mehr Farben und waren kraftvoller, haben sich mehr bewegt, richtig? Waren denn die Formen dort alle gleich oder war da auch eine Art Verformung sichtbar ?



*Nein. Dort waren die Felder der einzelnen Seelenenergien sehr viel ausgewogener, kraftvoller und 'gesünder'. Die Bewegungen in ihnen wirkten freudiger, freudvoller, liebevoller. Und so mancher hatte mich sogar wahrgenommen.*

Ach echt. Habt ihr geredet? Wie muss ich mir das vorstellen?

*(Lacht) Du kommunizierst auf der feinstofflichen Ebene nicht mit Worten, wie du weißt, aber wir haben uns wahrgenommen.*

Ah, aber es muss doch eine Art Kommunikation geben?

*Ja, meine Art der Kommunikation ist aber höher schwingen-*

*der und wurde von ihnen nicht so wahrgenommen. Sie haben lediglich meine Präsenz wahrgenommen.*

Woher weißt du das, dass sie dich wahrgenommen haben?

*Weil sie reagierten, als ich in ihre Nähe kam.*

Ah, indem sie ihre Farbe änderten, indem sie hüpften - wie genau haben sie reagiert?

*Sie veränderten ihre Farbe, strahlten kurz noch heller, als würden sie sich freuen mich wahrzunehmen.*

Also wenn ich eine Session mit Verstorbenen mache, egal auf welcher Ebene, dann kann ich mit ihnen kommunizieren. Wieso konntest du nicht mit ihnen kommunizieren? Das verstehe ich nicht.



*Weil meine Frequenz dieses Potential eben nicht in sich trägt. Ich kann sie berühren, ich kann ihre Frequenz erfahren, aber ich kann nicht mit ihnen so kommunizieren, wie du es kannst.*

Ach, das ist aber schade. Das verstehe ich nicht, aber gut, vielleicht ist das nur auf dieser Ebene so gewesen.

*Ja genau, in anderen Ebenen ging es.*

Okay, siehst du, das sind die Details, die wir brauchen. Also, diese Verstorbenen haben sich dort auch einfach aufgehalten und du bist dann wieder so zwischen ihnen gewandelt, wobei manche auf dich reagiert haben und manche nicht, richtig?

∞

*Ja.*

Du warst also in beiden dieser Welten, ohne irgend welche Ziele? Wie ist das? Ist das nicht langweilig?

*Wenn du mal nichts machen kannst, dann empfindest du das Sein als langweilig, oder?*

Nein, naja.

*Vergiss jegliche Art von Wollen und begib dich in die Empfindung des Seins. Diese Seelen sind aus einem Körper in der grobstofflichen Materie in diesen Zustand gelangt, um sich auf gewisse Art und Weise zu erholen.* ***Sie rasten. Sie möchten nichts tun. Sie möchten einfach nur sein.*** *So lange, bis der Impuls sie streift, aus dem sie die nächste Inkarnation beginnen möchten. Dies gilt übrigens für beide Bereiche der Verstorbenen, deshalb ist es auch richtig zu sagen, dass sie beide in einer Art „Wartehalle" sich befinden. Denn es ist das Warten auf den Impuls, der nur aus ihnen heraus entstehen darf. Und erst wenn dieser da ist, ist die Energie groß genug, um sie wieder aus dieser Ebene in einen Körper zu bewegen.*



So, und jetzt wird es spannend, das heißt, es geht aus dieser Ebene, aus diesen Bereichen, die du gerade beschrieben hast, nur, dass sie sich in die materielle Ebene des Körpers hineinbewegen, also wieder inkarnieren. Können sie nicht sagen, dass sie sich in die nächste höhere Ebene begeben wollen?

*Nein. Das ist schlicht und ergreifend rein aus Energiegründen nicht möglich. Es geht nur die Bewegung in den Frequenzbereich der grobstofflichen Materie hinein nach 'unten' - in einen weiteren unteren Bereich hinein, aber nicht in den höheren Bereich. Das ist eine sehr wichtige Gesetzmäßigkeit, die euch einmal mehr vor Augen führen soll, dass die Bewegung der Seelen immer und ausschließlich mit ihrer Kraft zusammenhängt und diese sich auf der anderen, auf der feinstofflichen Ebene, nicht oder sagen wir nur sehr, sehr, sehr mühsam erhöhen kann.* ***Das Potential einer Inkarnation ist, dieses Kraftpotential zu verändern.*** *Leider aber nicht nur in eine Richtung. Da und genau dort beginnt die Eigenverantwortung zu greifen. Dass ihr in der Inkarnation nicht mehr Energie verliert, sondern daran arbeitet,* ***Energie zu gewinnen. Dann eröffnen sich nach dem Übergang noch ganz andere Möglichkeiten, ganz andere Bereiche.***



Verstehe. Okay, die Seelen „warten"dort alle, bis sie wieder inkarnieren können oder wollen. Wie ist das gelenkt ? Mit Sicherheit natürlich ausschließlich aus der Kraft des freien Willens. Aber es gibt doch auch noch einige, die haben eine Menge Rechnungen offen und die „müssen" inkarnieren.

*Nein, auch dort können sie nur, gelenkt durch den freien Willen, letztlich den Beschluss treffen, um die, wie du so sagst, offenen Rechnungen zu begleichen, zu korrigieren und in Balance zu kommen.*

Dies wissend, empfinde ich das Leben immer mehr als ein sehr wertvolles Tool, eine ganz wertvolle Chance, die der Kosmos einem gibt.

*Ja.*

Wow ... auf der anderen Seite ist es natürlich auch wertfrei, in welchem Bereich man als Seele landet.

*Nein, es ist völlig wertfrei, das siehst du schon richtig.*

Aber so mancher wünscht sich ja doch, nach und nach mal etwas anderes kennen zu lernen als immer nur die Ebene der Verstorbenen?!

*Ja, ich weiß, das ist dann die Neugier und das Wachstum.*

Zurück zu der Ebene, wo sie alle etwas gesünder sind. Hast du das Gefühl, dass sie miteinander kommunizieren?

*Ja, sie nehmen definitiv einander wahr, und ich glaube auch, dass sie miteinander kommunizieren können. Dort sollte das Gefühl der Einsamkeit nicht wirklich Thema der Seelen sein. Sie sind nicht alleine, sie sind verbunden, mit den Anderen im Austausch, sie wirken freudvoller, sie wirken friedlich und liebevoll.*



Mhm, und hast du aus dieser Ebene auch eine andere, eine weitere Ebene wahrgenommen?

*Nein.*

Echt nicht? Also da waren jetzt keine Lichtblitze von noch einer anderen Ebene?

*Nein.*

Aha, okay. Was ist mit den weißen Kugeln? Ich hatte in Erinnerung, dass man die weißen Kugeln zu Hilfe rufen kann.

*Ja, nur tun dies die Verstorbenen weniger, weil sie sie gar nicht bemerken.*

Aaahhh ... dann werden die weißen Kugeln, wenn sie zum Einsatz kommen, eher von oben geschickt - von anderen Ebenen, ja?

*Ja.*

Mhm, also ich fasse zusammen - in dieser Ebene hast du letzten Endes 'wirklich nur' diese Ebene wahrgenommen. Keine anderen Impulse von außen, keine Landschaften, kein Drumherum, sondern das war so, wie es ist?



*Ja.*

Aha, okay. Und du meinst, dass das die beiden Welten der Verstorbenen waren?

*Ja. Diese beiden Frequenzbereiche sind die Bereiche, in denen die Verstorbenen sich aufhalten, wenn sie mit einem dieser Bereiche resonieren. Noch höher schwingendere Seelen, so wie du eine bist, weil du kraftvoll in deiner spirituellen Kraft bist, werden andere Ebenen wahrnehmen. Doch dazu später mehr.*

∞

Aha, also kann man den Menschen doch kommunizieren, dass sie darauf vertrauen sollen, je nachdem wie sie sich in ihrem Leben um ihre Seele auch gekümmert haben, dies prägend für die Wahrnehmung nach dem Übergang sein wird. Wenn sie voller Ängste waren - sich also hauptsächlich im Ego befanden -, werden sie in einem anderen Bereich, in einer anderen Frequenzwahrnehmung wiederfinden, als wenn sie eben voller Liebe, voller Licht, voller Freude in ihrem Leben waren. Diese beiden groben Einteilungen sind wichtig, richtig?

*Ja. Sehr gut beschrieben.*

Einige Religionen unserer Welt lehren uns: „Wenn du dies tust, dann landest du im Paradies, und wenn du das tust, dann landest du in der Hölle." Diese Urteilung mag ich eigentlich überhaupt nicht, aber das, was du jetzt gerade beschreibst, sagt auf gewisse Art und Weise ja schon etwas Ähnliches.



*Jein, mein Liebes. Diese Religionen arbeiten mit Ängsten und Schuldgefühlen und allem, was man nur ansatzweise negativ in den menschlichen Geist verursachen kann. Ich möchte ausschließlich, und das werde ich immer wieder betonen, die Eigenverantwortung in euch unterstreichen.* ***Es ist eines jeden eigene Verantwortung, welche Schritte er in seinem Leben setzt.*** *Ob er sich in seinem Leben um seine Seelenenergie kümmert oder eben nicht. Ob er sie pflegt, ob er sich mit spirituellen Dingen beschäftigt, ob er das nicht tut, ob er rein materiell bleibt, ob er Dinge tut, die ihn Energie kosten, oder welche, die ihn sehr erfüllen, sehr glücklich machen, sehr freudvoll machen - und noch so vieles mehr - ist alles in eurer eigenen*

*Verantwortung und völlig wertfrei.* ***Ich möchte nur aufzeigen, was bedeutet was.***

Das erinnert mich an: nimmst du die grüne Pille, oder nimmst du die blaue Pille - aus dem Film Matrix.

*Hier geht es nicht um Pillen Liebes - bitte verzerre diese meine Intention nicht. Es ist ganz einfach.* ***Seid euch eurer Schritte bewusst. Setzt sie liebevoll, freudvoll und in Verbundenheit mit allem, was ist. Dann wird eure Energie nicht weniger.*** *Und damit ist alles gesagt.*

Ach Gott, wenn ich nicht so viele Menschen kennen würde, die zu neunundneunzig Prozent alles Mögliche tun, um ihr Energie zu verschwenden, zu verlieren, dann würde ich das sogar wertfrei annehmen können. Aber es ist leider so, dass die meisten Menschen nur Energie verlieren. Und wenn man sie auf spirituelle Themen anspricht, schauen sie einen komisch an, als würde man aus einem Irrenhaus kommen. Es ist leider leider so. Sie sind zu großen Teilen nicht einmal offen für die Anhebung ihrer Kraft. Nicht einmal daran interessiert.

*Liebes, lass aus an diesem Punkt. Du kannst diese Menschen nicht verändern, das müssen sie aus sich selbst heraus. Die Erkenntnis selbst treffen, dass sie die alleinigen Erschaffer ihres Schicksals und damit die Bewahrer ihrer eigenen Energie, ihres größten Schatzes sind. Du tust alles, was du tun kannst, indem du diese wichtigen Worte und Inhalte hier festhältst, aber verzweifle nicht darüber, wenn sie sie nicht lesen, nicht verstehen oder sich nicht einmal dafür interessieren.*

∞

*Das ist nicht dein Bereich und deine Verantwortung mehr.*

Ich weiß. Ich möchte nur sagen, dass es sich so anfühlt, als würde der größte Teil der Menschheit sich dieser Thematik nicht nur nicht bewusst sein, sondern sich dafür tatsächlich auch nicht einmal wirklich interessieren. Das finde ich viel schlimmer, aber gut meine Wertung. Lass sie mir, ich bin in einem Körper und reibe mich täglich mehr an dieser Unbewusstheit als du, da wertet man auch.

*(Lacht) Ich lass es dir. Und ich verstehe dich sehr, denn es ging mir ganz genauso. Deshalb habe ich mich zurückgezogen, um nur ganz mit mir und den Tieren zu sein. Denn sie sind sehr dankbar und sie nehmen die Energetik ganz anders wahr. Sie nehmen die Energiefelder, die unsichtbaren Felder wahr. Diese Resonanz zu spüren, hatte mich wiederum sehr in Freude gehüllt. Bei den Menschen war das nicht der Fall. Oftmals gibt man und hat das Gefühl, es wird nicht wahrgenommen.*

Ja. Nun gut mein lieber Freund, ich denke mir, wir sind mit diesem Bereich fertig, oder?

*Ja.*

Danke dir von ganzem Herzen für wieder sehr sehr sehr vieles Schöne, interessante Einblicke, und ich freue mich auf das nächste Kapitel. Danke. Liebe.

*Danke. Liebe.*

∞

## Die Essenz

*Die Qualität einer Seele, ihre Flexibilität, ist für den Übergang entscheidend.*
*Es gibt zwei Wege der Transition: Das langsame Ablösen vom Körper oder das durch einen Schock ausgelöste Herausgeschleudertwerden aus dem Körper.*
*Erstere ist die gesündeste Form, den Übergang zu nehmen.*
*Die zweite Möglichkeit zieht die Problematik des Außeinanderreißens/ Brechens einer Seelenenergie nach sich, denn es entstehen dabei einzelne Teile - Seelenbruchteile.*
*Die Seelenbruchteile landen in einem der unteren Frequenzbereiche.*
*Die Seelen, welche Teile von sich verloren haben, befinden sich dann meist durch den Energieverlust, den sie im Leben und/oder im Übergang erfahren haben, in dem niedriger schwingenden der beiden Bereiche der Verstorbenen. Dort nehmen sie keine anderen Seelen wahr.*
*Es wirkt, als seien sie in einem Wartezustand bis zur nächsten Inkarnation. Die Einen, um ihren Seelenbruchteil wieder zu finden, die Anderen, um einfach nur andere Formen des Seins zu erfahren.*

*Je energieloser bzw. bewusstloser eine Seele durch die letzte Inkarnation geworden ist, umso eher wird sie den Zustand der „dunkleren“, lichtloseren Wahrnehmung außerhalb des Körpers erfahren.*
*Ist die Seele jedoch angereichert mit Lebensfreude und Kraft, so wird sie das große Ganze hell, lichtvoll, kraftvoll und liebevoll wahrnehmen.*

# *Seelenqualitäten*

Mein lieber Freund und Lehrer. Ich bin sehr gespannt, wohin du mich jetzt als Nächstes entführst. Bleiben wir im hellen Bereich oder bewegen wir uns woanders hin?

*Wir bleiben im hellen Bereich der Verstorbenen, denn verschiedene unterschiedliche Qualitäten möchte ich benennen. Wir haben gestern darüber gesprochen, dass materialisierte oder besser ausgeprägte Qualitäten einer Seele ihre Wahrnehmung und gleichzeitig ihre Position im Kosmos bestimmen. In der Welt der Verstorbenen, ich nenne sie jetzt nur deshalb Welt, weil es für euer Verständnis besser ist die Komplexität damit zu greifen, sind weit mehr unterschiedliche Energiequalitäten zu Hause, als das in anderen Ebenen der Fall ist. Ich möchte damit sagen,* ***dass diese Welt, der helle und der dunklere Bereich, in ihrer Vielfalt einzigartig sind****. Das liegt ganz einfach daran, dass die Seelen im Laufe ihres Lebens alle, jede einzelne, unterschiedliche Erfahrungen sammelt und jede einzelne ein eigener, wie ich gerne sage, Cocktail aus Energie ist. Und damit möchte ich ganz kurz die Aufmerksamkeit auf die Seelenqualität an sich lenken.*
*Wir haben in den andren Werken schon sehr oft und sehr viel darüber berichtet, dass* ***Qualitäten der Seelen aus den Komponenten Kraft, Liebe und Bewusstsein bestehen. Diese sind aber alle jeweils formbar.*** *Heißt, unter diesen drei Komponenten gibt es jeweils eine unendliche Zahl an unterschiedlichen Qualitäten der Ausprägung und das Ganze mal drei.*

*Dies wiederum bedeutet in der Folge, dass es* ***keine Seelenqualität zweimal geben kann.*** *Dies wird außerdem auch gelenkt durch die unterschiedlichen Inkarnationsprozesse. Der eine inkarniert wieder und wieder ohne dabei Kraft zu verlieren, der andere verliert immer wieder und immer wieder Energie, bis er nur noch so viel Kraft hat, dass er in den Körper eines kleinen Tieres inkarnieren kann. Wieder andere sind sehr beweglich geworden, und dadurch beleben sie noch andere Körper auf anderen Planeten und sammeln dort erneut ganz andere Erfahrungen - die Komponenten dazu zu benennen würde den Rahmen sprengen und wäre unmöglich. Ich möchte aber darauf hinweisen, dass alle Leben, die ihr erfahrt, immer die* ***Chance des Kosmos schenken in euch die Qualität der Seele zu formen.***



Ich finde das unglaublich schön, dass du jetzt deine Aufmerksamkeit auf das Thema Seele lenkst, lieber Freund und Lehrer, denn ich finde das wahnsinnig wichtig, dass die Menschen das, was sie belebt, die Seelenenergie, endlich einmal als eine Art chemisches Konstrukt besser erklärt bekommen. Kann ich das so sagen - chemisches Konstrukt?

*Na ja, wenn du dich mit diesem Begriff als Etikett besser fühlst, von mir aus, aber mir geht es nicht um derartige Bezeichnungen.*

Ja, aber es ist so schön verständlich. Weißt du, es gibt Physik, es gibt Chemie, es gibt Biologie, und wir sind nun mal damit aufgewachsen. Eine Art Wissenschaften, die uns helfen die Dinge ein bisschen leichter zu verstehen. Immerhin wollen wir ja eine Kartographie erstellen, und in der ist es manchmal hilfreich, die Werkzeuge des Menschseins zum besseren Verständnisses zu verwenden.

*Ich verstehe das, daher sage ich auch nicht, dass die Beschreibung falsch ist.*

Okay, ich wollte auch eigentlich nur mitteilen, dass ich das großartig finde. Danke vielmals.

*Gerne. Beginnen wir bei der Beschreibung des seelischen Urschleim ...*

Meinst du echt Urschleim?

*Ja.*



Wieso Urschleim?

*Weil die Energetik tatsächlich einer Art feinstofflichen gebündelten Konsistenz gleicht, die ihr als Schleim, als etwas sehr, sehr weiches und bewegliches, aber individuell Stoffliches bezeichnet.*

Aahh, okay. Bitte weiter.

*Die Seele ist zu Beginn ihrer Reise eine Kraft, die weich und sehr beweglich, aber ohne wirkliche Form aus der Mutterseele ihre individuelle Kraft beginnt zu entfalten. Nimm dazu bitte das Bild, dass du aus einem Trog aus Wasser mit einer bestimmten Farblichkeit und einer bestimmten Qualität an*

*Härte oder Weiche einen Teil dieser Kraft entkoppelst, ohne sie ganz zu trennen. Das Wasser ist, wie schon gesagt, eher etwas fester in seiner Konsistenz, aber dennoch weich und flüssig wie Schleim.* ***Diese sehr weiche Konsistenz begibt sich in einen Körper. Diese Form beginnt sich einzunisten, in einem Körper. Und nun lenkt das Bewusstsein die Gedanken dieses Wesens, die Liebe, seine Entscheidungen und die Kraft seinen Körper. Alle drei Komponenten erschaffen also einzelne Schritte und Taten.*** *Und schon hat die Lehrstunde begonnen. Denn nun folgt eine Entscheidung der Nächsten und eine Reaktion auf die Andere und all dies* ***formt die Qualität des Urschleims.*** *Dabei festigt sich die Seelenenergie und wird sich selbst mehr und mehr bewusst, dass sie nun in dieser Form als individuelles Wesen agieren kann. Diese Bewusstwerdung wiederum festigt den sogenannten Urschleim und hält ihn zusammen. Wille,* ***der freie Wille wird über die Bewusstwerdung der Individualität dieser Energieeinheit, wenn du so sagen magst, stärker und bewusster.*** *Schon bei der nächsten Entwurzelung aus dem Körper heraus, also beim Übergang, ist diese Seeleneinheit sich selbst bewusster als bei der Inkarnation. Und so festigt sich das, was als sehr weicher, ungeformter Urschleim begann, diesen Weg zu gehen, und* ***wird*** *mehr und mehr* ***das Ergebnis all seiner Taten und Gefühle.***

Es steht die Frage im Raum, wenn eine solche Seele ganz weich und wie eine Art Schleim aus der Mutterseele heraustritt und in einen Körper hinein kommt, dann ist sie ja in diesem Zustand eigentlich perfekt beweglich und diese Beweglichkeit ist doch das, was dann im Laufe der Zeit der Inkarnationen oftmals verloren geht. Ich erinnere mich, dass du gesagt hast, dass die Seelen flexibel und weit sein sollen in ihrer Wahrnehmung - weit und in ihrer Konsistenz flexibel. Wieso geht diese Flexibilität verloren?

*Das ist eine sehr wichtige Frage, denn sie benennt die Problematik des Inkarnierens und „Exkarnierens", wie ich es gerne nenne, auf ganz klare Weise. Das Inkarnieren und Einnisten in die Körperlichkeit, das individuelle Empfinden und das über die körperlichen Sinne gefühlte Getrennt-Sein von Allem, verursacht oftmals eine falsche Wahrnehmung des Großen und Ganzen, in welchem die Seelen ja dennoch weiter Teil davon sind.* ***Die Trennung, die ihr empfindet, aber nicht real ist, ist also die Ursache dafür, dass die Seelen beginnen sich zu verkapseln.*** *Und diese Verkapselung macht sie mürbe. Das Gegenteil von flexibel. In der Art und Weise meiner bildlichen Beschreibung wird also im schlechtesten Fall aus diesem sehr weichen und flexiblen Urschleim dann eine Art sehr mürbe, unflexible, fast schon feste Form. Diese Verkapselung zieht natürlich sehr viele andere Problematiken nach sich, da dadurch die Seelen aus dem Fluss der Weite des Kosmos fallen, Enge empfinden, Getrenntheit empfinden, Einsamkeit empfinden und so vieles mehr noch an negativen Gefühlen, die letztlich aber nur aus der verwandelten Konsistenz entstehen. Deshalb möchte ich nie aufhören zu benennen, wie wichtig es ist, dass ihr flexibel in eurem Geiste bleibt, flexibel in eurer Energetik und Reinigung, also* ***Wandlung der Energien als das größte Geschenk des Kosmos erkennt, denn sie erhält, wie der Atem in eurem Körper, die Flexibilität der Seele.*** *Ein- und Ausatmen der Seele bedeutet weiten und zusammenziehen. Weiten, wenn sie exkarniert, zusammenziehen,* *wenn sie inkarniert und doch immer in ihrer Konsistenz letztlich offen, liebevoll und kraftvoll bleiben.*

Das habe ich verstanden, das hast du sehr schön erklärt. Diese mürben Seelen, wie du sie nennst, ich finde es gibt mehr davon als flexible.

*Werte nicht, Liebes, werte nicht!*

Lass uns weiter bei der Seelenqualität bleiben. Du hattest es schon einmal angeschnitten in einem Kapitel des anderen Buches, als es um die Ablösung ging.Wenn eine Seele im Schock abgelöst wird und dann mürbe ist, können Teile von ihr zurückbleiben, weil sie auseinander reißt. Und wieder bekomme ich dieses Bild von einer Knetmasse, die auseinander reißt. Wenn ein Mensch also an den Punkt kommt, an dem er merkt, dass er sehr starr, oder wie du sagst, mürbe und unflexibel in seinem Geiste ist, was kann er tun?



*Zunächst möchte ich die Komponenten besser erläutern, woran ihr erkennt, dass die Seelenkraft nicht mehr flexibel wie in ihrem Urzustand ist. Das könnt ihr an sehr einfachen Komponenten erkennen.*
*Es ist zunächst natürlich ein Gefühl. Wenn ihr eine* ***Art Verkrampfung oder Starrheit oder Festigkeit in eurem Bauch*** *empfindet, als würde dort ein Kloß, ein fester Kloß sitzen, dann könnte das ein Indiz sein. Da die Seele sich aber nicht nur in der Bauchgegend befindet, kann dies auch den ganzen Körper erfüllen.* ***Gicht oder andere Krankheiten, die Unflexibilität des Körpers aufzeigen****, können auch ein Indiz dafür sein, dass die Seelenenergie sehr starr geworden ist. Gleich-*

*zeitig bemerkt ihr es im Geiste.* ***Wenn die äußeren Umstände, Menschen, Taten, Informationen, die Umwelt also auf euch überwiegend negativ wirken, problematisch wirken, kompliziert wirken, aussichtslos erscheinen und so vieles mehr -*** *dann ist dies auch ein Indiz dafür, dass die Seelenenergie verkrampft ist. Daher ist ein wichtiges Werkzeug sich auch immer in Gelassenheit zu üben. Doch ich bin noch nicht fertig in meiner Beschreibung der Fallstudie, wann eine Seelenenergie in Verkrampfung zu erkennen ist. Denn ein sehr wichtiges Indiz ist natürlich auch die Liebeskraft. Sicherlich in Verbindung zueinander, wirken all diese Energien immer, und der ein oder andere wird ein* ***verkrampftes Gefühl im Körper empfinden, wird die Welt negativ wahrnehmen, oder sagen wir, überwiegend die Probleme wahrnehmen, und nicht die Lösungen oder die Schönheit um ihn herum - aber vor allem die Liebesenergie aus sich heraus nicht fühlen.*** *Liebe geht mit unterschiedlichen Gesten einher. Barmherzigkeit, Freundlichkeit, Friedlichkeit, Güte, Lebensbejahende Impulse und vieles vieles mehr, das das Menschsein, das Lebendige fördert. Ist all das über die Energetik der Seele nicht stark ausgeprägt, so ist das ein Indiz dafür, dass sie in eine Starre verfallen ist. Und es gilt diese aufzulösen, zu wandeln.*



Wie wandeln wir sie? Bitte hilf.

*Zunächst ist das Wichtigste die* ***Reflektion****. Erkennt die Thematiken, denn nur, wenn ihr sie erkannt habt, könnt ihr sie wandeln. Daher ist der erste Schritt immer die Selbsterkenntnis. Wenn dann aus ihr heraus der* ***Wunsch stark genug ist, zu wandeln****, so kann die* ***Seelenstarre*** *sogar* ***sehr schnell wie-***

***der gewandelt** werden.*

Bitte berichte. Was können die Seelen tun, die Menschen?

*Körperlich gesehen sollten sie in jedem Fall beweglich bleiben, können aber vor allem Dehnübungen anwenden, um die Dehnbarkeit des Körpers zu nutzen, das Gefühl mit der Seele zu verbinden. Bitte vergewissert euch immer, dass eure Seele jede einzelne Zelle in eurem Körper belebt. Das bedeutet, wenn ihr den Körper dehnt und euch der Seele in euch bewusst seid, euch ihr bewusst werdet, dann kann das Dehnen des Körpers tatsächlich auch die Seele wieder dehnen. Nutzt dies!*
*Im Geistigen ist es natürlich die Gelassenheit, die wiederum leichter mit der Liebeskraft und den aufgezählten Komponenten Barmherzigkeit, Güte, Freundlichkeit und Friedlichkeit einher geht, und über die Liebeskraft bewegt, den Geist zu Gelassenheit bringen kann. **Gelassenheit und Ruhe.** In **Abstand** die Dinge betrachten und in **Liebe** manchmal auch loslassen. Das gehört zusammen. Manche Seele braucht aber noch viele, viele andere Impulse aus dem Außen, um wieder in die Beweglichkeit zu kommen.*

Also du meinst, dass es nicht nur aus dem Inneren heraus geschehen kann, sondern auch das Äußere braucht? Oder reicht es, wenn das Innere diese Entschlüsse fast und diese Schritte tut?

*Es braucht bei manchen Seelen den inneren Entschluss und die äußeren Umstände, die geändert werden müssen. Es bringt nichts, wenn du in einer Umgebung wohnst, beispiels-*

*weise, oder von Menschen umgeben bist, die die Ursache der Verkapselung der Seele ausmachen.Aus Schutz, meist. Dann gilt es vor allem diese Umstände auch zu ändern. In Abstand zu gehen zu den Menschen und Umständen, die die Thematik verursacht haben. Ich möchte nur damit sagen, dass es verschiedene Werkzeuge braucht und dass diese in erster Linie natürlich innerlich bereitliegen, aber manchmal auch im Außen aktive Schritte verlangen.* ***Wenn Liebe in der Seele lebt, werden alle weiteren Schritte auch die Freiheit und Flexibilität der Seele wieder erzeugen. Wenn Hass und Groll in ihr sind, wird die Verkapselung, die Starre mehr und mehr ihre Form beeinflussen.***

Wir haben einmal gehört, dass die Seelen sich ja prinzipiell sehr schnell bewegen. Einfache Lichtgeschwindigkeit, glaube ich, oder?



*Ja.*

Wenn eine Seele in dieser starren Energetik gelandet ist, bewegt sie sich trotzdem noch so schnell?

*Nein. Genau das ist die Essenz der Wahrnehmung der unterschiedlichen Seinszustände. Ist die Seele verlangsamt, wird sie in der Wartehalle der eher starren Seelen verweilen, bis sie wieder inkarniert. Ist sie flexibler, wird sie in die andere hellere Ebene kommen.*

Aahh ... das hast du wunderschön erklärt. Ich denke, das wird für jeden Leser jetzt sehr sehr deutlich, wie das alles zusammenhängt. Man kann ja letzten Endes sagen, dass somit das Zusammenspiel dieser ganzen Komponenten die Seelenqualität und damit auch deren Wahrnehmung formen.

*Ja genau.* ***In einem starren Energiefeld werden andere Dinge wahrgenommen als aus einem flexiblen Energiefeld heraus, welches sich im Fluss mit den Energien des Kosmos befindet****. Das ist ein Energiegesetz.*

Ich verstehe. Ich suche nach einem Parallelbild auf der Erde, das man irgendwie nehmen kann - und lande wieder bei dem Fluss des Seins. Kann ich das Bild nehmen, dass sich die flexiblen Seelen so lebendig wie Fische im Fluss des Seins bewegen können und mit der Strömung schwimmen? Je mehr sie sich jedoch verkapseln und sich zusammenziehen, desto schwerer werden sie - wie Steine in diesem Fluss?



*Eine sehr schöne Metapher, Liebes. Sie beschreibt die Problematik sehr einfach und bildlich. Wobei natürlich die Steine am Ende trotzdem lebendige Wesen wären, aber diese Wesen eben so schwer und so starr in diesem Fluss des Seins, dass sie wie Steine wirken.*

Ja, das habe ich auch so gemeint. Bitte sprich noch ein bisschen dazu, wie wir den Seelen helfen können, die Flexibilität, die Weite, die Liebe zu erlangen und zu erhalten.

*Indem sie immer reflektieren. Jeden Schritt, den sie fühlen und den sie letztlich auch tun, mit allen ihren Sinnen reflektieren, und dann die Liebe, das Bewusstsein und die seelische Kraft entscheiden lassen und nicht die Umwelt, das Ego, die egois-*

*tischen Belange und die Angst führen lassen.. Es ist im Prinzip ganz einfach, so wie Salomon in seinem Buch durch dich schon formuliert hat:„Werde Mensch, doch bleibe Seele." Setzt eure Impulse als Seele, nicht als Mensch. Alles, was ihr tut, alles, was ihr denkt, lebt es mit dem Bewusstsein, dass ihr weit mehr seid als nur dieser Körper, und lasst dann dieses große Ganze aus euch herausstrahlen und wirken. Das ganze Leben ist ein anderes, wenn es diesen Aspekt als Dach der Handlungen nutzt.*

Hmm, das hast du schön gesagt. Riechen Seelen eigentlich?

*Nein, weil es keine Gerüche für Qualitäten gibt. Oder hast du schon einmal den Charakterzug eines Menschen gerochen?*

(Lacht) Bitte kannst du mir noch ein bisschen beschreiben, wie das ist, wenn du Seelen wahrnimmst. Flackern die zum Beispiel energetisch, strahlen sie ... ? Bitte versuche das zu beschreiben.

*Meine Wahrnehmung, und ich betone das immer wieder gerne, dass es nur meine Wahrnehmung ist, die, eines sehr neugierigen Forschers, der schon eine Weile nicht mehr inkarniert ist, aber oftmals inkarniert war - meine Wahrnehmung ist, dass die Seelen wie lebendige flackernde Energiefelder sind.* ***Sie beleben die Körper, indem sie in sie schlüpfen und ihnen Bewusstheit und Liebeskraft schenken. Doch auch, um das Chi über die Nervenbahnen in den Körper zu leiten.*** *Diese Energetik erzeugt wiederum die Aurafelder um euch herum. Somit seid ihr letztlich eine Art Körper, der durch ein Energiefeld belebt wird und mit diesem auch strahlt. Ist* *die Seelenenergie also kraftvoll und rein, so strahlt sie aus dem Körper weiter als bei denen, die weniger Energie haben und verunreinigt sind. Pulsierende Energieimpulse aus den Energiefeldern der Seele. Das ist das, woraus ich lese.*

Aha, das heißt du siehst letzten Endes gar nicht die Gesichter der Menschen, wenn sie dich anrufen oder mit dir in Kontakt sind?

*Nein, ich sehe nur die flackernde pulsierende Energetik der Seele, die aus ihnen heraus strahlt.*

Aahh.

*Ist es eine weite Seele, so ist sie sehr groß, größer als andere, und ist sie eher zusammengezogen, ist sie natürlich kleiner. Zusammengezogen bedeutet dann auch eher starr.*



Also sind die starren Energien auch eher die dunkleren, richtig?

*Ja.*

Aha, das heißt, Weite in einer Seele geht ja auch mit der Strahlkraft, mit Kraft generell einher?

*Ja.*

Aha. Hast du schon einmal Seelen gesehen, die sich geteilt haben, so ganz bewusst?

*Nein. Das geht meines Erachtens nicht so einfach. Ich habe es jedenfalls noch niemals gesehen, und wenn ich meine ganzen Studien betrachte, so ergibt es auch keinen Sinn, dass dies geschehen solle. Eine Seelenenergie ist eine individuelle Energetik, die sich als solche weiter entfalten soll und im Potential sogar einmal eine Mutterseele formen könnte. Eine Teilung der Seelenenergie bedeutet eine Verkleinerung ihrer eigentlichen Energetik. Warum sollte der Kosmos so etwas tun?*

Hmm, ja. Ich wollte es nur einmal wissen - rein wissenschaftlich. Dann frage ich doch anders: Was war das Bemerkenswerteste, was du, was die Seele angeht, beobachtet hast?

*Wenn die Seele sich so vergrößert, dass sie in den Bereich der Mutterseelen weitet, dann ist es sehr beeindruckend.*



Wir setzen jetzt voraus, dass die Menschen gelesen haben, was du vorher schon übermittelt hast bezüglich der Mutterseelen. Ich möchte es ganz kurz festhalten, damit die Leser jetzt nicht die anderen Bücher wälzen müssen, um das in seiner Essenz kurz zu erfahren. Es gibt die Quelle, und aus der Quelle heraus formen sich Mutterseelen, also kleinere Energieeinheiten als die Quelle, weil die Energie der Quelle als solche so nicht am Stück in einen Körper inkarnieren kann. Es braucht dazu kleinere Einheiten, und die erste Stufe ist die Mutterseele und aus dieser Mutterseele kommen dann kleinere Seeleneinheiten. Und diese Seeleneinheiten sind es letzten Endes, die inkarnieren, weil sie klein genug sind, um in einem Körper zu bleiben und zu verweilen. Auch eine Mutterseele ist noch zu groß, um in einen Körper zu inkarnieren, aber die Mutterseele ist das, was die Menschen dann gerne ihre Seelenfamilie nennen, weil es natürlich eine bestimmte Energetik ist, die all die Erfahrungen sammelt, die

die kleinen Energien, Seelen genannt, machen. Man könnte sie als eine übergeordnete Energetik bezeichnen, wobei aber jede einzelne Seele das Potential hat, sich so zu weiten und so zu vergrößern, dass sie tatsächlich auch eine eigene Mutterseele wird. Das ist das, worauf Freund der Indianer sich gerade bezieht, richtig?

*Ja.*

Beschreibe, wie sieht das aus, wenn so etwas passiert?

*Wenn die Seele das vollkommene Potential in ihr erkannt und bewusst erweitert hat, so beginnt sie zu wachsen und zu dehnen und dabei strahlt sie in unendlicher Schönheit wie eine Sonne, die aus einer Seele wächst. Größer und größer, weiter und weiter. Es ist wie eine Geburt, wie eine wunderschöne Flamme, die letztlich warm und groß weitet, um dann wieder mit der Kraft der Quelle in noch stärkere Verbindung zu gehen, mit ihr zu verschmelzen.*



Oh, da müssen wir aber jetzt aufpassen, denn wenn du von „ verschmelzen" sprichst, könnte man denken, dass die Mutterseele, die dann entstanden ist, wieder zur Quelle zurück geht, also nicht mehr Mutterseele bleibt. Aber sie bleibt doch Mutterseele? Sie bleibt doch eine individuelle Kraft, oder?

*Ja. Ich meine mit verschmelzen, weil die Mutterseelenenergien natürlich sehr sehr nah der sehr hoch schwingenden Frequenz der Quelle ist und es fast wie eine Verschmelzung ist, aber vor allem wie eine sehr starke Verbindung.*

∞

Ja, ich verstehe. Also das Bild, das ich dazu bekomme, ist, dass eine einzelne kleine Seele, die jetzt zum Beispiel meinen Körper belebt, mit diesem dünnen kleinen Energiefaden oder der Silberschnur - oder wie man es nennen mag - mit der Mutterseele und dadurch in Folge auch mit der Quelle verbunden ist. Aber wenn die Energie größer ist, so groß wie eine Mutterseele, dann ist natürlich ihre Verbindungsschnur viel viel dicker und viel viel größer, und dadurch ist die Verbundenheit in die Quelle hinein noch viel größer, gell?

*Ja.*

Verstehe. Also wenn so etwas passiert, wenn eine Seele zu einer Mutterseele wird, dann kann man das ja wahrscheinlich vergleichen mit so einer Art Supernova, wenn wir ins Weltall schauen. Nur mit dem Unterschied, dass bei einer Supernova eine Sonne stirbt, und bei dem, was du gerade beschrieben hast, beginnt eine Seele auf eine nächste Stufe zu gehen. Sie wird ein aus sich herausbringendes schöpferisches Gefäß, das wiederum eigene Energiefelder herauslösen könnte.



*Ja.*

Aha spannend. Gibt es noch etwas, das du zum Thema Seelenenergie sagen möchtest?

*Ja.*

Bitte sprich.

*Wenn ihr verstanden habt, dass eure einzelnen Entschei-*

*dungen und Schritte in der jeweiligen Inkarnation, ob als Mensch oder als Tier oder als anderes Wesen auf anderen Planeten, die Seelenenergie bauen, dann ist das Wort Seelencocktail besser verständlich.* ***Denn jede dieser einzelnen Entscheidungen ist letztlich die Farbe und die Qualität, die ihr in euer Gefäß gebt.*** *In euren Urschleim, der einmal sehr beweglich die Geburt eurer Seele ausmacht. Behaltet euch diese Flexibilität, indem ihr immer nur liebevolle, freudvolle und kraftvolle Impulse, Farben der Liebe, in euer Gefäß gebt, so strahlt eure Seele in vielen Farben, doch vor allem in den Farben der Liebe und der Bewusstheit. Stark, groß und hell.* ***Bleibt flexibel, bleibt freudvoll, bleibt liebevoll und stark. Lasst euch diese Qualitäten niemals nehmen. Von keinem Moment, keinem Wesen und keinem Gedanken.***



Das ist ein schöner Schlusssatz für dieses Kapitel. Möchtest du noch etwas sagen?

*Nein.*

Dann danke ich dir von ganzem Herzen. Danke. Liebe.

∞

## Die Essenz

***Eine Seele ist flexibel und dehnbar, rein und kraftvoll. Das Einnisten der Seelen in die Körper kostet sie Kraft und fordert sie. Umwelteinflüsse, menschliche Beeinflussungen, Manipulationen des Geistes, Angstenergien (die sich übertragen auf schwache Seelen), das Ego des menschlichen Geistes und vieles mehr, prägen diese Seelenkraft. Kann sie jedoch flexibel bleiben, verliert sie keine Kraft und gewinnt eventuell sogar neue hinzu. Verliert sie aber ihre Flexibilität, wird ihr Bewusstsein und damit ihre Wahrnehmung getrübt.***

***Die Seele ist das Kind der Quelle, welche sie erschaffen hat. Wir sind die Baumeister der Seelenqualität, indem wir über unsere Impulse, Gedanken und Erfahrungen diese Seelenenergie prägen. Halten wir sie fest, in Starrheit, Gier, Kampf und Wut, so erstarrt sie in uns. Befreien wir sie, so beschenkt sie uns mit den Gefühlen von Gelassenheit, Liebe, Dankbarkeit und Freude. Diese Energien durchstrahlen jede Zelle unseres Körpers und lassen uns dadurch das ganze Sein als einen „Spielplatz der Energien" erfahren. Niemand anderes außer wir selbst entscheiden, WIE wir ein und das Gleiche wahrnehmen - ob ein Glas Wasser halbleer oder halbvoll ist.***

# Seelenenergie

Hallo, mein Freund und Lehrer, ich möchte heute mit dir über die Beschaffenheit der Seele sprechen. Ich habe noch nirgends jemals ein Buch oder Kapitel gefunden, in dem erörtert wurde, wie denn so eine Seele nun genau aussieht und woraus sie besteht. Ich weiß um die Problematik, dass wir es hier mit Stofflichkeiten zu tun haben, die wir nie mit unseren Messgeräten messen und auch nicht mit den Sinnen unseres Sehorgans erkennen können, aber ich bitte dich trotzdem, mir mit deinem Verständnis und deiner Wahrnehmung den Aufbau einer Seele einmal zu erklären. Das wäre, glaube ich, auch für andere sehr interessant. Bitte.



*Sehr gerne, Liebes. Wenn du unsere Gespräche erinnerst, so hast du mich oft schon von der Energetik der Seelen berichten gehört. Aber die Frage kann ich sehr gut verstehen und freue mich, dass du sie stellst. Das ist deiner Genauigkeit und deinem Hang zum Detailismus geschuldet.*
*Nun denn. Eine Seelenenergie wird aus der Quelle über die Mutterseele erschaffen. Dazu haben wir schon ein ganzes Kapitel verfasst. Wie durch Zellteilung geschieht die* ***Verwandlung des Einen in mehrere andere Teile.***

Dazu möchte ich kurz etwas sagen. Bei der Zellteilung ist es aber so, dass sich die Zelle vermehrt, das heißt, sie wird mehr. Ich habe von dir gelernt, dass diese Energie im Kosmos sich nur wandelt und nicht wirklich mehr produziert wird. Oder habe ich das falsch verstanden?

∞

*Nein, nein, sie wird aus der alles durchdringenden, alles erschaffenden Energie der Quelle geboren, indem sie sich aus ihr heraus spaltet. Und dann von der sogenannten Mutterseele weitere Energiefelder sich abspalten. Dies ist* ***keine Vermehrung der Energie. Sondern lediglich eine Verwandlung des Originalzustandes in kleinere Teile.***

Dann ist aber das Wort Zellteilung vielleicht nicht ganz so treffend.

*Ich habe keinen anderen Vergleich ...*

Okay. Ist auch nicht so wichtig. Ich habe es ja verstanden. Bitte sprich weiter.

*Ihr müsst euch die Seelenenergie wie einen Ball aus Energie vorstellen. Es ist schwer, hier vergleichende Größen anzugeben, da jede Energie individuell ist. Aus der Mutterseele heraus sind diese Energieformen klein, etwa entsprechend einem kleinen Gummiball, den eure Kinder zum spielen nutzen. Im Laufe der Inkarnationen wandeln diese Seelenkräfte überwiegend in eine Form etwas* ***größer als die weißen Kugeln, aber sie können ihre Form ändern.*** *Das können die weißen Kugeln nicht.*

Kurz zur Erinnerung, bei den weißen Kugeln hast du gesagt, sie haben ungefähr die Größe eines Fußballs. Ist das richtig?

*Ja.*

Aha. Okay. Und dieser kleine Energiehaufen besteht aus was? Ist diese Energie fest? Nein sicher nicht, oder?

*Nein. Sie* ***schwingt in ihrer eigenen Frequenz und bündelt diese Energie über ihr Bewusstsein.*** *Aber lass mich noch etwas bei der Urenergetik bleiben. Besonders wichtig zum Verständnis einer Seelenenergie ist, dass sie einen* ***Kern*** *besitzt. Einen wie auch die Zelle eurer Organismen.*

Aha, dann ist die Seele ein bisschen so aufgebaut wie eine Zelle mit einem Zellkern und dem Zystoplasma und der Zellmembran.

*Ja. Aber* ***all dies zusammen macht die Zelle aus****. Und so ist es mit der Seele. Sie besitzt einen* ***Seelenkern*** *und das* ***Feld*** *um sie herum. Dieses Feld aber kann sich genauso wie die Form auch in seiner ganzen Ausdehnung wandeln. Daher benennen wir dieses Feld das* ***Kraftfeld der Seele****. Wir haben also den* ***Seelenkern*** *und das* ***Seelenkraftfeld****. Beides zusammen wirkt und erschafft immer miteinander verbunden und ist miteinander verbunden.*

Und wenn sich jetzt Seelen verformen, dann tun sie das überwiegend in ihrem Kraftfeld, der Seelenkern jedoch bleibt wie er ist.

*Ja.*

Und wie ist der Seelenkern zu verstehen? Ist der auch rund?

*Nein, er hat unterschiedliche Formen, ist aber an sich stets in Wandlung.*

∞

Du schickst mir gerade ein Bild von einem flimmernden Energiefeld, das sich dauernd bewegt. Ist das richtig?

*Ja.*

Es ist mal oval, dann wieder rund, dann wieder oval, es ist eigentlich dauernd in Bewegung.

*Ja.* ***Es bewegt sich. Und dabei ist es nicht in einer Form.*** *Das ist die wichtige Botschaft, wenn du es so genau wissen möchtest.*

Ja, das möchte ich. Okay, wenn jetzt eine Seele zum Beispiel durch einen Schock einen Bruchteil verliert, dann verliert sie sicherlich nichts von dem Kern.



*Nein,* ***der Kern bleibt immer bestehen, wie er ist, aber das Kraftfeld ist es, welches Schäden und Verunreinigungen erfahren kann.*** *So geschieht es, dass aus dem sehr hellen und weiß transparenten Feld um den Seelenkern herum im Laufe der Inkarnationen mehr und mehr Verunreinigungen, oder durch Verstümmelungen dieser Kraftfelder, Farblichkeiten sichtbar werden.*

Das ist übrigens sehr interessant, denn eigentlich denkt man doch eher, dass Kraftfelder an sich eine homogene Form haben, als seien sie symmetrisch oder stimmig eben. Man kann sich das gar nicht vorstellen, dass sie an der einen Ecke mehr und an der anderen Ecke weniger sind. Das ist irgendwie seltsam.

*Wenn du deine Vorstellungskraft änderst, kannst du es dir vorstellen. Hier herrschen andere, wie du so gerne sagst, Naturgesetze. Andere Formen, andere Energien, andere Bewegungen, andere Zustände und so vieles mehr. Dennoch angelehnt in die dir bekannten Ausdrucksformen.*

Okay, bitte sprich weiter, dass das Energiefeld, das Seelenkraftfeld tatsächlich derartige Verstümmelungen oder Veränderungen erfährt, finde ich sehr interessant.

*Wenn die Seele über viele Inkarnationen und die Erfahrungen in diesen Inkarnationsreisen verunreinigt, so wandelt sich das Kraftfeld mehr und mehr, und es entstehen Stellen, könnte man sagen, welche sehr verunreinigt werden.* ***Wie „schwarze" Flecken in der Energie dieser Seelen.*** *Werden es mehr und mehr „schwarze" Flecken, so werden es „schwarze" Bereiche –* ***bei genauerer Betrachtung sind es lichtlose oder vor allem kraftlose Bereiche.***



Ja verstehe.

*Stell dir also nun den etwas größeren Fußball vor, wie er in sich diesen Seelenkern hat, welcher leuchtet und sich bewegt. Um ihn herum das Kraftfeld, welches auch leuchten sollte und ihn umschließt. Nun werden Teile dieses Kraftfeldes dunkler, lichtloser, energieloser. Und die ganze Bewegung dieser Seelenkraft wird beeinflusst. Bremst. Sie wird weniger flexibel, weniger schnell und verliert dabei Bewusstsein. Doch ich möchte jetzt noch nicht zum Thema Bewusstsein lenken. Wir bleiben bei dem Kraftpotential. Die Seele verliert nun weiter und weiter Kraft. Über diese Kraftlosigkeit wird sie weniger dehnbar und flexibel, bleibt mehr und mehr in einer Form. Starrheit entsteht, obwohl es lange nicht die Starrheit ist, die wir in den unteren Frequenzbereichen angetroffen haben, dennoch erste Anzeichen. Nun passiert es beispielsweise, dass diese Seele, weniger beweglich und weniger dehnbar, aus dem Körper geschleudert wird. Die Verwirrung, die in dieser Seele dabei geschieht, kann nun nach sich ziehen, dass die dunkleren Teile durch den plötzlichen Übergang sich abspalten, verloren gehen. Energetisch eine zu starke Divergenz entsteht, zwischen den normalen, gesundenTeilen der Kraftfelder der Seele und diesen Teilen. Und dann geschieht es, dass diese Seelenbruchteile, die ja niedriger schwingen, sich in anderen Bereichen aufhalten müssen als die Seele mit ihrem Seelenkern. Dann hast du diese Art „verstümmelten“ Seelen auf der einen Seite und die „verstümmelten“ Seelenbruchteile ohne Seelenkern (!) in den unteren Frequenzbereichen. Deshalb leuchten diese Seeelenbruchteile auch nicht, weil sie keinen Seelenkern besitzen.*

Das ist ja spannend.

*Ich nutze daher auch immer wieder gerne den Begriff porös. Sie werden aus einer sehr geschmeidigen, weichen Form starr und porös im Laufe der Inkarnationen, und dies ist die Ursache für das sogenannte „Zerreißen“dieser Energie.* ***Der Seelenkern wird wieder und wieder, weiter und weiter seinen verlorenen Energieanteil suchen. Denn Wachstum aus sich heraus und Reinigung ist erst dann möglich, wenn diese Energiefelder wieder zusammen sind. Erst dann kann die***

***Seele den eigentlichen energetischen Aufstieg beginnen.***

Puh, das ist sehr komplex, so wie du es beschreibst. Das kann doch in unserer Zeit gemessen eine Ewigkeit dauern, bis die sich überhaupt wieder finden? Und dann erst kann wieder Reinigung geschehen? Das ist ja Wahnsinn. Kann denn die Seele mit ihrem Seelenkern, auch ohne diesen verlorenen Teil aufsteigen?

*Nein. Es geht nicht, solange sie nicht ganz ist.*

Verstehe. Okay, bitte sprich weiter, wie haben noch ein Puzzleteil, nämlich das Bewusstsein, das du noch benennen wolltest, in diesem ganzen Bild.

*Wenn du das Bewusstsein als Folge der Energetik kennst, dann kannst du dir die Folgen dieser Problematiken auch selbst denken ...*



Du möchtest mich herausfordern?

*Ja, bitte sprich.*

Also du möchtest damit sagen, das Bewusstsein nur dort sein kann, wo Seelenenergie ist.

*Ja.*

Gut. Deswegen ist eine gewisse Art von **Seelenenergie auch ein Bewusstseinsträger.**

∞

*Ja.*

Wenn diese Energie also beweglich ist und sich im Kosmos bewegt als Seele, inkarniert und nicht inkarniert, dann ist **diese Bewegung immer an das Kraftpotential des Seelenkraftfeldes gebunden.**

*Ja genau.*

Wird eine Seele also kraftvoller, gereinigter, dann wird auch ihr Bewusstsein **klarer**. Richtig?

*Ja.*

Und wird die Seele verunreinigter und verliert immer mehr Kraft, so verliert sie auch mehr und mehr an Bewusstheit, ja?



*Ja.*

Und wenn dann ein Bruchteil sich abspaltet, dann weiß ich jetzt nicht, was mit dem Bewusstsein passiert. Das musst du mir jetzt sagen.

*Gern. Wenn die Seelen ihre **Bewusstheit verlieren** über die sich einstellende Kraftlosigkeit in ihnen, so werden sie wie **taumelnde Lichter im Meer der Energien**. Sie wirken unkoordiniert, unbewusst, ohnmächtig. Aber wie du weißt, sind sie es nicht. Sie sind nicht ohnmächtig. Es ist **lediglich ihre Wahrnehmung** gerade. Verunreinigen diese Energiefelder so sehr, dass Teile von ihnen „**abbrechen**“, so werden sie **in ihrem Bewusstsein gestört.** Es ist nicht ein Energiefeld mehr,*

∞

*welches dieses Bewusstsein trägt, sondern es gibt noch einen* ***anderen Teil, der mit der anderen Energetik, mit dem anderen Seelenbruchteil gegangen ist.*** *Dies kann zu* ***Verwirrung und Verblendung führen. In beiden Teilen!*** *Der Teil mit dem Seelenkern kann Verzweiflung empfinden und sucht den verlorenen Teil. Dies geschieht wenigstens mit einer Art Bewusstsein. Der freie Wille, der diesem Bewusstseinsgrad innewohnt, lenkt diese Suche und erzeugt die Resonanzen. Der andere Teil, welcher nicht einmal einen Seelenkern besitzt, also nur Energie mit einem Bruchteil von Bewusstsein ausgestattet, weilt relativ ohne Kraft im Kosmos und braucht sehr lange, um wieder zu Bewusstsein zu gelangen, dass es diese Resonanz des eigentlichen Seelenkerns überhaupt verspürt.*

Ja, darüber hattest du gesprochen. Aber generell, wenn Energie dennoch Bewusstsein trägt, dann muss das, was abgebrochen oder abgefallen ist von der Seele, ja wirklich sehr wenig Bewusstsein haben.



*Ja.*

Du hattest doch mal gesagt, dass eine Seele ab der Größe einer Maus inkarnieren kann.

*Ja.*

Kann das dann nicht auch ein Seelenbruchteil in eine Größe unterhalb einer Maus?

*Nein.*

∞

Weil?

*Weil dieser Seelenbruchteil schlicht und ergreifend keine Seele ist.* ***Es ist nur ein Bruchteil einer Energie. Und diese kann nicht inkarnieren.***

Weil?

*Weil sie den Willen nicht dazu hat. Ihr fehlt die Kraft, der entscheidende Impuls, das Bewusstsein, der freie Wille. Sie kann sich* ***lediglich anheften an die anderen Seelen****, wie wir schon beschrieben haben.* ***Aber sie kann nicht selbst und eigenständig einen Körper beleben.***

Okay, das habe ich verstanden. Also Seelenbruchteil und die dazu gehörige Seele tragen weniger Bewusstsein, können aber trotzdem nach und nach wieder zueinander finden. Und wie ist das bei den höheren Ebenen, bei den höheren Frequenzebenen und bei den Wesen dort? Du hast mir gesagt, dass du dein Kraftfeld sehr weit dehnen kannst. Heißt das, dein Seelenkern bleibt immer noch gleich?

*Ja. Mein Seelenkern ist unverändert gleich groß, wenn du es so sagen möchtest. Er hat aber sein Energiefeld, sein Kraftfeld, im Laufe der Zeit geweitet und ist dadurch größer und stärker geworden. Diese Größe und diese Stärke sind es, die mich letztlich dorthin bewegen und das aus mir machen, was ich bin.*

Bitte sprich weiter.

∞

*Der Seelenkern ist wie der ursprüngliche Motor, den die Seelen in sich tragen, wenn du nach so einem Beispiel suchst. Und das Seelenkraftfeld ist das, was der Motor erzeugt. Ist dieser Motor bewusster, weil sein Kraftfeld reiner ist, kommt mehr Energie zu ihm, durch ihn, mit ihm. Und diese Energie macht wiederum, dass sein Feld steigt. Das wiederum macht ihn stärker, flexibler, weiter, größer und bewusster. All diese Dinge findest du in den Wesenheiten der höheren Frequenzen. Sie bewegen sich leicht, schnell, flink, bewusst, liebevoll, fürsorglich und kraftvoll. Und sie verändern ihre Formen dauerhaft. Immer wieder und immer wieder.*

Ein wildes, buntes Treiben habt ihr da. Interessant. Schön. Das habe ich sehr schön verstanden. Gibt es denn noch etwas, das die Seele ausmacht? Hat sie auch so eine Art Schutzmantel wie die Zellmembran hier in unseren organischen Zellen ?



*Nein.*

Nein?

*Nein.*

Das hätte ich jetzt nicht gedacht.

*Nein. Es gibt keine Trennungswand, so wie du sie kennst. Das Kraftfeld besteht in sich, wie es ist. Es braucht keine Begrenzung. Und genau das ist auch wichtig, es ist wie ein* ***Bündel aus Energie, der bei sich bleibt – oder eben nicht, wenn Teile verloren gehen.***

Ja verstehe. Aber es ist doch trotzdem wichtig, dass die Seelen Schutz haben. Dass die sich schützen.

*Nicht auf dieser Ebene. Wenn ihr inkarniert, ist das etwas ganz anderes und dann werden natürlich auch Schutzmechanismen aktiviert, die letztlich aber aufgrund der Energiefelder eures Körpers erschaffen werden, wie zum Beispiel die Aurafelder. Aber das ist an die Körperlichkeit gebunden und wirkt und entsteht vor allem nur im Zusammenspiel mit der Körperlichkeit.* ***Wir haben keine Aura, wir sind das Kraftfeld.***

Aber man könnte doch das Kraftfeld auch als Aura bezeichnen.

*Na ja. Ich mag das nicht, weil es verzerrt. Warum soll ich dem, was ich bereits benannt habe, einen anderen Namen geben?*



Hast recht. Okay. Gut. Bitte sage uns noch ein bisschen zur Farblichkeit der Seelen. Ich bezeichne die Seelen immer ganz gerne als einen Cocktail aus Energien, weil sie all diese Erinnerungen, Prägungen und Erfahrungen in sich tragen. Kannst du das vielleicht ein bisschen aufgreifen?

*Ja, sehr gerne. Wenn die Seelen ihre Erfahrungen sammeln und Kraft gewinnen oder auch Kraft verlieren, so wandelt dies auch ihre* ***Qualitäten*** *im Kosmos. So entstehen unterschiedlichste Mixe aus verschiedenen Farblichkeiten des Kosmos, des Lichtes. Und diese Farblichkeiten sind so individuell wie die Seelen selbst. Weil jede Seele andere Erfahrungen gesammelt hat und jede Seele individuell wahrnimmt. Diese Erfahrungen werden Teil des Bewusstseins in ihrem*

*Feld. Nach und nach. Mehr und mehr.* ***Weite bekommt aber nur das Seelenkraftfeld, welches rein ist.*** *Damit möchte ich sagen, dass erst dann, wenn die Erfahrungen in sich gereinigt sind, Vergebung, Auflösung, Balance und Reinigung geschehen sind, erst dann kann ein Kraftfeld beginnen sich zu dehnen. Und wenn es beginnt sich zu* ***dehnen, so beginnt es zu strahlen.*** *Mehr und mehr kosmische Energie in sich aufzunehmen und diese zu sein. Dann erweitert das Kraftfeld, und damit die Seele ihr Wirkungsfeld.*

Ach schön. Und wie wir ja von dir gelernt haben, kann man dieses Kraftfeld auch wieder zusammenziehen.

*Ja. Wenn es nötig ist. Aber es sollte natürlich nicht unendlich seinen Urzustand verändern. Das wäre nicht so gedacht. Die Meister des Lichtes sind daher sehr große Energiefelder. Sie haben sehr viel gewandelt, gereinigt und sind sehr gestärkt und werden immer stärker.*



Weißt du, was mir gerade einfällt? Du hast einmal gesagt, dass ab der Größe einer Maus eine Seele einen Körper beleben kann, und ich habe mal gehört, dass ein Mensch ungefähr 100 Watt Spannung in sich trägt. Das heißt, wenn ich wüsste, wie viel Watt den Körper einer Maus beleben kann - was eine Maus an Spannung in sich trägt -, dann würde ich die Energetik zwischen einem schwachen Seelenkraftfeld (Maus) und einem kräftigen Seelenkraftfeld (Mensch) kennen. Kann man das so sagen?

*Na ja. Der Vergleich hinkt etwas, weil du mit physikalischen Watt-Zahlen arbeitest, also mit einer Energie, wie du sie auf deinem Planeten messen kannst, mit deinen Messgeräten. Wir reden hier von Chi-Energie, von der Kraft der Quelle, welche du nicht mit Geräten einer Dreidimensionalität messen kannst. Der Vergleich ist nett, aber nicht wirklich hilfreich.*

Okay. Na gut. Ist mir nur so eingefallen. Möchtest du denn noch etwas zum Thema Seelen sagen?

*Nein.*

Nein? Sind wir damit durch?

*Ja.*

Eine Frage habe ich noch: Dieser Seelenkern, ist der zerstörbar?



*Nein.*

Das heißt, dieser Seelenkern ist so, wie er ist, mal mehr mal weniger schnell, mal mehr mal weniger leuchtend, flexibel und so weiter, aber er ist unkaputtbar.

*Ja.*

Echt, hast du das noch nie erlebt, dass der kaputt ging?

*Nein.*

Echt?

*Nein.*

Ich dachte, es gibt vielleicht so derartig krasse Verstümmelungen, dass auch dieser Seelenkern stirbt?

*Nein. Liebes, Energie vergeht nicht. Und der Seelenkern ist ein ausschließliches, reines Produkt der Quelle aller Energien, diese löschst du nicht einfach aus. Mit nichts und niemandem kann diese Energie einfach verloren gehen. Sie bleibt erhalten und sie geht letztlich wieder im System zurück zu der Urquelle, in Form einer Mutterseelenenergie, die sie entweder selbst geworden ist, oder zu der sie zurückgekehrt ist. Sie ist nicht zerstörbar. Die Wandlung ist der Weg der Energien, nicht die Zerstörung.*



Wow. Spannend. Okay, jetzt bin ich durch. Danke vielmals. Danke. Liebe.

*Danke. Liebe.*

∞

## Die Essenz

***Eine Seele besteht aus einem Seelenkern sowie aus einem Seelenkraftfeld. Das Element, welches den Kern erfüllt, ist Bewusstsein ( der kosmische Vater). Das Element, welches das Seelenkraftfeld belebt, ist die Liebe ( die kosmische Mutter). Verliert die Seele ( das kosmische Kind) die Liebesfähigkeit, so beginnt ihr Kraftfeld sich zu trüben. Nach und nach verkrustet, verdunkelt sich dieses Kraftfeld, und das hat auch zur Folge, dass der Seelenkern sich trübt. Die Seele verliert die klare, reine und kraftvolle direkte Verbindung mit dem Kosmos und damit ihre Bewusstheit. Zusätzlich zu dieser Wahrnehmungsverzerrung kann sich die Qualität der Seele in diesem Prozess so stark verwandeln, dass sie mürbe wird und zerreißen kann. Diese Problematik zieht viele, viele Thematiken eines Weges der Erkenntnis und der Reinigung nach sich, welche aber letztendlich das Wachstum für die jeweilige Seele beschleunigen. Selbst ein solcher Prozess ist begleitet von einer Unzahl an fördernden Kräften im Kosmos.***

# Die weißen Kugeln - die Klinik des Kosmos/Orbs

Lieber Freund der Indianer. Ich bin bereit.

*Ohne dich würde ich dieses Wissen nicht teilen können. Ich möchte dir daher sagen, wie dankbar ich bin, dass wir diese Arbeit gemeinsam vollbringen. In vielen Jahren noch wird diese Arbeit den Menschen Halt geben und Wegweiser aus der Verzweiflung sein. Das ist mit Werten gar nicht zu messen, was du damit gibst.*

Ach, das bin doch ich nicht alleine, Liebster. Das sind wir zusammen.



*Dennoch bist du diejenige, die die Gabe lebt und materialisiert.*

Das ist wunderschön, dass du das sagst, mein liebster Freund und Lehrer, und es ist mir wirklich auch eine große Freude, eine große Ehre, das zu tun, was wir hier tun. Und ja, ich wünsche mir, dass es lange, lange, lange für die Menschen erreichbar bleibt.
Doch nun lass uns fortschreiten in unserem Werk über die verschiedenen Bereiche der Feinstofflichkeit. Wohin möchtest du deine Aufmerksamkeit, unsere Aufmerksamkeit, als Nächstes lenken? Bitte berichte.

*Als Nächstes möchte ich mit dir die oberen, hell schwingenden Bereiche und Welten besuchen. Wir bewegen uns also aus der Welt der Verstorbenen, aus der Lichtwelt der Verstorbenen in die nächste höhere Frequenz hinein.*

Kurze Frage, lieber Freund. Du hast ja gesagt, dass du immer wieder zurück in deine Heimatfrequenz gehst. Wenn du jetzt so redest, könnte man aber denken, dass du direkt aus der Welt der Verstorbenen in die nächst höhere Frequenzwelt gehst. Aber eigentlich gehst du doch erst in deinen Frequenzbereich zurück, um dann wieder in diesen anderen Frequenzbereich zu gehen, richtig?

*Richtig, das hast du richtig verstanden. Ich bewege mich nicht dauerhaft in diesen anderen Welten, sondern kehre immer wieder in meine Heimatfrequenz zurück, um dort Kraft zu tanken. Also habe ich eines Momentes beschlossen, dass ich die nächst höhere Ebene nach den Verstorbenen besuchen möchte.*



Oh ja, bitte beschreibe. Wie war das?

*Das war sehr interessant, da dort alle weißen Kugeln eine Heimat zu haben scheinen.*

Ach ja, die weißen Kugeln. Ich erinnere mich, dass ich in dem Buch „Interviews mit den Wesenheiten aus Abadjania“ schon etwas dazu geschrieben habe. Ich habe zwar selbst auch schon einiges wahrgenommen, aber da wir alle individuell sind, wie nimmst du sie wahr ? Bitte beschreibe.

*Die weißen Kugeln sind wie viele kleine Kinder, die allesamt sehr hilfreich sind. Meine Wahrnehmung konnte die Unmenge an diesen kleinen helfenden Energien gar nicht mehr zählen.*

Dann lass uns das bitte einmal weiter erörtern. Die Ebene der weißen Kugeln. Wie sieht sie aus? Wie bist du dort hingekommen?

*Wenn du dir diese Ebene vorstellst wie* ***eine Art großer Blase****, dann ist das verbildlicht das Beste, wie es zu beschreiben ist. Die Kugeln befinden sich nicht alle in der Art formloser Ebene wie die Seelen zueinander, sondern sie sind in der Art ihrer Anordnung* ***alle ganz eng beieinander.*** *Sie befinden sich alle wie auf einer sogenannten* ***mehrstufigen Ebenenanordnung****. Alle weißen Kugeln sind dort, wie als würden sie organisch pulsierend warten.*



Meinst du wie in einer Art Kuppel? Warum eine Kuppel? Konntest du das herausfinden, warum sie ausgerechnet in einer solchen Art Räumlichkeit zusammen sind?

*Nein. Wenn ich diese Bereiche bereise, dann erforsche ich sie in ihrem Wirken und Sein, aber ich hinterfrage nicht die Umstände ihrer Welt. Das würde zu weit gehen und mich zu viel Kraft und Aufmerksamkeit kosten. Oder hinterfragst du immer genau, warum an dem Ort X der Berg Y steht?*

Nein, natürlich nicht, du hast recht. Es ist, wie es ist. Es ist nur trotzdem in der ganzen Feinstofflichkeit, in der du dich befindest, doch schon eher eine Ausnahme eine derartige Form vorzufinden, oder?

*Ja. Dennoch wirken hier die Energien und Welten, Bereiche und Ebenen mehr in einer Art Akzeptanz, als du das kennst.*

∞

***Ich forsche, aber ich lerne auch das Akzeptieren der jeweiligen Umstände.***

Verstehe. Zurück zu den weißen Kugeln. Wir hatten schon einmal darüber gesprochen, wo sie herkommen. Ich erinnere mich, dass sie aus bestimmten Energieresten entstehen, die im Kosmos der Energien manchmal übrig sind. Nicht aus Seelenresten, aus Energieresten. Also aus Energiefeldern, die ohne individuelles Bewusstsein mehr oder weniger „übrig" sind  im Prozess des vielen Stirb und Werde. Ist das richtig?

*Ja.*

Soweit ich das verstanden habe, befinden sich aber die weißen Kugeln immer wieder auch auf der Erde. Du beschreibst mir jetzt gerade, dass sie sich alle auf einer feinstofflichen Ebene befinden. Was ist der Unterschied zwischen denen, die in der Materie weilen und wirken, und denen, die auf der feinstofflichen Ebene sind?

*Wenn du dir das alles wie auf einer weiten Ebene der materiellen und der feinstofflichen Welt miteinander verbunden vorstellst, so wirken die weißen Kugeln auf der materiellen Ebene UND in der feinstofflichen Ebene. Sind also im dauerhaften Austausch in Wandlung und Reise durch diese Ebenen. Nur sie sind überall.*

Aha, wenn sie überall sind, dann sind sie ja auch am Ende nur zu einem Teil in der feinstofflichen Ebene. Zu wie viel Teilen befinden sie sich in der feinstofflichen Ebene und zu wie viel Teilen in der materiellen Ebene? Ist das ausgeglichen?

∞

*Ja.*

Aahh.

*Sie sind zu gleichen Teilen auf der feinstofflichen wie auch auf der materiellen Ebene. Dies ist, weil sie die Chi Energie, die Kraft der Quelle in sich tragen und diese über ihre Form und ihr Wirken in alle Ebenen tragen.* ***Sie sind die pulsierenden Energiegeber und Reiniger aus der Quelle.***

Ach, dann liegt die eine große Frage wieder auf der Hand. Sind sie die Engel?

*Nein.Engel sind kraftvolle Energien mit einem individuellen Bewusstsein -* ***die weißen Kugeln haben kein individuelles Bewusstsein, sie sind wie die liebevollen Kraftfelder, die du mitnimmst, wenn du ein Haus bauen möchtest - und sie sind die Bausteine.*** *Das Material. Welches Materie in sich trägt, Energie in sich bündelt, aber dennoch keine eigene Bewusstheit.*



Mhm, das ist sehr schwer zu verstehen, weil man denken könnte, okay, das Fluidum Chi ist als solches doch sowieso überall präsent. Braucht es denn die weißen Kugeln?

*Eine sehr schöne Frage, aber es ist tatsächlich so, dass das Fluidum Chi, wie du es nennst, wieder und wieder verloren geht ,oder sagen wir verwandelt wird in Orte mit weniger Energie - dies auszugleichen braucht es dann die weißen Kugeln. Nicht Engel, nicht Meister, nicht andere Wesen, sondern schlicht und ergreifend nur* ***sich bewegende Kugeln aus Chi Energie, die den Ort wieder mit Chi befüllen.***

Das ergibt Sinn. Die Kugeln scheinen daher ein direktes Werkzeug der Quelle zu sein, die über die weißen Kugeln den Chi-Anteil, die alles durchdringende, belebende Kraft der Quelle im Kosmos, reguliert. Wie eine Art Armee an Energie.

*Ja, das ist eigentlich richtig, wobei das Wort Armee mir hier gar nicht gefällt, es gibt ja nix zu verteidigen, und die Kugeln wirken lebensverlängernd. Das sind meines Wissens nach zwei Faktoren, die eine Armee nicht primär lebt.*

Ja stimmt. Wie würdest du es denn benennen ?

*Ich würde es die liebevoll wandelnde* ***Klinik des Kosmos*** *nennen.* 

Ach ja, das ist spannend. Ich erinnere mich, dass die Kugeln durchaus als Helfer auch bewusst von den höheren Ebenen mitgenommen werden.

*Ja, sie sind wie die Wattetupfer eurer Ärzte. Sie reinigen und sie helfen, aber sie brauchen dazu entweder eine Wesenheit, die sie lenkt, ruft und führt. Oder sie gehen, weil ein Energiedefizit herrscht, an den Ort dieses Defizits.*

Konntest du auf ihrer Ebene durch sie hindurch gehen, wie im Bereich der Seelen?

*Nein, sie sind sehr stark miteinander verbunden, nicht so lose.*

Aha, aber du kannst dich bestimmt mit ihren Energiefeldern verbinden.

*Ja, ich kann mich mit ihnen verbinden, und einen gewissen Teil von ihnen bitten mir zu folgen.*

Und hast du schon einmal mitbekommen, wie es ist, wenn sie dir folgen und die Arbeit getan ist? Wenn der Ausgleich, die Hilfe vollendet ist? Gehen sie dann wieder zurück in ihre Ebene?

*Ja, um Kraft zu tanken, genauso wie ich.*



Und wissen sie, wann dieser Moment erreicht ist? Gehen sie dann von alleine oder muss man sie weg schicken?

*Sie gehen von alleine, und wenn es nötig ist, kommen sie wieder, um weiter zu helfen und Chi zu geben.*

Also sind sie letzten Endes **ein beweglicher Arm der Quelle, um die Energie aus der Quelle heraus überall aufrecht zu erhalten**?

*Ja, wenn du das so sagen möchtest, gerne. Weit mehr noch aber als nur Energie übermitteln ist ihre Aufgabe des Weitens und Wandelns von Energiefeldern. Sie können, wenn dies nötig und erlaubt ist,* ***Energien aus dunkler, energieloser Materie in helle, leuchtende, strahlende Energie wandeln.***

Das ist sehr spannend, aber das würde ja bedeuten, dass sie auch See-

len, die in ihrer Seelenqualität eher spröde und langsam geworden sind, einfach besuchen und heilen könnten?

*Nein, sie können dies nicht in den Seelenkernen - sie können es nur mit verschiedenen Örtlichkeiten - der Umwelt, wie du sagen würdest, der Natur.*

Aahh, echt.

*Sie sind beispielsweise auch dort, wo die menschlichen Taten sehr viel Leid und Verunreinigung verursacht haben. Nehmen wir einmal einen Schauplatz eines Krieges. Die Seelen dieses Ortes verlassen ihn, um in die Welt der Verstorbenen überzugehen, aber der Ort selbst hat über die negativen zerstörerischen Energien viel Kraft und Energetik verloren - wurde verwandelt. Hier greifen die weißen Kugeln ein, um dort wieder Balance zu schaffen, rein energetisch und rein an diesem Ort.*



Ah, verstehe. Dann wandeln sie also vor allem Orte und deren Energetik zu hellen, leuchtenden Orten. Aber ich erinnere mich, dass die weißen Kugeln auch in den Energiefeldern der Menschen wirken können.

*Ja, aber* ***sie können die Seelenfrequenz nicht wandeln. Sie können helfen zu reinigen, helfen zu wandeln. Aber letztlich nicht den Seelenkern in sich verwandeln. Das muss jede Seele selbst tun.***

Aber sie könnte doch dabei die weißen Kugeln um Hilfe bitten.

*Ja, dennoch muss jeder seine eigene Kraft wandeln, aus eigenem freien Willen heraus, und darf nicht andere dies tun lassen.*

Verstehe. Sind die weißen Kugeln sehr schnell in ihrer Bewegung?

*Ja.*

Schneller als Seelen?

*Ja.*

Die Ebene, in der sie sich aufhalten, ist die eher hell, gell?

*Ja.*



Wie muss ich mir das vorstellen? Du bist in die Ebene der weißen Kugeln gekommen, weil du beschlossen hast dorthin zu kommen, oder ist das einfach passiert?

*Ich hatte es beschlossen, weil ich wusste, dass es sie gibt, weil ich sehen wollte, wie sie und wo sie weilen. Ihre Heimat sehen.*

Verstehe.

*Und als ich in die Ebene trat, nahm ich diese Masse und Fülle an weißen Kugeln wahr, aber eben auch, dass der Bereich begrenzt war. Über die Kuppel.*

Und nur das pure Sein dort macht sie wieder so kraftvoll? Sie müssen sonst nichts machen?

*Nein, sie sind relativ unbeweglich, aber pulsieren sehr lebendig. Sie strahlen voller Freude, Lebenskraft und Liebe.*

Schön. Der Kaviar des Kosmos.

*(Er lacht.) Nicht wirklich, sie werden nicht gegessen und sind nicht rot oder schwarz. Sie sind allenfalls transparent.*

Ja, das war scherzhaft gemeint. Ich erinnere mich. Du hattest einmal eine Beschreibung gegeben, dass sie eigentlich transparent sind und gar nicht so weiß. Ich werde die bisherigen Texte zu den weißen Kugeln noch hier anhängen, sodass alles gesammelt ist.
Du wolltest noch ein bisschen was erzählen zu der Thematik, wie die weißen Kugeln sich im Laufe ihrer Arbeit im Kosmos verhalten. Einerseits hast du gesagt, dass sie ihre Form nicht verändern können, aber dennoch scheint es ja so, als würden sie eine gewisse Art von Bewegung bei ihrer Arbeit erfahren. Ich bin sehr gespannt, was du mir dazu zu berichten hast.



*Sehr gerne, Liebes. Weiße Kugeln, wie ich sie gerne benenne, sind in gewisser Weise wie die Reinigungsteams in euren Häusern zu betrachten. Ich suche immer gerne nach einem Vergleich, den ihr auf der materiellen Ebene versteht.*

Ja, das habe ich verstanden. Und wie genau machen sie das?

*Sie bewegen sich dorthin, wo die Verunreinigungen im Kos-*

*mos geschehen und aufgrund ihrer Resonanz gereinigt werden können. Wie du weißt, ist nicht alles möglich, einfach wegzuputzen. So manche Seelenkraft muss einen bestimmten Weg des Ausgleichs gehen, um dann Reinigung zu erfahren. Diese kann nicht von außen vollzogen werden. Aber es gibt dennoch unterschiedliche Möglichkeiten der kosmischen Bereiche, welche tatsächlich in Form der weißen Kugeln gereinigt werden können. Auch vorbereitend können Kugeln Seelen Impulse geben.*

Also du meinst, einerseits können sie auf Örtlichkeiten und bestimmte Gegebenheiten einwirken, und andererseits können sie aber auch Seelen auf etwas vorbereiten.



*Ja. Genau. Sie sind eine Art* ***Putzteam****. Einerseits räumen sie verunreinigte Energetiken weg, oder ich sage besser- sie gleichen sie aus, indem sie dort unausgeglichene Örtlichkeiten oder Momente mit* ***Energie ausfüllen****. Und andererseits können sie, wenn Seelen sich in einem Reinigungsprozess befinden, diesen auch* ***unterstützen****.*

Das hast du schön gesagt, jetzt habe ich es richtig gut verstanden. Und was genau passiert dabei mit den weißen Kugeln?

*Wenn sie Örtlichkeiten bereinigen im Kosmos, so sind sie sehr schnell und flink und verändern durch ihre Wirkungsweise der schnellen Energiereinigung die Frequenz leicht, welche an einem bestimmten Ort herrscht. Sie sind daher wie eine Art Staubsauger, würdest du sagen?*

Ja, Staubsauger ist etwas, womit ich durchaus etwas anfangen kann.

*Gut.*

Du meinst also, sie saugen Negativität auf. Oder wie würdest du das in deine Worte formen?

***Sie reinigen über das Transformieren der bestehenden Frequenzen.***

Ah okay, und da dies keine Energien sind, die tatsächlich mit einer Art Bewusstsein ausgestattet sind, sondern einfach nur Energie, können sie dort auch einfach einwirken.

*Ja.*



Ich dachte, ich hätte mal gehört, dass der ganze Kosmos Bewusstsein ist.

*Nein.*

Der Kosmos ist aber Energie.

*Ja,*

Warum gibt es Energien mit Bewusstsein und welche ohne?

*Weil dies eine ganz wunderbare Möglichkeit ist, Energien mit Bewusstsein in einem Meer aus Energie zu formen.*

Ich dachte immer, alles ist Energie mit Bewusstsein.

*Nein. Es gibt durchaus auch Energieformen, die keine Bewusstheit tragen. Und dass Bewusstsein an eine bestimmte Energetik gebunden ist, weißt du, seitdem du weißt, dass es einen Seelenkern gibt und dieser Träger des Bewusstseins in den Seelen ist. Nicht das Kraftfeld!*

Ah ja, stimmt. Okay. Also kann man sagen, dass alles, was beseelt ist, dieses wirkliche Bewusstsein trägt.

*Ja.*

Und alles, was nur Chi, also nur Energie ist, hat eben nicht diese Art von Bewusstsein.



*Genau.*

Okay, und die weißen Kugeln wirken also ausschließlich in den Feldern, die ohne Seelenkern sind.

*Ja. Das ist eine sehr verständliche Essenz.*

Okay, dann würde ich doch gerne weiter fragen. Du wolltest darauf hinweisen, wie sie sich verwandeln, wenn sie reinigen – auch wenn sie ihre Form nicht ändern.

*Nein.*

Dann bitte beschreib mir doch mal, wie sie das machen.

∞

*Sie bewegen sich oft und meistens in großen Schwärmen an meistens eine Örtlichkeit im Kosmos, Diese kann feinstofflich sein aber auch grobstofflich. Dann beginnen sie dort das Energiefeld anzuheben, indem sie negative Felder, Reste von Gedanken, Reste von Verzweiflung oder auch andersartige Verunreinigungen ausgleichen. Somit verschwindet die Frequenz der Negativität an diesem Ort und bleibt neutral oder in ihrer alten ursprünglichen Frequenz wieder zurück.*

Neutral oder in ihrer alten Frequenz? Ist es denn so, dass es einen Ort gibt, der neutral ist?

*Nein, Liebes, du hast natürlich recht. Ich meine mit neutral letztlich wieder zurück in die vorhergehende Frequenz.*



Heißt ja eigentlich, diese weißen Kugeln sind stabilisierend, weil sie sich darum kümmern, dass der Kosmos in seiner Frequenz, in der er ist, erhalten bleibt und nicht verzerrt oder irgendwie verändert wird, richtig?

*Ja.*

Okay, und dann saugen die diese Negativität in sich auf, das habe ich auch schon verstanden.

*Ja.*

Und dann?

*Dann begeben sie sich mit diesen negativen Energien in ihre*

*Ebene zurück. Der Grund, warum die Ebene der weißen Kugeln so abgeschlossen scheint im Vergleich zu anderen Ebenen in den oberen Bereichen ist, dass sie genau diese Art* ***geschlossene Energetik brauchen, um wieder ganz sie zu werden.*** *Also die negativen Felder aus sich heraus zu wandeln. Das ist eine gewisse Art Energetik dieses Bereiches oder dieser Ebene, die durch das Verweilen der weißen Kugeln ihre Urfrequenz wieder herstellt.*

Okay, also sie gehen einfach in irgendwelche verunreinigten Zustände, saugen auf, was möglich ist, und gehen dann wieder zurück in ihre Ebene, um dort zu reinigen.

*Ja.*



Sie tun es nicht vor Ort.

*Nein.*

Warum nicht?

*Weil das nicht möglich ist. Sie können nicht direkt an diesem Ort ihre Frequenz dauerhaft halten. Die Aufnahme der Energien in sich bedeutet ja letztlich wieder eine Verunreinigung. Und diese kann nicht aus sich selbst heraus in diesen anderen unteren Welten gereinigt werden.* ***Sie müssen wieder in ihre sogenannte Heimat zurück. Nur dort können sie wieder Energie aufnehmen.***

Wir hatten aber auch schon mal darüber gesprochen, dass es unzäh-

lige weiße Kugeln auf der Erde gibt und sie vor allem in Wäldern aufzufinden sind, und dass sie, glaube ich, auch in Wäldern Energie tanken?

*Ja, das ist auch richtig so, da sie dort tatsächlich am wenigsten verunreinigte Felder finden und dadurch auf der Ebene der Erde dort Energie tanken können. Ist aber eine große Verunreinigung irgendwo geschehen, so müssen sie in die feinstofflichen Ebenen und dort tatsächlich etwas verweilen. Bevor sie wieder auf die planetarische Ebene zurückkehren.*

Ah. Aber frequenzmäßig ist das schon ein Unterschied. Also ob sie jetzt im Magnetfeld der Erde wirken oder nur im feinstofflichen.

*Ja, wie ich schon sage. Sie sind nicht immer nur in ihrer Blase der Feinstofflichkeit, sondern sie halten sich natürlich an unterschiedlichen Örtlichkeiten und Frequenzen auf.*



Ich habe da die Assoziation von Tropfen, die die schmutzigen Körner aufsaugen und dann wie in einer Waschmaschine wieder zurück in ihre feinstoffliche Ebene gehen, um dort wieder feinstofflich zu reinigen.

*Ja.*

Und sie ändern dabei nie ihre Form.

*Nein.*

Echt? Sie können nicht ein bisschen kleiner werden?

*Nein.*

Okay. Und wenn sie jetzt an Seelen arbeiten? Ich erinnere mich an Abadjania, da habe ich die weißen Kugeln das erste Mal kennengelernt und sie haben mir beschrieben, dass sie die Menschen darauf vorbereiten, dass sie in diese energetischen Operationen gehen.

*Ja.*

Was genau machen sie denn da?

*Sie reinigen die Felder voller Bereitschaft für eine Operation soweit, dass diese Operation soweit auch gezielt vorgenommen werden konnte. Dies geschieht übrigens bei allen Ritualen, die ihr auf der Erde und auf anderen Planeten vollzieht. Wann immer ihr eine Energiebereitschaft und damit* ***Bitte und Erlaubnis für ein seelisches Ritual aufruft, beginnen die weißen Kugeln diese Bereitschaft zu spüren und begeben sich in das Energiefeld dieser Seele.*** *Dort nehmen sie eine gewisse Art Verbindung auf, über die sie mit der Seele kommunizieren können.*



Und dann?

*Wenn sie wissen, was die Absicht der Seele ist, so helfen sie ihr die Energie in allen Feldern in diese Bereitschaft zu bringen. Manchmal geht das über eine ganz kleine Reinigung, manchmal über Schutz, manchmal über eine Art Wandlung. In jedem Fall aber können sie natürlich nicht in den Seelenkern einwirken und auch nur sehr fein im Kraftfeld wirken.*

*Schließlich können Seelen nicht die weißen Kugeln rufen, um all ihre verunreinigten Stellen reinigen zu lassen. So einfach geht es leider nicht.*

Verstehe. Aber man hat das Werkzeug, das ist doch super. Das heißt, wann immer man in eine Bereitschaft kommt, die da heißt, ich möchte ein Ritual XY, oder ich möchte auch nur eine Meditation XY machen, so reagieren die weißen Kugeln auf diese Bereitschaftsfrequenz des „Ich möchte" und kommen, wenn nötig, um das Ganze zu unterstützen.

*Ja.*

Schön. Und funktioniert das Ganze dann genauso wie bei den Örtlichkeiten, indem sie Energien aufsaugen?



*Nein. Sie können wie gesagt keine negativen Felder aufnehmen aus Seelenkräften. Aber sie können eben - wie schon benannt - anderweitig einwirken. Sie können* ***transformieren,*** *indem sie die Seelenkraft etwas* ***weicher*** *machen, da ja Bereitschaft schon erklärt wurde. Und sie können eine* ***Reinigung*** *der Umwelteinflüsse um diese Seelenkraft herum vornehmen, wie aber auch eine gewisse Art* ***Schutz*** *erschaffen, die für das Ritual nötig ist.*

Klingt ein bisschen nach einer leichteren Arbeit, als wenn sie einen verunreinigten Ort oder Ähnliches verändern.

*Ja, wenn du das so messen möchtest ...*

Weiße Kugeln entstehen manchmal auch, wenn eine Seele einen Körper verlässt und Energiereste im Körper verbleiben. Richtig?

*Ja.*

Was genau ist mit „manchmal" gemeint? Was sind die Gegebenheiten dafür?

*Wenn eine Seele ein großes Kraftfeld hat und im Übergang eine gewisse Art Störung erfährt, so kann es sein, dass nicht das ganze Kraftfeld mit ihr geht, sondern ein kleiner Teil, aber wirklich nur ein sehr, sehr kleiner Teil, im Körper bleibt. Da Energie nie vergeht, wird aus dieser Energetik einer kraftvollen Seele dann eine weiße Kugel. Da es sich nur um sehr wenig Energie handelt, begibt sich dieses kleinste Feld ohne wirklich großes Bewusstsein in das Chi der Umgebung und wird dabei zu einer weißen Kugel, wenn die Energetik rein genug ist.*



Aha. Also geht das nur, wenn es reine Seelen waren. Und da sie keinen Seelenkern haben, hat diese Energie natürlich dann auch nicht so viel Bewusstsein. Hat das nicht noch irgendwelche Erinnerungen?

*Nein, es ist wirklich nur ein kleinster, kleinster Rest eines Energiefeldes.*

Und was ist, wenn dieser Rest nicht rein ist?

*Dann begibt sich diese Energie in den Kosmos und findet dort in anderer Form eine Wandlung.*

∞

Ach so. Also muss es nicht zwingend eine weiße Kugel werden, nur weil es ein Rest ist, sondern ein Energierest kann auch einfach so in das Meer der Energie übergehen.

*Ja.*
*Es wird Teil des großen Ganzen wieder. Teil des Chis, das alles durchfließt. Weil es keine Erinnerungen und keine anderen Komponenten einer Seele in sich trägt.*

Okay, aber das sind ja dann doch wirklich sehr, sehr kleine Energetiken im Vergleich zu einer Seelenkraft.

*Ja.*

Aha. Und wenn sie mehr Kraft hätten, dann wären es Seelenbruchteile.



*Genau.*

Und dann würden sie in eine andere Ebene gelangen, in eine andere Frequenz, auch aufgrund ihrer Verunreinigung.

*Ja. Sobald Bewusstheit mit im Spiel ist, wie du so schön sagen würdest, beginnen andere Mechanismen, als wenn die Energie einfach nur Energie ist. Ohne Bewusstsein oder Information zu tragen.*

Ja, das ist schwierig. Ich dachte bisher, Energie trägt immer Bewusstsein und Information.

*Ja, aber wenn sie in einer Masse an Energie so gering ist, dann kann sie auch alleine durch die Masse, die sie umgibt, wieder aufgenommen und dadurch transformiert werden.*

Ach so, du meinst also, wenn es so kleine Teile sind, können sie einfach in das große Meer der Energien wieder zurückgehen, ohne große weitere Bedeutung.

*Ja, wenn du das so nennen möchtest.*

Ja, weil es ja immer auch darum geht, dass Energie einfach bestimmte Eigenschaften hat; und diese Energie ist so schwach oder so gering oder **so klein, dass sie keine wirklichen seelischen Komponenten oder auch generell Komponenten des Bewusstseins trägt.**



*Ja.*

Und dann geht sie einfach ins Meer des Alles.

*Ja genau.*

Ach schön, das habe ich verstanden. Hast du noch etwas, was du zu den weißen Kugeln sagen möchtest?

*Nein.*

Dann beende ich mal dieses Kapitel hier, ja?

*Ja, gerne.*

Danke dir, Liebe.

---

* Bitte beschreibt mir, wie darf ich mir das vorstellen, wie seid ihr, wer seid ihr und vor allem wo? Bitte versucht euer Wesen zu beschreiben, damit wir euch aus unserer Wahrnehmung verstehen...

*Das Wahrnehmen durch die menschlichen Sinne verhindert das Wahrnehmen unserer Energie.*
*Das Wichtigste, was ihr wissen müsst, um das prinzipiell zu verstehen ist, dass wir keinerlei materiellen Formen haben, wie ihr Materie beschreibt. Das Wahrnehmen unserer Kraft und Wirkungsweise bedingt das Wahrnehmen der feinstofflichen Welt.* ***Wir sind also keineswegs materiell in eurem Verständnis, sondern immateriell und feinstofflich,*** *aber dennoch leben wir inmitten der materiellen Ausdrucksformen, die ihr in eurer Welt habt.*
*Das versuchen wir nun dir zu beschreiben.*
*Wenn du das Wirken der verschiedenen Kräfte im Kosmos verstehen willst, dann musst du wirklich wahrhaftig die Gesetzmäßigkeiten, die ihr als Physik erklärt, verlassen. Das was ihr als Physik beschreibt ist lediglich* ***die verstehen wollende Wissenschaft der Naturgesetze in eurer Welt.*** *Doch auch dies ist alles begrenzt auf eure Wahrnehmungen. Verlasst dieses Feld und begebt euch in das Wahrnehmen der feinstofflichen Energien, die völlig anderen Gesetzen folgen als den Naturgesetzen, die ihr kennt.* ***Die Natur die ihr kennt ist letztlich natürlich auch aufbauend auf den feinstofflichen Gesetzen aller Ebenen, dennoch ist sie nicht die Ursache.*** *Das*

*und noch so vieles mehr ist die feinstoffliche Welt.*
*Du möchtest die Beschaffenheit unserer Energien besser verstehen, dann verbinde dich mit der feinstofflichen Welt, die dich umgibt und du bist an diesem Moment dann sofort auch mit uns in Wirkungsweise.*
*Doch ich kann verstehen, was du, liebe Sylvie, erfragst, um den Menschen diese Komplexität nahezubringen. Versuchen wir ein Bild. Wenn du das Wirken als Mensch verstanden hast und die verschiedenen Bakterien, die euch umgeben dabei als festen Bestandteil des Leben kennst, aber nicht wahrnimmst, dann kommst du unserem Prinzip etwas näher.* ***Denn wir befinden uns auch überall und in unendlich vieler Zahl, doch seht ihr uns nicht mit euren körperlichen Augen****. Lediglich erst besondere Werkzeuge ermöglichen euch das.*



*Doch das besondere und ungewöhnliche im Vergleich zu den Bakterien ist, dass wir nicht wie Bakterien in einem eigentlich unbewussten Zustand Leben bringen, sondern wir sind* ***als Energiefeld dennoch auch mit einer besonderen Art Bewusstsein ausgestattet.*** *Das bedeutet, dass ihr mit uns kommunizieren könnt und dass wir wiederum miteinander kommunizieren. Und das bedeutet, dass wir alle* ***gemeinsam*** *dadurch ein Feld ergeben, das aus vielen einzelnen Faktoren bestehet, dennoch aber als ein Feld wirken kann, aber nicht muss.*

Das heisst ihr seid zwar nicht mit einem individuellen Bewusstsein ausgestattet, aber ihr habt dennoch eine Art Schwarmbewusstsein, wie die Bienen oder die Ameisen auf der Erde ?

*Ja genau.*

∞

Ihr werdet die weißen Kugeln genannt. Also scheint ihr eine Kugelform zu haben...

*Ja.*

Warum ist das so?

*Das ist so, weil das kosmische Prinzip eine Kugel als das vollkommenste Wesen beider Welten erschaffen hat. Die materielle Welt wie ihr sie kennt, kennt das Atom als Größe der beweglichen Teilchen als materielle Ausdrucksform der Bewegung in allem und diese ist rund. Also besteht ihr alle aus den runden Formen dieser Atome. Wie auch alles andere in seiner runden, kugelförmigen Form die beste Wahrnehmung der Sinne in alle Richtungen hat. Das gleiche gilt für die feinstofflichen Welten, weil alle Informationen immer an allen Punkten des Wesens wahrgenommen werden ist die Größe der Kugel die optimalste der Formen im Kosmos.*



Ihr seid kugelförmig...aber gemessen an den Dimensionen eines menschlichen Körpers, gibt es doch sicher eine, wenn auch ungenaue, aber dennoch hilfreiche Komponente, die beschreiben kann, wie groß ihr auf der Erde sein würdet ?

*Das können wir nicht beantworten, da jeder Ort, jeder Mensch, jede Umwelt andere Komponenten verursacht, die wiederum uns reagierend ermöglichen diese oder diese Größe anzunehmen. Doch als Verständnis um die Form en wenig zu begreifen im menschlichen Sinne und mit deinem Kenntnisstand formuliert, würden wir die Größe des Fußballs neh-*

*men als eine Komponente, die in seiner optimalsten Form die Form beschreibt, die wir sind.*

Und ihr seid aber alle ineinander, nicht aneinander, oder?

*Das ist hohe Physik, Liebes. Denn du musst die Räumlichkeiten verlassen, die du meinst,. Wir haben in gewisser Weise diese Kugelform und bewegen uns alle untereinander aber wir sind auch immer miteinander so sehr verwoben, dass du die Kugeln nicht als solche wahrnehmmen könntest.*

Okay, ihr seid also wirklich nur feinstoffliche Energie, die kein individuelles Bewusstsein einer jeden Kugel besitzt, dennoch aber als Gesamtenergiefeld ein Bewusstsein besitzt, richtig?



*Ja.*

Was ist der Unterschied zwischen euch und einer Seele. Ich weiß es, vermute es, dass eine reine Seele, zumindest in ihrer optimalsten Form auch eine Kugelform hat.

*Ja.*

Und was unterscheidet euch dann von einer Seelenenergie?

*Das ist eine sehr schöne Frage. Danke dir dafür.*
*Wir unterscheiden uns von den Kräften einer Seele in vielen Punkten, denn wir sind* ***Diener der Impulse der Seelen. Wir haben eine ganz andere Stofflichkeit als Seelen. Wir sind ohne Seelenkern und Seelenkraftfeld.***

Heißt das, ihr habt keinen eigenen Willen?

***Das und wir leben in Gemeinschaft. Seelen aber können ganz allein im Kosmos wirken.***

Ah, ihr braucht also einander? Eine einzelne weiße Kugel gibt es nicht, sie würde nicht überleben... Wie ist der richtige Satz...?

*Das Wirken durch alle weißen Kugeln hindurch ist das Wirken der weißen Kugeln. Es gibt nicht das individuelle Wirken.*

Aber es gibt trotzdem noch eine Art Gruppen? Die einen sind mehr dort konzentriert... Die anderen sind mehr dort konzentriert...us.w ?!

*Das ist richtig doch letztlich bleiben wir immer miteinander verbunden über weitere weiße Kugeln. Das wirkliche getrennte Wirken und voneinander getrennt sein gibt es nicht. Das Bild dazu übermitteln wir dir gerade.*



Kurze Anmerkung der Übermittlerin: Sie übermitteln mir gerade eine Art konzentrierte Ballung von vielen, vielen solcher Kugeln, die ineinander wiederum auch sind und es gibt mehr oder weniger eine Art Klumpen. Der Klumpen ist trotzdem über eine Art Strang mit anderen Klumpen aber auch Feldern verbunden. Habe ich das richtig beschrieben?

*Ja, das hast du. Doch ist es wichtig, dass du weiterhin beschreibst, dass die Umgebung unserer Wirkungsfelder keineswegs das Leere nichts ist, sondern dabei immer auch weitere Energien verbindend existieren. Wie wenn du verschiedene*

*Lebewesen in einem Zoo hast, die alle am Ende diesen Zoo ausmachen.*

Das heißt, ich kontaktiere jetzt euch weiße Kugeln, aber es gibt noch ganz viele andere Ausdrucksformen ... wie beispielsweise die Engelenergien, Meisterenergien u.s.w... Das habe ich verstanden. Das heißt ihr, die weißen Kugeln, wenn man das frequenztechnisch betrachten möchte, befindet euch mehr oder weniger auf allen feinstofflichen Ebenen... Nein oder?

*Das ist verzerrend, Sylvia. Wir befinden uns in dem Übergang zwischen menschlich niedrig schwingenden Frequenzen auf der Erde, doch auch in den unteren Bereichen der feinstofflichen Ebenen, wie auch in den weiteren mittleren Bereichen. Dort wo wir gebraucht werden, befinden wir uns. Doch in die ganz hohen Ebenen der feinstofflichen Frequenzen, dort wo wirklich hoch schwingende Energien sind, können wir nicht sein und brauchen wir auch nicht. Denn* ***wir sind dienende, unterstützende Kräfte im Kosmos für die niedrigen Frequenzen, die mehr Hilfe brauchen.***



Verstehe. Ich hatte dazu mal eine Beschreibung im Buch von Abadiania gegeben. Soweit ich mich erinnere, wirkt ihr bis in die vierte oder fünfte Ebene.

*Das ist richtig, Von* ***eurer grobstofflichen Materie bis in die fünfte feinstoffliche Ebene hinein können wir wirken.***

Zu was kann ein Mensch euch bitten?

*Das kann er zu ganz vielen Dingen.* ***Reinigung, liebevolles Verbinden, Hilfe in materiellen Dingen, damit wir die Resonanzen lenken, Hilfe bei körperlichen Beschwerden,, helfen*** *... Das Leben ist so vielfältig. Das wichtigste, was ihr wissen müsst, ist,* **dass wir immer da „neben" euch sind** *und warten, dass ihr beginnt uns wahrzunehmen und mit uns zu kommunizieren. Dadurch beginnt dann die Weite in eurem Leben und vor allem endet die Einsamkeit. Denn wer verstanden hat, wie unzählig und vielfältig wir wirken, der weiß, dass er letztlich nur das materielle Ausdrucksbild ist dieser ganzen komplexen feinstofflichen Kräfte ist.*

Okay, was ist eure Quelle? Wo kommt ihr her?

*Das ist die Quelle selbst.*



Das heißt die Quelle beschließt, wie viele ihr seid, ihr erschafft nicht aus euch selbst weitere weiße Kugeln... und was, wenn in einem bestimmten Moment mehr von Euch gebraucht werden ?

*Dann kopieren wir das Feld, aber wir erschaffen kein Neues . Das kann nur die Quelle. Das bedeutet , das das bestehende nur erweitert wird. Eine existierende Kraft die sich erweitert, aber keineswegs neues Bewusstsein dabei erschafft.*

Unter Menschen nennt man das Klon.

*Ja so ungefähr, aber der Vergleich ist nicht so gut.*

Es ging in den anderen Werken ganz oft ja auch um eure Präsenz und wie stark sie ist und wie weniger stark sie ist...

*Dies ist richtig, denn auch wir sind gebunden an die Kraft der Natur, die uns umgibt und wenn wir unter euch wirken, dann sind wir auch* ***eingebunden in eure Natur*** *und das bedeutet, dass wir immer direkt mit eurer* ***Sonnenenergie*** *wirken. Das wiederum bedeutet nicht, dass wir nachts nicht wirken, aber wir brauchen die Sonnenenergie,* ***wie die Brücke in die Quelle um aus ihr die Kraft zu ziehen, die uns belebt,*** *wie das bei euch mit Strom ist wirken zu können. Verstehst du? Wenn ein elektrisch arbeitender, materieller Gegenstand zu wenig Energie hat, kann er nicht wirken in seiner besten Form. Dafür braucht er richtigen, und ausreichend Strom. Wir brauchen die volle Energie der Sonne und dadurch die Energie der Quelle, denn* ***die Sonne übersetzt die Energie der Quelle und wir zehren von ihr.*** *Dann wenn die Sonne schwach ist, haben wir auch weniger Quellenenergie.*



Gibt es Ort auf der Erde, an dem ihr am liebsten seid?

*Ja.*

Welchen denn?

*Das Waldgebiet.*

Das habe ich schon mitbekommen. Warum dort?

*Das Waldgebiet und die Stille dort beleben unsere Kraft.*

Und wo befindet ihr euch ganz doll konzentriert? Unabhängig von den Wäldern.

> ***Dort, wo wir gebraucht werden.*** *Wie, wo, wann und vor allem welche Kraft wir besitzen ist von den Bedürfnissen des Kosmos abhängig. Der ist natürlich immer in Bewegung und immer im Wandel.*

Eine letzte Frage noch. Seid ihr wirklich weiß?

> *Eigentlich sind wir farblos, aber weiß ist die Farbe, die begabte Menschen wahrnehmen, wenn wir in unserer vollen Kraft und Reinheit wirken.*

Ich verstehe. Ich habe auch von sogenannten Orbs gehört. Das kommt Euren Informationen sehr nah, seid ihr diese Orbs ?



> *Ja.*

Wir haben heute den 20. Juni. Das heißt wir befinden uns in einem der energiereichsten Tage des Jahres und morgen ist der aller, aller energiereichste Tag. Wie empfindet ihr die Energie heute?

> *Das Wirkungsvollste, was die Erde an diesem Ort uns ermöglicht und schenkt, ist in dieser Stunde möglich.*

Das heißt die Menschen sollten euch ansprechen?

> *Die Menschen brauchen uns nur verbindend rufen und wir lenken unsere Aufmerksamkeit auf die Wünsche, die ihr habt.*

*Doch bedenke die Gesetzmäßigkeit, die dabei beachtet muss.* ***Wir können und dürfen nichts tun ohne die kosmische Erlaubnis.***

Dann weise ich freundlich auf das Buch mit dem Freund der Indianer hin, in dem das Thema angeschnitten wurde.

*Vielen, vielen Dank!*
*Liebe.*



* *Auszug aus dem Buch Einweihung in den Jahreskreis, Band 2*

∞

## Die Essenz

*Der Kosmos ist Energie und Energie ist der Kosmos. Es gibt keine Bereiche ohne Energie. Es gibt allenfalls Bereiche aus höher schwingenden Energien und Bereiche mit weniger hoch schwingenden Energien. Einen Ort oder einen Zustand ohne Energie gibt es nicht. Stellen wir uns den Kosmos wie eine Sanduhr vor, als ein in in sich geschlossenes System aus Energie. Selbst wenn alles immer in Bewegung ist, so trägt es immer die gleiche Menge an Energie in sich. Diese Menge aber ist wandelbar und so werden aus Sandkörnern in der Sanduhr vielleicht einmal Geleeteile. Diesen Wandel der Ausdrucksform der Energien bezeichne ich gerne als den „Aggregatzustand der Energien". Die Menge der Energie aber bleibt immer erhalten. So gibt es sich verfestigende Energie als Materie wie auch immer feiner werdende Materieteilchen. Und da sind wir bei der Schwingung, den Frequenzen. Letztlich ist die einzige konstante Komponente des Kosmos die Verwandlung aller Energie in diesem System. Und solange das Glas der Sanduhr nicht zerbricht, wird der Anteil der Sandkörner in diesem Glas gleich bleiben. Als einen Regulator für diese Konstante hat die Quelle die weißen Kugeln erschaffen. Wie auch immer sie es rein physikalisch machen, scheinen sie die mächtigste Kraft in dieser Regulation der Balance zwischen Feinstofflichkeit und Grobstofflichkeit, zwischen Reinheit und Verunreinigung, schnell und langsam, flexibel und starr und so vielem mehr zu sein. Wenn Seelen innerlich wachsen möchten, können die weißen Kugeln sie auf verschiedenste Art und Weise reinigend unterstützen.*

*Und doch sind sie dabei immer eine Kraft des Inneren der Quelle. Eine weitere Ausdrucksform dessen, was als Ganzheit die Quelle bedeutet. Die Klinik des Kosmos steht dabei allen Kräften zur Verfügung, die sie*

***um Reinigung bitten. Ein scheinbares Perpetuum mobile an kosmisch reiner Kraft, das nicht verunreinigen kann. Ähnlich den Bienen und einigen anderen Tieren auf der Erde, hat eine weiße Kugel kein individuelles Bewusstsein, wie eine Seele es besitzt, sondern als Gruppe eine Art Schwarmbewusstsein. Ein Energeifeld, das in sich bewusste Impulse umsetzen kann. Entweder werden diese Impulse durch die direkte Bitte eines kosmischen Wesens/einer Energie aktviert und gelenkt, oder ein massiver Energieverlust eines Ortes oder eines Wesens zieht ihre Energie über das Phänomen des Resonanzgeschehens zu sich, um den Ort oder das Wesen wieder in seine energetische Balance zu bringen. Alles in allem sind die weißen Kugeln der direkte „verlängerte Arm" der Quelle, die dadurch eine unersetzliche Komponente zur Erhaltung der kosmischen Balance darstellt.***

# Engel
## der Garten der Freude

Liebster Freund und Lehrer, die Reise geht weiter. Bitte erzähle mir von dem nächsten Bereich, über den du berichten möchtest. Ich bin bereit.

*Wir beschreiben als Nächstes die Ebene der Engel. Sie liegen sehr nahe bei der Frequenz der weißen Kugeln. Werden daher oftmals auch mit ihnen verbunden oder verglichen. Die Engel aber unterscheiden sich von den weißen Kugeln in einem ganz entscheidenden Punkt:* ***Sie haben mehr Kraft und Bewusstheit. Sie bewegen sich bewusster von Ort zu Ort und weiten ihre Energien.*** *Die weißen Kugeln bleiben immer die weißen Kugeln. Sie können nicht größer oder kleiner werden.* ***Die Engel aber sind in ihrer Beschaffenheit dehnbarer – flexibler.*** *Alles in allem sind sie wie die großen Brüder und Schwestern der weißen Kugeln.*



Tragen die Engel Seelenenergie in sich?

*Nein.*

Nein? Also wenn man sagt, dass ein Mensch nach seinem Übergang sicher ein Engel wird, das geht doch dann gar nicht, richtig?

*Genau.*
*Wenn die Seele des Menschen aus dem Körper geht – wan-*

*delt sie entweder in eine Ebene der Verstorbenen oder in die lichtvollen Ebenen der Bewusstheit der Wesenheiten mit weiten, großen Energiefeldern.*
*Engel sind wie kleine reine Energieeinheiten, die flexibel sind in ihrer Art der Bewegungsweise, aber dennoch* ***nicht mit den Erinnerungen einer Seelenkraft ausgestattet*** *sind.*

Das ist schwer für mich zu verstehen, weil ich immer dachte, dass jemand, zu dem man zeit seines Lebens sagte „du bist ein Engel auf Erden", dass dieser dann auch ein Engel werden kann.

*Nein. Wenn du dazu eine bessere Beschreibung brauchst, so versuche ich es noch einmal. Du versuchst die Seelenkraft als Teil des Kosmos zu verstehen und lernst dabei, dass die Seelen voller Erinnerungen und wandelnden, sich dehnenden Energien sind. Es gibt aber im Kosmos auch* ***konstante Elemente.*** *Und zu diesen gehören* ***die weißen Kugeln als Wandler und die Engel als Wandler.*** *Beide befinden sich nah in der Frequenz zueinander aber unterscheiden sich eben in ihren jeweiligen Bewusstseinsqualiäten.* ***Die Engel tragen ein eigenes Bewusstsein, aber eben keine Seelenenergie, welche in Körper inkarniert.*** *Sie bleiben immer in der Ebene der Feinstofflichkeit und wirken von dort aus, in Eigenverantwortung aber eben nicht in der Qualität, die inkarnieren kann. Die weißen Kugeln tragen das von dir so genannte Schwarmbewusstsein und können damit natürlich auch nicht inkarnieren. Auch sie haben keine Erinnerungen.*

Aber wenn die Engel eine Eigenverantwortung haben, dann haben sie ja einen freien Willen, ja?

∞

*Ja.*

Ist es denn nicht schon mal passiert, dass ein Engel inkarnieren möchte?

*Nein. Es ist, als würdest du den Baum fragen, ob er laufen möchte. Das Eine bedingt das Andere. Sie sind keine Energie, die das Bedürfnis, den Willen, die Sehnsucht besitzt, andere Erfahrungen zu sammeln als die der helfenden Engelwelten.*

Hm. Kannst du mir beschreiben, wie groß sie sind? Wir haben erfahren, dass die weißen Kugeln zwar ihre Formen verändern können, wenn dies nötig ist für ihre Arbeit, dennoch sind sie in ihrer Grundform ungefähr so groß wie ein Fußball. Wie sind die Engel beschaffen?



*Engel befinden sich in der Art und Weise ihrer Beweglichkeiten auf der Ebene direkt über den weißen Kugeln. Ihre Felder sind größer als die der weißen Kugeln* **und dennoch auch kugelförmig.** *Sie* **bewegen sich schneller und bewusster und sie leuchten heller,** *weil sie im Prinzip mehr Strahlkraft – mehr Energie und damit mehr Bewusstsein in sich tragen.*

Also kann ich mir sie eigentlich vorstellen, wie die weißen Kugeln, oder sind sie von der Anordnung in ihrem Bereich anders?

*Sie bewegen sich viel mehr, Liebes. Sie befinden sich nicht in einer Art Gruppe, sondern sie sind, wie bei den Seelen wiederum, einzeln für sich und beweglich. Ich kann, wenn ich sie besuche, die einzelnen Energien berühren und mit ihnen kom-*

*munizieren. Das macht die Beschaffenheit der Engelenergien möglich.* ***Man kann direkt Kontakt zu ihnen aufnehmen und mit ihnen kommunizieren.***

Ja, aber ich kann doch auch mit den weißen Kugeln kommunizieren.

*Du bist die Ausnahme, Liebes. Du kannst ihr ganzes Bewusstseinsfeld erreichen, kommunizierst also in dem Fall mit einer Gruppenenergie, aber nicht mit einer einzelnen Kugel. Das ist nicht möglich, weil ihnen dazu die Bewusstheit fehlt. Generell gilt, dass das Kommunizieren mit wirklich feinstofflichen Energien mit den Engelkräften beginnt.*
*Verstorbene zählen nicht zu rein feinstofflichen Energien, sie sind materiell beeinflusste Seelenenergien. Aber das hatten wir schon. Die Beschaffenheit der Seelen, welche sich in der Ebene der Verstorbenen aufhalten, ist unterschiedlich geprägt. Und deshalb nicht mehr rein feinstofflich.*
***Die Engelenergien aber sind sehr feinstofflich und erschaffen durch die sehr flexible Energetik höherschwingende Energien.***

Aha. Also kann man doch sagen, dass die Engel letzten Endes eine Art Zwischenwelt / Zwischenzustand zwischen den Verstorbenen und der wirklich feinstofflichen Welt darstellen, oder?

*Nein, denn sie sind bereits ausschließlich feinstofflich. Die Zwischenwelt, die du benennst, sind eigentlich die weißen Kugeln.*

Aha. Warum sind die Engel von den Menschen oft als weiß gekleidete kleine Kinder, die Flügel haben dargestellt worden?

*Weil sie energetisch kleiner sind als die großen Felder der oberen Bereiche, aber dennoch ähnliche Beschaffenheit vorweisen. Sie sind individuell, bewusst und beweglich. Also hast du letztlich kleine Energiefelder, die sich in Raum und Zeit, wie ihr sagen würdet, bewegen und die sehr rein sind. Das wiederum erklärt die weiße Farblichkeit in euren Bildern. Ähnlich den großen feinstofflichen Energien, aber kleiner sind sie schon eine Art Kinder. Im Sinne der bildlichen Beschreibung.*

Was ich interessant finde, ist, man findet ja in den kirchlichen Bildern auch, dass Engel meist eine andere größere Wesenheit begleiten. Also man sieht sie bei Maria, man sieht sie bei Jesus, man sieht sie bei so vielen anderen größeren Energien. Ich dachte immer, dass es die weißen Kugeln sind, die die anderen Energien zu Hilfe nehmen. Sind es nun die Engel, die von den Meistern zu Hilfe genommen werden, oder die weißen Kugeln ?

*Es ist auch da die Verschiedenartigkeit, die Vielfalt, die der Kosmos bereitstellt. Und dadurch nutzbar macht. So mancher Meister braucht die Kugeln, um einen gewissen Bereich im Kosmos zu bereinigen. Wie eine Art Putzteam oder Krankenschwestern, die die Energetik ausgleichen. Andere aber brauchen die Engel, um* ***ganz bewusste Impulse und Aufgaben zu verteilen, die mit Bewusstheit und Liebe*** *gelenkt werden sollen.*

Aha. Verstehe. Apropos Bewusstheit und Liebe: Wie gestaltet es sich denn mit den Erzengeln? Bis jetzt hast du nur von den Engeln gesprochen, die kleine Energiefelder ausmachen und ein eigenes, individuelles Bewusstsein tragen. Wie ist das mit den Erzengeln?

*Sehr schöne Frage, danke dir dafür. Die Erzengel befinden sich wiederum leicht über dem Schwingungszustand/Bereich der kleinen Engeleinheiten. Sie sind größere und weisere Engel.*

Gibt es in der Engelwelt auch die Möglichkeit eines „ Aufstiegs"? Sodass ein Engel aufgrund von vielen, vielen, bewusst ausgeführten, hilfreichen Taten, vielen Reinigungen dann ein Erzengel werden kann?



*Ja. Genau das ist die Urthematik, welche Erzengel überhaupt erst einmal ermöglicht. Sie waren vorher normale Engelenergien.*

Woher kommen eigentlich Engelenergien?

***Sie sind aus der Quelle entstanden ohne den Umweg der Mutterseele oder Inkarnationsprozesse, sie sind direkt aus der Quelle als eine Komponente der Balance im Kosmos entstanden*** *– erschaffen worden.*

Das heißt, dass die Quelle immer wieder einmal Engel erschafft, um das Gleichgewicht in sich zu erhalten?

*Ja.*

∞

Warum kommt so ein zögerndes Ja?

*Weil die Komplexität des Kosmos nicht nur Seelen erschafft, sondern die Energien sich dauerhaft in Wandlung befinden.* ***Du hast also kein Gefäß, welches an sich mehr und mehr Seelen erschafft, sondern du hast immer die Balance zwischen Seelen und anderen Kräften.***

Damit kommen wir jetzt schon zur Quellenenergie. Und das ist etwas, das mich wirklich sehr, sehr interessiert. Produziert die Quelle mehr und mehr Seelen, oder wie ist das? Aber ich vermute, dass, dadurch dass es immer auch einen Teil gibt an Seelenenergien, der zur Mutterseelenkraft aufsteigt, und andere, die auf andere Art und Weise in die Masse des großen Ganzen wandelt, dass dadurch eine Balance erhalten wird und es nicht mehr werden?



*Ja.Genau so ist es.*

Gut, aber das werden wir später erörtern, das ist jetzt viel zu weit nach vorne gegriffen.

*Ja bitte. Bleib bei den Engeln und den Erzengeln.*
*Die Erzengel sind in ihrer Kraft noch stärker als die Engel – sie haben, auf einer Zeitlinie gedacht, länger gewirkt, mehr geholfen, und dadurch sind sie* ***zu der Kraft der Erzengel angewachsen.***

Lass uns bitte bei dem Thema „anwachsen“ bleiben. Wenn eine Engelenergie immer schon Engel war und immer Engelenergie ist, wie kann sie dann überhaupt energetisch wachsen?

∞

*Das kann sie durch die weiter und weiter sich dehnende Kraft in sich. Die Lebenskraft in ihr, welche über die Impulse der Unterstützung der anderen Ebenen wächst, wird also mehr und mehr in einer solchen Energie. Dann beginnt sie, ihr Potential, ihr Kraftpotential, zu weiten und zu stärken. Es ist also, wie immer im Kosmos, dass* ***Liebe geben, Kraft geben und dadurch Energie teilen, welche die Energetik des Gebenden verwandelt, bestärkt und kräftig.*** *Du könntest es wie die* ***Währung des Kosmos*** *bezeichnen. Energie.*

Ja, ich weiß. Das hast du schön gesagt und irgendwie finde ich das auch sehr schön, dass die Engelernergien über ihre Arbeit, über ihr Schaffen, über ihr Helfen tatsächlich auch eine Art Wandlung erfahren können und nicht immer in der gleichen Energetik verharren müssen.



*Genau das ist die wichtige Thematik bei dieser Wesenheit Engel. Sie ist nicht starr und begrenzt in ihrer Form, sondern sie können sich bewegen und natürlich auch aus sich heraus wachsen.*

Aber das würde ja in der Folge bedeuten, dass alle Engel irgendwann einmal Erzengel werden und dann braucht es ja doch neue Engel. Also normale Engel.

*Nein, weil die Art und Weise wie jede einzelne Engelenergie wirkt, unterschiedlich ist. Weil sie in ihrer unterschiedlichen Art eben auch unterschiedliche Erfahrungen und Kraftimpulse sammelt. Sicherlich trägt jede Engelenergie das Potential, sich in Erzengelkraft zu weiten, aber nicht jede möchte das. Kannst du dir das vorstellen, dass so manche Energetik in sich genügsam, zufrieden und dankbar ist, wie sie ist?(lacht)*

Ja, ja, natürlich kann ich das, und das ist ja auch gut in dem Fall. Stell dir vor, eine Armee besteht nur aus Offizieren. Wir brauchen ja auch die Armee.

*Ich mag den Vergleich gar nicht, aber ich weiß, wie du ihn meinst. Die Armee auf der Erde ist etwas Furchtbares und Zerstörerisches unter dem Deckmantel des Schutzes. Die Wesenheiten Engel sind ausschließlich liebevoll, kraftvoll, gebend und beschützend und keineswegs mit irgendeinem gefahrbringenden Potential ausgestattet.*

Ja, du hast recht. Mein Vergleich hinkt sehr. Entschuldige. Bitte lass uns tiefer in die Energetik, in die Welt der Engel gehen. Ist es für dich sehr schwer, sich auf sie einzutunen, wie ich so schön sagen würde?



*Nein. Gar nicht. Sie sind so liebevoll weich und warm, dass ich mich sehr, sehr leicht und gerne in ihre Welt begebe.*

Gibt es dort Landschaft?

*Nein. Landschaften, Liebes, gibt es generell im kosmischen Konstrukt keine – sie sind allenfalls Wahrnehmungen des jeweiligen Geistes der Wesenheit. Und das ist auch gut so.* ***Dadurch ermöglicht der Kosmos jeder einzelnen Seele sich die Landschaft vorzustellen, welche ihr am liebsten ist.***

Okay. Gut. Ist die Ebene der Engel heller als vielleicht so manch an-

derer Bereich, oder hat sie andere Farben? Oder haben die Engel andere Farben?

*Sehr schöne Frage. Also: Die Ebene der Engel ist in sich sehr schön warm und hellstrahlend aber nicht grell. Sie strahlt also warmes helles Licht. Und in ihr befinden sich unendlich viele dieser wunderbaren liebevollen kleinen Engelenergien in unterschiedlicher Farblichkeit. Es ist also ein Meer an Farblichkeiten voller bunter Farben. Alle aber in einer sehr hellen Strahlungskraft.*

Also doch eher so pastellig, oder?

*Ja.*



Also wenn ich zum Beispiel sage: da gibt es auch Blau, dann ist es doch eher so ein Hellblau.

*Ja.*

Ah. Also jede Farblichkeit, die man sich so vorstellen kann, aber eben hell strahlend.

*Ja.*

Das stelle ich mir sehr lustig, sehr bunt, sehr schön vor.

*Das ist es auch. Sehr schön anzusehen, und sie sind so freudvoll, so liebevoll. Eine wirklich sehr schöne Ebene.*

Und wie ist es mit den Erzengeln? Befinden sie sich direkt bei den Engeln? Oder sind die ein bisschen …, weil anders schwingender … wie „woanders"?

*Sie befinden sich inmitten unter den Engeln. Sie sind sogesehen alle miteinander. Die Erzengel erkennt man daran, dass sie etwas größer sind. Sie strahlen also etwas heller und sind generell etwas größer in ihrer Form. Länglicher.*

Kann man auch sagen „ovaler"?

*Ja. Ovaler kannst du auch sagen. Sie sind ovaler und die Engel sind eher rund.*

Eher rund und bunt, aber größer als die fußballweißen Kugeln.



*Ja.*

Entschuldige, dass ich so genau frage, aber ich will es für mich und auch für die Leser so bildlich wie möglich erfahren.

*Alles gut und richtig so, du musst dich nicht entschuldigen. Ich finde deine Art zu fragen sehr angenehm und dein analytischer Geist hilft sicher den Menschen diese fast formlosen Welten besser zu greifen.*

Ja. Wenn wir von den Bewegungen der Engel sprechen, wie kann ich mir das vorstellen? Es gibt ja Menschen, die rufen die Engel an, um sie um Hilfe zu bitten. Soweit ich mich erinnere, gibt es auch Meister aus anderen, noch hochschwingenderen Ebenen, die die Engel und die weißen Kugeln jeweils zur Hilfe rufen und mitnehmen, wenn sie tatsächlich irgendwelche Dinge zu balancieren haben. Wenn also so etwas passiert, wie sieht das aus?

*Wenn die Bitten aus anderen Ebenen die Engel erreichen, so beginnen sie sich zu bewegen. Wie Wolken bewegen sie sich in Scharen miteinander zu den jeweils nötigen Orten in der Feinstofflichkeit oder auch in der Stofflichkeit.*

Aha. Wie bewegen die sich im Vergleich zu den Seelen?

*Sie bewegen sich anders. Sie sammeln sich in Gruppen und dann bewegen sie sich aus der Ebene heraus. Sie fliegen davon, würdest du sagen.*



Wie ist das, wenn so ein Ruf aus einer Ebene, sei sie feinstofflich oder materiell, kommt? Wie muss ich mir das vorstellen?

*Es sind Wellen. Die Hilfen und Bitten aus den verschiedenen Ebenen erreichen die Welt der Engel in Wellen. Trifft eine solche Energiewelle des Bittens auf sie, so nehmen sie diese wahr, sammeln sich und folgen der Ursache dieser Welle.*

Eieiei das ist ja fast schon hohe Physik. Denn ich würde jetzt fragen, woher sie denn wissen, wo die Ursache der Welle ist.

*Sie wissen es, Liebes. Derartig physikalische Hintergründe kann ich dir nicht erläutern. Es ist, wie es ist, und es funktioniert.* ***Die Welle des Hilferufes, der Bitte letzten Endes, ist nachvollziehbar und ihr folgen sie.***

Und wie wird das gesteuert,wenn so eine Welle in diese Welt kommt, dass jetzt nicht alle Engel gehen?

*Warum sollten alle gehen? Es geht der Teil, der benötigt wird. Und auch das ist aus der Kraft der Welle lesbar.*

Krass. Ich weiß ja, das ergibt Sinn, aber das ist echt hoch wissenschaftlich. Also liegt es an der Intention, die ein Mensch setzt, wie stark er Engel um Hilfe bittet, wie viele Engel ihm letzten Endes helfen?

*Ja. Und so ist es nicht nur als Mensch, sondern gilt im ganzen Kosmos.* ***Die Intention hinter der Kraft ist letztlich ausschlaggebend wie viel Resonanz darauf folgt****. Dieses Gesetz kennst du doch, oder?*



Ja, natürlich. Es ist nur immer wieder gut, die Bedeutsamkeit erneut vor Augen geführt zu bekommen, es sich immer bewusster zu machen, wie wichtig Intention, Absicht und Kraft einer Seele sind. Also kann ich mir das so vorstellen, dass die Engel, oder/und vielleicht sogar auch die Erzengel helfen, und dann kommen sie wieder zurück in ihren Bereich. Richtig?

*Ja.*

Also gehen auch Erzengel, ja? Es ist nicht so, dass die Erzengel auf der Ebene bleiben.

*Nein. Sie bewegen sich natürlich genauso und sie sind in ihrem Potential beschleunigender.* ***Geht ein Erzengel, so ist***

***tatsächlich mehr Hilfe nötig, als wenn es nur die kleinen anderen Wesen sind.***

Ja, das ist logisch. Okay. Ich finde das alles faszinierend. Ich meine, ich bin immer ein großer Fan davon gewesen, den Menschen bewusst zu machen, wie wichtig es ist, mit sich im Reinen zu sein, weil dann die Intention, die Absicht hinter ihren Wünschen auch reiner im Kosmos empfangen wird. Und ich bin auch immer ein großer Verfechter davon, den Menschen klarzumachen, dass sie ihre Wünsche klar formulieren. Denn je klarer dieser Impuls der Worte formuliert wird, umso klarer wird er auch empfangen. Das hängt alles zusammen - die Intention, die Absicht und letztlich die Deutlichkeit.

*Sehr schön, dass du das auch benennst, denn genau das ist eine wichtige, sehr, sehr wichtige Botschaft für die Menschen.* ***Absicht und Formulierung.***



Ich mag die Energetik der Engel, wenn ich da so ein bisschen hineinfühle. Die fühlen sich echt sehr, sehr angenehm an. Das hat was Schönes, diese Aufgabe des Helfens. Dieses Sein, um zu helfen. Wenn ich da hineinfühle, mit dir verbunden, dann ist das unglaublich schön. Friedlich. Liebevoll. Und so barmherzig.

*Ja, das ist es. Ich mag die Energetik auch sehr. Sie sind für mich wie der lebendige Garten der Freude im Kosmos. Als würdest du hinausgehen und den Vögelchen zulauschen. So empfinde ich es, wenn ich zu den Engeln gehe.*

Kannst du dich also energetisch länger bei den Engeln aufhalten als bei den bisher beschriebenen Ebenen?

∞

*Ja. Ganz sicher. Sie sind höher schwingender und dadurch für mich leichter zu besuchen und auch länger zu besuchen, wenn man im Zeitmaß misst.*

Wow. Möchtest du denn dazu noch etwas sagen?

*Nein. Ich habe alles dazu gesagt.*

Dann danke ich dir vielmals für diese wunderschöne Session über die Engel. Das war sehr aufschlussreich und sehr spannend. Ich freue mich auf das nächste Kapitel. Danke. Liebe.

*Danke. Liebe.*

## Die Essenz

***Anders als die weißen Kugeln, besitzen diese kleinen, reinen Energiefelder ein individuelles Bewusstsein. Aber sie sind keine Seelenenergie, mit einem Seelenkern und Erinnerungen. Sie sind sich selbst bewusst, können eigenständig agieren, bleiben aber immer Teil dieser Energetik „Engelgruppe". So manche dieser Energien kann sich weiten und wachsen, wenn sie das möchte, und erschafft dadurch Erzengel, wie wir sie nennen. Sie sind größere Felder, energiereicher und bewusstere Felder an Engelenergie.***

***Doch alle Energetik dieser Wesen bleibt in dieser Ebene bestehen. Sie kennt keinen Aufsteig oder Abstieg wie die Seelenenergien, sie hat ihren Ursprung auch nicht in einer Mutterseele (wie die Seelen). Die Engelgruppe ist daher ein direktes Produkt der Quelle, um eine weitere stabile Komponente im Kosmos bereitzustellen und den Ausgleich auf andere Weise möglich zu machen. Diese individuellen Energiefelder können direkt und einzeln (an)gerufen werden. Anders als bei den weißen Kugeln, die nur als Gruppe agieren können. Unsere Seelenkraft und die damit formulierte Absicht sind ausschlaggebend, wie und ob unsere (nicht egoistische) Bitte in einer Form von Welle von diesen Energien verstanden wird. Die Engel und der ganze Bereich dieser Energieformen ist voller Farben, Freude und Dankbarkeit.***
***Ein Zustand, den man ungern wieder verlassen mag … Ein Hort der Freude. Der Garten der Freude.***

# *Die weise Bruderschaft*

## Intro

Lieber Freund und Lehrer, ich bitte dich, lass uns weiterreisen, lass mich weiter eintauchen in die Welten der Feinstofflichkeit. Worüber möchtest du als Nächstes berichten?

*Meine Reisen durch die feinstofflichen Welten waren und werden immer wieder neues Wissen hervorbringen. Wie du weißt, ist es nicht der Kosmos, der sich wandelt, sondern die Energien und unsere Wahrnehmungen. Und dadurch auch die Erkenntnisse dessen, was längst Realität ist. Ich habe auf meinen Wegen in den feinstofflichen Welten immer wieder die Erfahrung gemacht, dass das, was sich eben noch so zeigte, plötzlich anders und verwandelt aufschien. Daher sind, und das möchte ich damit sagen, diese Beschreibungen der Welten oder besser Ebenen – in jedem Fall nur eine Bestandsaufnahme meiner Wahrnehmung.*



Ja, das verstehe ich und das ist auch völlig in Ordnung und nachvollziehbar. Der Kosmos ist ein dauerndes, ich würde fast schon sagen „Gefäß der Energiewandlung“. Und diese Wandlung als Komponente ist so selbstverständlich wie die Luft zum Atmen auf Planet Erde.

*Gut. Nun, dann möchte ich heute über die Welt der weisen Bruderschaft beginnen zu sprechen. Sie erstreckt sich* ***über***

***mehrere Ebenen hindurch und ist der Beginn der Dimensionen, die Weite und Liebe sowie mit viel Bewusstsein ausgestattete Wesenheiten beheimatet.***
*Über viele weite Bereiche hinweg befindet sich die Ebene der weisen Bruderschaft daher in den sehr hochschwingenden Frequenzbereichen. Die Welt der weisen Bruderschaft ist auch meine Welt geworden. Kurz nach meinem Ableben wandelte ich zügig durch die feinstofflichen Ebenen der Verstorbenen hindurch und landete in der Welt der weisen Bruderschaft.* ***Sie ist sehr kraftvoll, sehr liebevoll und sehr hochschwingend bewusst. Sie ist klar.*** *Die komplexen Bedingungen zum Erreichen dieser hohen Frequenzen übte ich zeit meines letzten Lebens im Körper. Liebevoll leben, bewusst in höchstem Maße jeden Schritt setzen, weit denken und fühlen, kraftvoll bleiben und werden, durch meine Art des Seins.*



Verstehe, also wir halten fest, dass diese Ebene, die Welt der weisen Bruderschaft, deine Heimat ist. Deine feinstoffliche Heimat.

*Ja.*

Bitte beschreibe so viel du kannst, wie es dort aussieht, welche Wesenheiten dort sind, und - wenn du sagst, sie erstreckt sich über mehrere Ebenen - wie diese Ebenen sich voneinander unterscheiden.

*Ja. Durch unterschiedliche Bereiche bewegen sich unterschiedliche Wesenheiten, die wiederum durch ihr Kraftpotential diese Bewegungen steuern. Manche sind zwar ruhig und stark, strahlen aber über ihre Kraft so viel Energie, dass sie die Bewegung im Raum, wie du sagen würdest, nicht brau-*

*chen, sondern sich ausschließlich über ihr Bewusstsein bewegen. Andere wiederum sind auch sehr stark und kraftvoll, aber bewegen sich in der Räumlichkeit dieser Welten umher. Sie leben das Wirken als Meister.* ***Meister des Wissens. Meister des Lehrens.*** *Wenn ein Mensch beispielsweise diese Meister anruft, dann beginnen diese Meister durch die Verbindung mit diesem Menschen, (was letztlich ja die Verbindung zu dieser Seele bedeutet) die Hilfe zu senden. Andere wiederum bewegen sich tatsächlich aus der Ebene heraus, durch die Ebene der Engel oder weißen Kugeln hindurch, oder beides, und wandeln dann in die Orte der Hilfe.*

Ist es möglich, dass die Meister, die weise Bruderschaft, sich tatsächlich auch auf die Erde bewegen, also dass sie ihre Frequenz dorthin modifizieren?



*Ja.*

Wow, ich stelle mir das schwer vor, oder?

*Nein, es ist aus den höheren Ebenen heraus nicht so schwer sich in diese Frequenz zu bewegen. Die Schwere einer Bewegung besteht nur und vor allem für die Verstorbenen und besonders für die Verstorbenen der energieschwachen Ebene der „Wartehalle", wie wir sie bezeichnet haben. Dort ist zu wenig Energie vorhanden in den Seelen – um sich tatsächlich in diese anderen Ebenen zu bewegen. Es ist schwer für sie.*

Ja, das habe ich verstanden. Okay.Wie darf ich mir das dann vorstellen?

∞

*Du musst dir das vorstellen, dass die Wesen aus der Dimension der Meister und Brüder nur dann auf die Erde oder andere Planeten kommen können,* ***wenn sie darum gebeten werden. Das Gesetz der Erlaubnis, das allgegenwärtig herrscht, wird nur über die Bitte aktiviert.*** *Dann bereisen diese Wesenheiten den Ort und versuchen dort anhand ihrer Kraft durch Verbundenheit mit den bittenden Wesen zu helfen und* ***energetisch auszugleichen.***

Mir fällt ein, wenn wir jetzt hier kommunizieren, dann bist du ja in Verbindung mit mir, mit einem Wesen auf der Erde. Wie muss ich mir das vorstellen - bereist du dann meinen Ort, um in mich zu gehen und hier so zu schreiben oder funktioniert das anders als das, worüber du gerade sprichst?



*Sehr schöne Frage, Liebes. Wenn du mich rufst, so beginne ich meinen Weg in die untere Ebene der Erdfrequenz und in deinen Körper hinein. Heißt: unsere Verbundenheit ist sogar eine weitere Stufe der Wirkungsweise. Ich wirke nicht am Ort, um dort zu balancieren, sondern ich wirke durch dich und spreche – schreibe durch dich hindurch in der anderen Ebene auf der Erde.*

Und wenn du das tust, kostet dich das viel Kraft?

*Nein.*

Ja, ich muss auch sagen, das Einzige was für mich immer schwer ist, ist deine Energetik lange in meinem Körper zu halten. Das ist schon sehr interessant - ich weiß nicht, ob du das mitbekommst. Bekommst du das mit?

*Nein.*

Das ist, als würde sich mein Körper „auflösen“ und als verlöre ich jegliches Gefühl aus dem Körper heraus. Gleichzeitig ist er aber präsent und reagiert immer wieder mal, das ist ein sehr lustiger Mix. Und irgendwann geht es nicht mehr, dann sagt der Körper - jetzt mag ich nicht mehr, jetzt kann ich nicht mehr. Das ist sehr, sehr spannend, aber ich glaube, das ist normal so, oder?

*Ja. Sehr. Du kannst in deiner Ebene der Schwingung in deinem Körper nicht dauerhaft die Kraft und Bewusstheit, generell die Energetik, die Energie meiner Ebene und meiner Seele halten. Das erschafft eine sehr hohe Spannung und es ist wichtig, dass du diese Spannung wieder entlädst.*



Ja, das tue ich schon. Es ist wirklich sehr interessant, wie diese Energien miteinander und zueinander wirken.Und dieses Spannungsfeld, das du grade beschreibst, das ist das Echo, das ich habe, wenn du in mir warst. Ich fühle mich nicht angespannt, aber ich trage eine gewisse Form von Spannung in mir. Sehr interessant ist das. Aber ich fühle mich immer sehr energetisiert, das muss ich schon sagen. Danke für die Erfahrung, dass ich so viel Energie durch mich fließen lassen darf. Das ist unglaublich schön, so viel Liebe, so viel Kraft, so viel Freude, so viel Frieden, ein unglaublich schönes Gefühl, danke dir dafür.
Doch nun zurück zu den anderen Wesenheiten, wenn sie auf die Erde kommen oder auf anderen Planeten helfen. Du hast bereits sagt, dass es ist nicht schwer für sie ist. Gehen sie dann wieder, wenn ihre Ar-

beit verrichtet ist?

*Ja.*

Wann sind solche Momente zum Beispiel?

*Wenn beispielsweise durch die verursachte unglückliche Verkettung von Umständen durch eine Art Unfall mehrere oder sehr viele Menschen verunglückt und damit Seelen aus den Körpern geschleudert wurden. Dann vermitteln die Rufe der Seelen nach Hilfe und Unterstützung durch den Schock hindurch diese Art von Aufruf. Dann bewegen sich die Energien und gleichen dort energetisch aus. Sie* ***helfen den aus dem Körper geschleuderten Seelen zu etwas Kraft.***



Ah, sie geben ihnen also Energie. Ja? Geben sie ihnen nur Energie, oder kommunizieren sie auch mit ihnen?

*Sie geben vor allem Energie.*

Warum kommunizieren sie nicht mit ihnen?

*Weil dies in den meisten Fällen nicht möglich ist. Die Art der Bewusstheit der im Schock stehenden Seelen macht die Kommunikation nicht möglich, weil sie nicht klar in ihrem Bewusstsein sind.*

Verstehe.

*Und, weil sie seit ihrer Inkarnation verunreinigt sind und*

*Derartiges nicht materialisiert haben.*

Okay gut. Ich verstehe. Das heißt, sie kommen und geben überwiegend Energie.

*Ja.*

Schön. Was können noch so Momente sein?

*Wenn durch die Verletzung der Seele des Menschen so viel Kraft verloren ging, dass diese unbedingt unterstützende Energie braucht, um überhaupt in die Ebene der Verstorbenen zu gelangen.*

Ui. Ich dachte, alle kommen immer - so oder so - von ganz alleine in die Ebene der Verstorbenen. Nicht?



*Nein. Manche könnten auch in der Anderswelt eurer Welt verharren und dort verweilen. Doch dies ist genau das, was über die Arbeit der Meister und ihrer Meister vermieden werden kann und wird.*

Das heißt, wann immer eine Seele es nicht schafft in die anderen Ebenen zu gelangen, dann helfen sie. Kann ich also pauschal davon ausgehen, dass es auf der ganzen Erde wie auch auf anderen Planeten keine Seele gibt, die in einem solchen Zustand ist?

*Ja. Sofort bei derartiger Resonanz im Kosmos wird die Kraft der Bruderschaft und der Meister aktiv.*

∞

Oh. Das ist gut zu wissen.

*Wir gehen gerne in diese Thematik später noch einmal tiefer hinein. Denn dazu gibt es noch viel mehr zu berichten.*

Ja.

---

**Die einzelnen Bereiche**

Du hast gesagt, es gibt verschiedene Ebenen, verschiedene Abstufungen, und so weit ich mich erinnere, ist der Bereich der weisen Bruderschaft tatsächlich die vierte, fünfte und sechste Ebene, ist das richtig?



*Ja.*

Was sind die Unterschiede zwischen den einzelnen Ebene? Bitte beschreibe.

*Mehrere unterschiedliche Materialisierungen von Wesenheiten halten sich in diesen Bereichen auf.*
*Über die* ***Ebene der Meister im vierten Bereich*** *gibt es nicht sehr viel zu berichten außer, dass ihre Energetik sehr* ***ovale Wesenheiten formt, die strahlen etwas bläulich und sehr schön hell. Sie bewegen sich erhaben und voller Liebe****.*
*Die Ebene der darüber liegenden Kräfte* ***im fünftenBereich*** *beleuchtet vor allem unterschiedliche kraftvolle Energien - nicht nur oval, sondern auch* ***mit anderen Formen und wie-***

*__der anderen Farblichkeiten.__ Sie sind, wenn du es so sagen möchtest, __individueller, bunter.__*
*Und darüber, in der __sechsten Ebene befindet sich die weise Bruderschaft in ihrer reinsten Form.__ Dort befinden sich mehrere Gruppen von __sehr weisen und hellen Formen unterschiedlicher Art. Groß sind sie und weit.__*

Und alle drei sind die Ebenen der weisen Bruderschaft, weil …

*Weil sie alle durcheinander und untereinander verbunden wirken. In der Essenz befinden sie sich wieder und wieder in diesen jeweiligen Bereichen, aber sie wirken auch miteinander. D__iese Ebenen sind sehr miteinander verbunden,__ was im Vergleich zu den anderen Eben, die wir beschrieben haben, ja eine Eigenart ausmacht.*



Ja stimmt. Das heißt, es fällt den Wesen der vierten Ebene nicht schwer, zu den Wesen der sechsten Ebene zu gehen?

*Nein. Nicht wirklich. Sie können diesen Bereich bereisen. Vielleicht nicht so lange, ähnlich deiner Energetik jetzt, wenn du mich in deinem Körper hast. Aber sie können die Bereiche bereisen. Die Oberen natürlich etwas leichter die unteren.*

Okay, also kann ich mir vorstellen, dass sie alle in einer Art regem Austausch sind. Richtig?

*Ja.*

Und das alles, um den Kosmos auszubalancieren?

*Na ja, nicht nur, Liebes. Wir wirken auf unterschiedliche Art und Weise mit unterschiedlichen Aufgaben. Der Ausgleich ist natürlich das oberste Prinzip, um die Energetik des Gesamtkosmos aufrechtzuerhalten und gesund zu erhalten. Doch andere* ***lehren, wandeln, unterstützen und fördern*** *Wesenheiten anderer Ebenen oder eben andere Seelen, so wie deine.*

Ich möchte gerne noch etwas genauer in die jeweiligen Bereiche gehen. Wenn wir sagen, in der vierten Ebene befinden sich so bläuliche Energien - was genau bedeutet das? Kannst du mir bitte noch mehr davon erzählen? Was ist ihre Aufgabe, oder was unterscheidet sie von der fünften Ebene - den farbigen Energien - und der sechsten Ebene - den weißen Energien ?



*Gerne, Liebes. Du musst dir das vorstellen wie eine große Gruppe an Wesenheiten, die aber in sich eigene Gruppenqualitäten tragen. Wenn du die ganzen Bereiche besuchen würdest, würdest du weniger Übergänge der einzelnen Bereiche feststellen, sondern es als eine Art eigenen, in sich verschwommenen Bereich. Sie wirken alle ineinander, durcheinander, miteinander.*

Ich weiß, was du mir sagen willst, aber wieso sagt man dann vierter, fünfter und sechster Bereich? Wieso spricht man dann nicht einfach von einem vierten Bereich?

*Weil es eben dennoch sehr klare unterschiedliche Qualitäten der Energien beheimatet.*

Und du meinst also, um diese Qualitäten besser zu kategorisieren, was wir hier ja machen möchten, ist es klarer und differenzierter, wenn wir die einzelnen Ebenen unterscheiden.

*Ja, genau so ist es.*

## Die vierte Ebene

Liebster Freund und Lehrer, dann bitte: Was ist die besondere Qualität der Wesen der **vierten Ebene**? Was können sie anders als die anderen?

***Sie verwandeln Energien, die auf der Erde oder anderen Planeten weilen auf ihre Art und Weise zu weiten kraftvollen Energien.***



Meinst du damit Seelenkerne oder generell Energien?

*Energien. Seelenkerne können nur aus sich selbst weiten. Die „blauen Götter“, wie ich sie gerne nenne, haben die besondere Fähigkeit, die* ***Kraftfelder der Seelen zu reinigen****, aber natürlich nicht ihren Seelenkern. Daher lass uns bitte immer differenzieren. Sie wirken zwar in Energiefeldern von Seelen, aber sie können dies in erster Linie nur nach erfolgter Bitte und Erlaubnis, und in zweiter Linie nicht in den tiefen Seelenkern hinein.*

Ich fasse zusammen: Dann sind doch eigentlich die blauen Götter, wie du sie nennst, eine Art Klinik oder Werkzeugkasten des Kosmos.

∞

Was würde dir besser passen?

*Werkzeuge.*

Werkzeuge, nur Werkzeuge?

***Werkzeuge des Lichtes.*** *Sie wirken in und mit ihrer Kraft in diese Seelenenergien hinein und bewirken dadurch durchaus auch Wandlung der Felder, aber eben wirklich immer nur so weit, wie es erlaubt, gewünscht und in dem jeweiligen Potential möglich ist.*

Okay, also ich habe verstanden, dass es eine ganz bestimmte Art von Energie ist, die die Seelenkräfte auf jeden Fall behandeln und auch auf gewisse Art und Weise reinigen kann. Aber kannst du sagen, welche Resonanz das bedingt, dass die „blauen Götter" helfen und nicht die weißen Kugeln beispielsweise ?



*Wenn die blauen Götter eingreifen, so sind sie mehr oder weniger die letzte Chance der Seele, um nicht auseinanderzufallen – zu zerreißen.*

Ah.Dann ist ihr Wirkungsfeld besonders bei den Seelen, die starr und mürbe geworden sind. Müsste eine solche Seele aktiv um Hilfe bitten, damit die blauen Götter „kommen".

*Ja.*

Das Komplizierte dabei ist nur, dass meistens genau diese Menschen, die so leben, dass ihre Seelen erstarren, dieses Werkzeug nicht ken-

nen und - noch schlimmer - sich nicht dafür interessieren; es gar nicht bewusst merken, dass sie dabei sind, so mürbe zu werden.

*Wir benennen nur die Möglichkeiten. Ob die Seelen diese dann aufgreifen oder nicht, ist nicht unseres.*

Ja, ich weiß, okay. Also die blauen Götter wirken im Kosmos immer dann, wenn eine Seele in der sehr kritischen Phase des Zerreißens ist. Erinnere ich mich richtig, dass diese Phase bereits im Körper entstanden sein kann, dass sie aber noch kritischer wird, wenn eine Seele in einen Schockzustand gerät? Kommen die blauen Götter schon, wenn eine Seele noch im Körper ist, oder erst, wenn die Seelen aus dem Körper geschleudert sind?

*Sie reinigen tatsächlich mehr, wenn sie noch im Körper sind, da dort die Verbindung der jeweiligen Seelenkomponenten gegeben ist. Außerhalb des Körpers ist dies sehr schwer und riskant.* ***Eine Seele im Schockzustand nach einem Unfall oder ähnlichem, ist meist nicht so gesammelt und aufnahmefähig in ihrer Bereitschaft für Reinigung, wie die Seele im Körper.***



Ja, das ergibt Sinn. Das heißt, wenn ein Mensch empfindet, dass er starr, unflexibel im Geist, also alles andere als weich und liebevoll ist, dann sollte er jetzt schon die blauen Götter anrufen, die blauen Wesenheiten, und sie um Hilfe bitten, anstelle es mitten in einem Schockzustand tun zu müssen.

*Ja unbedingt.*

Ich werden dann im Kapitel „Werkzeuge“ die Art und Weise der An-

rufungen festhalten, ja?

*Ja.*

Hast du schon mal beobachtet, wie sie in so einen Moment des Herausgeschleudertwerdens aus dem Körper und auch in einem Körper gearbeitet haben?

*Ja.*

Bitte beschreibe, wie ist das.

*Wenn sie in die Seelenkraft, welche um Hilfe gebeten hat, im Körper wirken, so sind sie wie eine Art weicher Teppich, der sich über diese Seele legt.*



Hat dieser Teppich eine Farbe?

*Nein. Er ist leicht verwaschen.*

Was meinst du mit leicht verwaschen?

*Er ist leicht verwaschen, nicht ganz klar aber dennoch weißlich reinigend.*

Und was meinst du, warum dieser Mantel nicht klar ist?

*Weil diese bestimmte Farblichkeit, wenn man das überhaupt so sagen kann, die Elemente der Reinigung in sich trägt.*

∞

Es könnte ja auch ein ganz klarer, ganz reiner, transparenter Mantel sein.

*Nein.*

Warum nicht?

*Weil eine transparente Kraft keine reinigende ausgleichende Wirkung haben kann. Du musst doch etwas verunreinigtes ausgleichen. Wenn du einen transparenten Mantel nimmst, so kann er die Verunreinigung nicht nehmen. Er würde lediglich wie ein Feld sich um das andere legen, aber eben keine Wirkungsweise haben. Es bedarf einer Art Essenz in dieser Qualität.*

Habe ich verstanden. Also wenn die Seele noch im Körper ist, legen sie diesen Mantel um diesen Körper?



*Ja.*

Ah ja. Und dann?

*Sickert dieser Mantel, wie als sei er flüssig in und durch die Körperzellen hindurch und erfüllt dadurch die Seelenkraft. Diese Energetik wirkt weich und sehr liebevoll in diese Seele hinein, so dass sie die verkapselten, starren Formen beginnt zu lockern. Zu lösen.*

Okay. Und wenn die Seele aus dem Körper geschleudert wurde, wie machen sie es dann?

*Dann gehen sie auch zu dieser Seelenfrequenz und versuchen ihr eine Art* ***Schutzfeld umzulegen****. Aber auch das ist nicht so einfach, denn die Umstände, die diese Seele erfährt, erschweren dies, vor allem durch die unkonzentrierte, im Sinne von verstreuter, Kraft der Seele.*

Du willst damit sagen, dass die Seelenenergie im Körper einfach komprimierter ist als außerhalb des Körpers.

*Ja genau.*

Okay, verstehe ich. Wie bewegen sich die blauen Götter? Wie bewegen die sich dorthin? Hast du das schon mal beobachtet?

*Ja. Sie sind in dauernder Bewegung. Immer wieder werden derartige Momente erzeugt, und daher braucht es immer wieder diese helfenden, reinigenden Impulse.*



Okay. Geben sie diesen Impuls aus der Ebene heraus, oder gehen sie direkt dorthin?

*Sie geben es aus der Ebene heraus, aber manche gehen auch direkt vor Ort. Es ist wirklich unterschiedlich. Je nach Intensität der Resonanz.*

∞

## Die fünfte Ebene

Verstehe. Dann kommen wir in den **fünften** Bereich. Du hast gesagt, dort haben sie andere Formen, sind also nicht nur oval, und ihre Farblichkeit ist eher bunt.Wie ist die Qualität dieser Wesenheiten? Wofür sind sie im Kosmos da?

*Ihre Kraft wirkt weit mehr noch als die blauen Götter in die Seelen hinein.*

Okay. Sie sind also genauso aktiv wie die blauen Götter, haben aber nochmal eine verschärfte Qualität richtig?

*Ja.* ***Sie beschützen die Verwandlung der Energien einer Seele.***



Bitte, bitte erkläre das genauer. Was meinst du mit beschützen?

*Alle Seelen wandeln, und auf ihrem Weg machen sie Fehler. Die Unbewusstheit, durch die Verunreinigung in ihnen, wirkt sehr behindernd und blockierend für das Wachstum dieser Seelen. Bitten aber die Seelen um* ***Unterstützung auf dem Pfad des Wandelns und um Wachstum****, so werden diese „bunten Götter“ aktiv. Sie sind vielleicht deshalb auch bunt, weil sie die unterschiedlichsten Seelenqualitäten betreuen können.*

Bitte, bitte sprich weiter.

∞

*Wird eine Seele aus dem Körper geschleudert, so braucht sie Unterstützung. Doch jede Seelenenergie ist anders, und um diese Andersartigkeit immer unterstützen zu können, gibt es diese bunten Götter, wie ich sie jetzt einmal nenne, um das Ganze zu vereinfachen. Somit ist gegeben, dass falls die blauen Götter nicht helfen können, andere bereit stehen und die Dissonanz in den Seelen verwandeln können. Dies natürlich alles nur, wenn die Erlaubnis besteht. Die Bitte formuliert wurde.*

Ja, das habe ich verstanden. Und was machen die farbigen Götter, wenn die Seele noch im Körper ist?

*Wenn sie noch im Körper ist, sind sie der stetige Begleiter in euren Meditationen und anderen verwandelnden, bewusstseinsverändernden Werkzeugen.* ***Sie sind bereit und helfen unterschiedlich, die Energien anzuheben.***

Aber sie können auch nicht in den Seelenkern einwirken, oder ?

*Ja natürlich nicht. Wir sprechen hier immer nur über die Wirkungsfelder in den Kraftfeldern der Seele, niemals aber im Seelenkern. Es sind also immer nur unterstützende Maßnahmen, aber keineswegs* ***tiefgreifende, verändernde Impulse. Diese muss die Seele selbst setzen.***

Also ist das Wirkungsfeld der bunten Energiefelder, der bunten Wesenheiten, ja letzten Endes noch ein bisschen mehr als nur das der blauen Götter, die vor allen den gefährdeten Seelenenergien helfen. Die bunten Wesenheiten sind ja dann für diejenigen da, die nicht

„nur“ in dieser Gefahr sind, sondern die generell wachsen wollen.

*Ja.*

Okay. Verstehe, das heißt, sie sind mehr oder weniger eine Art Mix. Sie tun das, was die blauen Götter im kritischen Zustand einer Seele tun und gleichzeitig helfen sie aber auch den Seelen, die seelisch wachsen und reifen wollen.

*Ja, das hast du sehr schön zusammengefasst. Genauso ist es.*

---

### Die sechste Ebene



Ich möchte ganz gerne noch zur nächsten Ebene kommen, zur **sechsten** Ebene. Generell hast du die vierte, fünfte und sechste Ebene als die weise Bruderschaft bezeichnet. Farblich weiß sind doch aber nur die Wesen der sechste Ebene, oder ?

*Ja, aber du vermischt hier diese beiden Wörtlichkeiten. Ich habe nie von der Farblichkeit weiß gesprochen, sondern immer nur von Weisheit. Die weise Bruderschaft ist daher nicht die farblich weiße Bruderschaft, sondern die wissende Bruderschaft. Verstehst du?*

Ja, das habe ich auch in meinen ganzen Werken so geschrieben. Dennoch sind sie ja jetzt letzten Endes in der sechsten Ebene ohne Farbe. Richtig?

∞

*Ja.*

Kann man dann dennoch sagen, dass dies die Ebene der „weißen, wissenden Götter“ ist?

*Ja, wenn du das so sehen und beschreiben möchtest, dann sind dies tatsächlich die weisen Götter, obwohl alle diese Energien letztlich die weise Bruderschaft ausmachen, weil sie die hochschwingenden, helfenden Energien ausmachen. Wenn du die Kräfte sehen könntest mit deinen menschlichen Augen, welche diese Energien ausmachen, so würdest du sie als sehr klar und hell, lichtvoll und fast durchsichtig transparent scheinend beschreiben. Die letzte Ebene der weisen Bruderschaft ist weißer als die anderen im Sinne der Farblichkeit Weiß.*



Aber sind sie nicht auch weiser im Sinne von Klugheit?

*Nein, nein, nein, nein. Du verzerrst, wenn du derartig denkst. Die weise Bruderschaft besteht aus den bereits beschriebenen verschiedenen Ebenen. Alle zusammen befinden sie sich letztlich in engem Austausch und sind dadurch der Bereich, der die Weisheit ausmacht. Verstehst du?*
***Dieser (6.) Bereich in der Ebene der Bruderschaft wird ausschließlich von den Energien bewohnt, die nicht inkarniert waren und es auch nicht werden. Es ist eine ganz eigene Kraft, als balancierende ausgleichende Impulsgeber aus der Mutterseele erschaffen.***

Bitte berichte weiter.

∞

*Diese Energien sind anders als du es von Seelenenergien kennst. Ihre Beschaffenheit ist nicht über den Seelenkern gelenkt und mit einem sagen wir Seelenfeld ummantelt, sondern sie sind als* ***große Energien des Bewusstseins ohne die weitenden Felder der Seelen*** *ausgestattet. Ich möchte damit sagen, dass sie keine Seelen sind, sondern im besten zu beschreibenden* **eine Art große Seelenkerne**. *Verstehst du, was ich meine?*

Ja, ich verstehe es langsam. Wenn du von großen Seelenkernen sprichst, dann wird es ein bisschen deutlicher. Also es sind keine Seelen, aber was genau macht dann ihre Energetik aus?

***Sie sind größer als Seelen, sie sind oval, lichtvoll, weise, sehr schnell in ihren Bewegungen, wenn sie sich bewegen, und sie beheimaten sehr viel Weisheit und Wissen.***



Ich finde das sehr interessant, weil sich dann in diesem Teil ja keine Seelen in Form von blauen oder bunten Göttern aufhalten. Keine Seelenenergien. Bist du sicher, dass dort keine Seelenenergien hinkommen?

*Verzerre bitte nicht. Es gibt kein Hinkommen, wie du es gerade beschreibst, es sind diese Energien alle beisammen, hindurch wirkend durch die Bereiche vier, fünf und sechs. Du findest also sich bewegende Seelenenergien immer wieder auch bei diesen Frequenzen und umgedreht. Sie sind im regen Austausch.* ***Ich benenne hier aber dennoch die klare Strukturierung der einzelnen Bereiche – auch wenn diese ineinander wirken.***

∞

Verstehe. Wenn ich das Bild einer Schule nehmen darf, sind die Bereiche die einzelnen Klassen.

*Wenn du dieses Beispiel magst, ja. Wobei hier nicht Lehre empfangen, sondern Lehre gegeben wird.*

Ja klar, ich weiß was du meinst. Okay. Die Ebene der weisen Bruderschaft besteht also aus drei Bereichen, in denen sich diese unterschiedlichen Energiequalitäten aufhalten?

*Ja.*

Aha. Und diese Wesenheiten schwingen jeweils in einer gewissen Frequenz.



*Ja.*

Du benennst eigentlich „nur" diese Frequenzen.

*Was für eine lustige Frage. Natürlich. Genau das und nur das tue ich. Du verwunderst mich.*

Ja entschuldige. Es ist in einer Welt der Räumlichkeit wirklich sehr schwer sich immer wieder daran zu erinnern, dass du ja nie von Räumlichkeiten berichtest, du berichtest von Zuständen. Das muss man sich eigentlich immer wieder sagen.

*Ja. Das verstehe ich. Aber um das Ganze zu vereinfachen – wie in der Welt, welche du bewohnst, verschiedene unterschiedliche Aggregatzustände der Elemente existieren und die*

∞

*feinstoffliche Form von Wasser beispielsweise, Wasserdampf ist,, so werden die reinen Energiefelder in dem Bereich der weisen Bruderschaft auch feiner und feiner. Und diejenigen, die mit einem sehr hohen Bewusstsein ausgestattet sind, sind daher die klarsten und reinsten Geister, wenn du das so erlaubst zu benennen.*

Ja, von mir aus kannst du sie gerne auch Geister benennen, mir ist das egal.

*War nur ein Scherz.(Lacht)*

Ach du kannst gerne auch scherzen, wenn du magst. Also wir fassen zusammen: Der hochschwingendste Zustand der Energien in dem Bereich der weisen Bruderschaft sind diese ganz hellen Energien, welche aber niemals inkarniert sind. Das habe ich verstanden. Warum gibt es die und was ist deren Aufgabe?



*Sie sind erneut ausgleichend und balancierend aber vor allem als eine sehr hohe Form von Wissensweitergabe da. Wie du und auch ich und alle unsere Freunde, so sind wir eng mit der weisen Bruderschaft im Austausch, um von ihnen zu lernen und durch sie zu wachsen. Es ist, wenn du das Beispiel der Schule nehmen möchtest, tatsächlich die Institution der Lehrerschaft, welche über alle Ebenen hindurch wirkt.* ***Und nein, diese Lehrer sind nicht inkarniert.***

Das wirft natürlich die Frage auf: Weißt du, woher diese hochschwingendste Form der weisen Bruderschaft kommt?

∞

*Ja.*

Bitte.

*Aus den Mutterseelen.*

Aus den Mutterseelen? Ach. Kannst du dazu mehr sagen?

*Ich versuche es. Wenn die Mutterseele eine große Form von Energie und Bewusstsein beheimatet, so kann diese sich auch abspalten und sich sepparat im Kosmos aufhalten.*

Aber es ist doch keine Seele, ich dachte immer, Mutterseelen können nur Seelen hervorbringen.



*Nein. Sie können auch Bewusstheit entfalten.*

Die Mutterseele ist ja ein Produkt aus einer Seele, die einmal gewachsen ist. Oder?

*Nein, nicht nur, Liebes.*

Okay, dieses Thema muss ich nochmal separat angehen im Kapitel über die Mutterseelen. Aber wenn doch eine Mutterseele eine geweitete Seelenenergie ist, kann es dann sein, dass sie so etwas wie eine weise Bruderschaft hervorbringt?

*Ja. In jedem Fall ist es eine abgespaltete Form einer Mutterseele, welche auch durch ihre Größe gar nicht inkarnieren könnte. Es ist also eine andere Form des Seins, welche sehr hohes Bewusstsein in sich trägt.*

Das hast du sehr schön gesagt. Eine andere Form des Seins, welche sehr hohes Bewusstsein in sich trägt. Man könnte ja fast sagen, dass es eine Zwischenstufe, eine Zwischenform ist, zwischen Mutterseele und Seele. Eine Mutterseele ist ja sowieso viel zu groß, um zu inkarnieren. Eine Seele dagegen ist klein genug, aber deswegen auch nicht mit viel Energie und deswegen auch nicht mit viel Bewusstsein ausgestattet. Dieses kann sie zwar erlangen, aber nur durch den Aufstieg. Die Energien, die sich in der Ebene, in dem Zustand der weisen Bruderschaft aufhalten, sind **wie größere Energiebruchteile oder Energieteile, die sich aus einer Mutterseele abgelöst haben.** Und diese großen Energien tragen ein Bewusstsein in sich. Kann man das so sagen?

*Ja.*



Aber dass sie direkt aus einer Mutterseele kommen, wundert mich schon sehr.

*Wieso?*

Ich hätte gedacht, dass sie direkt aus der Quelle kommen.

*Nein. Die Quelle kann nur verschiedene andere helfende Energien hervorbringen, wie du sie in den weißen Kugeln und den Engelsformen vorfindest.* ***Aber die Individualität und das Bewusstsein der Energien der weisen Bruderschaft selbst bedeuten, dass sie ein Produkt der Mutterseelen sind.***

Okay, die weisen Brüder haben also eine Individualität.

∞

*Ja.*

Haben sie einzelne Namen ?

*Nein, nicht direkt, aber du kannst sie auch einzeln befragen.*

Kann es sein, dass sie dennoch auch eine Art „Schwarmbewusstsein“ besitzen, so wie es die weißen Kugeln und die Engelsenergien haben - nur eben viel mehr und anders?

*Ja. Das hast du sehr klug gefragt. Genauso ist es. Wir haben hier also die nächst höhere Form dieser helfenden, niemals inkarnierten Energien.* ***Einerseits individuell bewusst aber dennoch auch über ein kollektives Bewusstsein miteinander verbunden und helfend lehrend agierend.***



Wow ja. Die weise Bruderschaft ist also nur dafür da, dass sie Antworten gibt, wenn wir sie fragen?

*Nein.*

Was machen sie noch?

***Sie agieren im Kosmos. Sie bewegen Energien, sie reinigen, sie helfen, doch vor allem antworten sie natürlich auf viele, viele Fragen.*** *Aber Wissen wirkt nicht immer nur durch Kommunikation, es wirkt oftmals auch einfach durch Aktion.*

Verstehe. Wirken die weisen Götter auch, wenn die Seelen aus den Körpern geschleudert werden?

*Nein.*

Wo denn dann?

***Wenn Seelen beispielsweise um Hilfe und Rat bitten in einer Meditation,*** *dann sind sie sehr leicht erreichbar.*

Okay, also über bewusste Kontaktaufnahme. Und gibt es das, wenn eine Seele im Schockzustand ist oder in einem bestimmten Zustand, dass dann die weise Bruderschaft kommt?

*Nein. Sie sind überwiegend für ausgleichende und nur direkt von ihnen angesprochene Hilfe da.*

Ich verstehe. Und du, wie auch Salomon und all die anderen mir bekannten Wesenheiten, ihr seid alle sehr viel in Austausch mit ihnen.



*Ja natürlich. Das meine ich mit der Beschreibung, dass diese Bereiche vier, fünf und sechs, wenn man es in solchen Zahlen benennen möchte, miteinander eng verbunden wirken. Ich habe lediglich die einzelnen Wesenszustände beschrieben.*

Aha. Und ihr könntet, wenn ihr wolltet, auch eine weise Bruderschaftsenergie bitten mit euch bestimmte Aktivitäten zu machen.

*Nein, sie wirken wirklich eher ausgleichend* ***direkt mit ihrem Bewusstsein,*** *welches ja sehr hoch und sehr stark kraftvoll ist.*

Okay, das heißt, du kannst sie nicht bitten, mit dir gemeinsam in die unteren Ebenen zu reisen.

*Doch, wenn du die tiefen Ebenen meinst, welche sowieso nur mit Bewusstsein zu bereisen sind, dann sind sie sogar sehr, sehr hilfreich. Weil sie durch ihren klaren Geist, ihr klares Bewusstsein die niedrigen Schwingungen besser durchdringen können.*

Ach ja, das macht Sinn. Möchtest du noch etwas zu diesen „weisen Göttern" sagen?

*Nein.*

Man könnte jetzt nochmal zusammenfassen: Die Ebene der Verstorbenen ist beseelt (mit Seelen), die weißen Kugeln sind ohne Seelen, die Engel ebenfalls. Die Ebene der blauen Götter mit Seelen, die der bunten Götter mit Seelen, die Ebene der weisen Götter wieder ohne Seelen. Das heißt, wir haben immer Bereiche mit Seelen und Bereiche ohne Seelen.



*Ja.*

Das ist interessant. Ich hätte jetzt gedacht, dass wirklich alles, was einmal Seele ist, dann durch alle Ebenen „hindurch wächst". Aber es geht gar nicht, dass eine Seele eine weiße Kugel wird, und es kann auch nicht sein, dass eine Seele eine Engelenergie wird. Das ergibt schon alles Sinn. Spannend. Danke für deine Ausführungen.

*Gerne. Sehr gerne.*

Heißt das, dass die Seelenenergien diese Stufen des Gebens durchleben und dadurch energetisch wachsen, anwachsen, aufsteigen …?

∞

*Ja.*

Ach, also je nach dem, welche Frequenz eine Seele in ihrem Leben angehäuft hat und – nehmen wir mal an - vielleicht hochschwingend ist, (sodass sie dann in die höheren Schwingungsebenen eintritt) kommt sie in eine dieser zwei verschiedenen Levels. Sie kann weder eine weiße Kugel noch ein Engel werden, sie kann ja eigentlich „nur“ blauer Gott oder „bunter Gott“ werden, richtig?

*Ja, und die darauf folgenden ein Meister des Lichtes.*
*Wir sollten dies separat erörtern. Denn es ist sehr komplex. Du hast aber generell recht, nicht alle Energien in diesen Ebenen sind inkarniert, vor allem die sechste Ebene (weise Götter) wird* ***Meister der Verbindungen,*** *würdevoll benannt. Diese Energien sind nicht inkarniert. Dennoch ist es möglich, dass eine Seelenkraft* ***sich so wandelt, dass sie diesen Bereich auch wahrnehmen kann.***
*Die Seelen weiten sich aus der vierten in die fünfte und dann zu einem Meister des Lichtes in die siebente hinein.* ***Die sechste Ebene, die Ebene der lichtvollen, weisen Kräfte wird ausschließlich vom Kosmos ausgefüllt.***



Da fällt mir ein, wenn ich mit den Verstorbenen Kontakt aufnehme, dann ist das tatsächlich überhaupt nicht anstrengend für mich, aber es ist, es wirkt „begrenzter“. Das verstehe ich jetzt auch besser, nachdem du mir diese verschiedenen Ebenen und ihre Potentiale erklärt hast. Weil dieses Empfinden einer wirklichen Größe und Weite - und natürlich auch der Weite im Sein, im (sich) Bewusst-Sein - kann ja gar nicht in den Ebenen der Verstorbenen herrschen.

*Ja.*

Heißt das also in der Folge, dass eine Seele, wenn der Körper der letzten Inkarnation stirbt und sie zeit ihres Lebens an ihrerSeelenkraft gearbeitet hat, Weite geübt, Kraft geübt, Liebe in sich aufgetankt, dass sie dann nicht mehr in den Ebenen der Verstorbenen landet, sondern eben in einer dieser höheren Ebenen?

*Ja. Wenn* ***du dein Gefäß, zeit deines Lebens in ihm, in die Schwingungen der höheren Ebenen bringst, landest du natürlich in den höheren Ebenen.*** *Das ist, auch wenn ich dieses Wort nicht gerne benutze, aber dennoch vereinfacht für euch sehr hilfreich ist, „logisch", oder?*



Ja stimmt. Also könnte man ja in der Folge den Menschen noch einmal nahelegen, dass es in ihrer Verantwortung liegt, wo sie nach ihrem Leben das nächste Leben, das nächste Sein verbringen möchten.

*Ja.*

Das ist leider auch eine von den Botschaften, die die Kirche und auch einige andere Religionen, kommunizieren. Also dann haben sie ja in der Essenz damit recht.

*Ja.*

Aber sie setzen diese richtige Essenz dann falsch um mit ihren menschenverachtenden Praktiken.

*Ja. Das ist die große Problematik und damit auch die Ursa-*

*che für die Trennung von Praxis und Inhalt. Die Urimpulse sind richtig – doch die Ausführungen sind falsch, und das sind sie, weil die Verbindung in die feinstofflichen Welten verloren gegangen ist.*

Ja. Schade eigentlich, gell?

*Ja, sehr*

Nun denn, mein lieber Freund, was gibt es denn noch zu diesen Ebenen zu berichten? Hast du noch etwas?

*Nein.*

Na dann können wir ja morgen in den nächst höheren Ebenen weiter voranschreiten.



*Ja.*

Ich bemerke, dass du nach oben steigen möchtest.

*Ja.*

Werden wir dann auch nochmal nach unten steigen?

*Ja.*

Okay. Ich bin gespannt und danke die vielmals für diese wieder einmal sehr, sehr spannenden Einsichten. Danke Liebe.

*Danke. Liebe.*

## Die Essenz

*Im Laufe der Jahre offenbarte sich mir dieser Bereich mehr und mehr differenziert. Aufgrund meiner wachsenden, wandelnden Wahrnehmung halte ich es daher nicht für unmöglich, dass dieser Bereich sogar noch mehr als nur die mir bis jetzt offenbarten drei Bereich besitzt. Hier existieren bereits inkarnierte, sehr fein/hoch schwingende Seelenenergien neben Seelenenergien ohne Inkarnationserfahrung gemeinsam.*

*4*

*Den unteren Frequenzzustand dieser „Welt“ erfüllen die bläulich schimmernden, ovalen Energien mit (Seelen)Bewusstsein. Es sind Seelen, welche im Zustand des Ablösens vom Körper höher schwingen als die Ebene der Verstorbenen und daher hierhin aufsteigen. Es sind daher sehr reine, mit viel Kraft angereicherte Seelenenergien, welche helfen und ausgleichen möchten, um so der großen Liebeskraft in ihnen Ausdruck zu verleihen. Da ihre Frequenz bläulich schimmert, hat Freund der Indianer sie als „blaue Götter“ bezeichnet. Götter, weil sie so viel größer und weiter, kraftvoller strahlen, als „normale“ Seelen das tun.*

*Sie sind zu kartografieren in einer Art 4. Ebene. Diese sind vor allem aktiv, wenn eine Seelenkraft in einen kritischen Bereich der Starrheit gerät. Sie gleichen über ihre Energieimpulse die Gefahr der Disbalance und damit des Außeinanderfallens/Zerreißens der Seele aus.*

*5*

*Ähnlich ist es im nächsten Bereich, auf der 5. Ebene. Dort sind die Seelenenergien aber noch größer, noch weiter, strahlender und vielfältiger in ihren Qualitäten und Formen. Daher können sie noch weiter agieren, eingreifen oder wirken. Sie sind genauso wie die blauen Götter darin aktiv, die Seelen zu stabilisieren, aber sie können vielfältiger wirken - mehr individuelle Situationen abdecken. Mehr unterschiedliche*

***Zustände einer Seele erkennen und ausbalancieren. Doch wirken sie nicht nur in einem kritischen Zustand, sondern auch, wenn eine Seele generell um Wachstum bittet. Sie sind also auch beratend und begleitend für eine Vielzahl von Seelen verfügbar. Weil sie noch kraftvoller sind und sehr farbenfroh schimmern, benennt Freund der Indianer sie als die „bunten Götter".***

***6***

***Im oberen Frequenzbereich der feinstofflichen Zustände der weisen Bruderschaft finden sich dann die Wesenheiten, die auch „weiße Götter" genannt werden. Sie sind keine „normalen" Seelenenergien, sondern sehr viel größere Energiefelder mit Bewusstsein. Damit stellen sie eine ganz eigene Form im Kosmos dar. Sie sind nicht so groß und bewusst wie eine Mutterseele, aber auch nicht so klein wie eine Seele, sondern eine andere Energieform reinen, aber individuellen Bewusstseins, welches auch als Gesamtfeld schwarmähnlich agieren kann. Und sie können sich entscheiden, einzeln oder als Gruppe zu wirken. Sogesehen wirkt es wie eine Art Upgrade der weißen Kugelgruppe und der Engelenergien, dennoch unterscheiden sie sich klar in ihrer Beschaffenheit. Aber sie alle (Engel, Kugeln, 6. Ebene) haben gemeinsam, dass ihre Energien nicht inkarniert waren.***

***Die weißen Götter als Teil der weisen Bruderschaft sind vor allem für die Weitergabe und den Austausch kosmischen Wissens zuständig. Sie agieren nicht ausgleichend wie die anderen beiden Wesensgruppen (aus 4 und 5) in den (Schock)zuständen der Seelen – ob sie sich nun innerhalb oder außerhalb eines Organismus befinden -, sind aber für die kraftvollen Seelen stets erreichbar, um ihnen mit tiefem kosmischen Wissen zur Seite zu stehen.***

***Freund der Indianer und auch ich nutzen dies gerne, um Antworten auf die Fragen zu bekommen, die wir nicht selbst finden können, weil es unsere Fähigkeiten, unsere Wahrnehmungen und überhaupt Möglichkeiten als Seele übersteigt.***

# *Meister des Lichtes*

Liebster Freund und Lehrer, auf geht´s! Wohin entführst du mich als Nächstes in der Kartographie der feinstofflichen Welten? Ich bin sehr gespannt.

*Meine Reise durch die feinstofflichen Ebenen will ich in analytischer Folge beschreiben, damit sie für euch Menschen leichter verständlich ist.*

Ja, das habe ich verstanden. Bitte gehe deinen Weg weiter, so, wie du es für richtig hältst.



*Gerne Liebes. Die nächst höhere Ebene auf der Karte des Seins ist die Ebene der Meister des Lichtes.*

Meister des Lichtes? Das höre ich jetzt zum allerersten Mal. Bitte beschreibe, ich bin sehr gespannt. Was genau unterscheidet die Ebene der Meister des Lichtes von den anderen?

*In der Ebene der Meister des Lichtes befinden sich besondere Kraftfelder. Wie du in der Art, Mensch zu sein, erfährst, gibt es auch hier Spezifikationen, Spezialisierungen der Seelen. Und in dieser Ebene gibt es durchaus auch ganz besondere Energiefelder – hier finden wir Seelenkräfte, die besondere Lichtfelder erschaffen. Sie wirken in ihrem gesonderten Bereich auf den Kosmos ... in den Kosmos.* ***Es ist die Ebene der lichtvollen Meister.***

Bitte beschreibe, wie muss ich mir das vorstellen? Wie genau ist es in dieser Ebene, konntest du leicht dorthin kommen?

*Es ist sehr hell, Liebes, sehr, sehr lichtvoll und kraftvoll und die Energie wärmt meine Seele sehr, wenn ich mich dort aufhalte. Doch ist es auch* ***sehr hochschwingend,*** *und um diese Energie zu halten, brauche ich wiederum Kraft. Somit ist es für mich leider nicht auf Dauer machbar, dort zu verweilen. Doch die Energien, die sich dort aufhalten – die Wesenheiten -* ***sind von großer Weisheit und großer Liebeskraft.*** *Lebendig inkarniert war aus dieser Ebene beispielsweise* ***Jesus*** *in eurer Welt. Aber auch andere sehr hochschwingende Meister der Geschichte der Menschheit waren direkt aus dieser Ebene inkarniert.*

Das ist interessant, dass du das sagst, denn ich hätte jetzt gedacht, dass sie so hochschwingend sind, dass sie schon gar nicht mehr inkarnieren können!



*Nein. Außerdem darfst du die Komponente freier Wille nicht in den Seelen ausblenden. Jede Seele, solange sie in individuellem Bewusstsein weilt, kann beschließen zu inkarnieren. Also können es natürlich auch diese Art von Wesenheiten. Denn* ***in diesem Bereich finden sich Seelenenergien.***
*Wie du erfahren hast, wollen manche Kraftfelder der weisen Bruderschaft nicht inkarnieren, weil diese Energien und ihre besonderen Kräfte so hochschwingend rein sind, dass sie dieses Bedürfnis gar nicht haben. Wie jede Energie im Kosmos, welche Bewusstsein besitzt und Liebeskraft sie bewegt, kann auch dort aus der weisen Bruderschaft der ein oder andere*

*inkarnieren. Aber um deine Verwirrung nicht zu sehr zu strapazieren – die meisten der Energiefelder aus der vierten und fünften Ebene können leichter inkarnieren, als dies darüber (ab der sechsten) der Fall ist. In der sechsten befinden sich durchaus Energiefelder, die - wie schon betont - nicht inkarniert waren und auch nie inkarnieren werden.*
*Aber um zurückzukommen auf die siebte Ebene in ihrer Spezialisierung, werden hier also die Seelen, welche schon sehr große Kraftfelder tragen, beheimatet.*

Ist das dann wie eine Vorstufe zur Mutterseele?

*Weise gefragt, Liebes. Ja.*

Oh, echt! Das ist also mehr oder weniger die letzte Stufe, um als individuelle Seele überhaupt zu sein?



*Jein. Eine Differenzierung musst du noch machen. Wenn du letzte Stufe sagst, begibst du dich schon wieder in einen sehr kritischen Bereich der Beschreibung. All dies wirkt ja immer ineinander verwoben, miteinander im Kosmos unterschiedlich frequentiert, und die eine Frequenz nimmt die andere manchmal nicht wahr.* ***Wir sind nebeneinander und miteinander, aber wir sind durch unsere Wahrnehmung getrennt.*** *Diese von mir gerade beschriebene Ebene ist so kraftvoll und so stark, dass es nahe der Verbindung direkt in die Mutterseele ist, aber unter bestimmten Umständen gibt es durchaus auch noch andere Kraftfelder, die dieser Mutterenergetik, Mutterseelenenergetik, nahe sind. Daher muss ich deine Frage leicht modifizieren.* ***Diese Energien hier sind so stark an Kraft und***

***Liebe und Bewusstsein, dass es ihnen bald möglich wäre, wenn sie es möchten, so zu dehnen, dass sie eine Mutterseele werden***. *Aber es gibt auch andere Energiefelder, welche gerade die Mutterseele verlassen haben, welche der Mutterseelenenergetik noch sehr nahe sind. Verstehst du?*

Du meinst, die einen sind nach einer langen Reise durch viele Inkarnationen so hochschwingend und rein geworden, dass sie wieder zurück in die Mutterseele könnten?

*Nein. Eine eigene Mutterseele werden können.*

Und die anderen sind gerade aus der Mutterseele heraus, sind deswegen noch ganz rein und könnten sofort wieder zurück, richtig?

*Ja.*
*Doch bitte verzerre nicht! Die sehr lichtvollen Meister aus dieser siebten Ebene sind* ***nicht wieder fähig direkt in die Mutterseele zu inkarnieren. Sie werden eigene Mutterseelen, wenn sie es möchten.*** *Das ist ein großer Unterschied, ob du wieder zurück in deine Urmasse gehst oder eine eigene große Masse erschaffst.*

Ja stimmt. Okay, also halten wir fest: Sie sind energetisch so weit, dass ihre nächste Stufe eine eigene Mutterseele wäre.

*Ja. Sehr gut.*

Und die anderen sind die, die gerade aus der Mutterseele heraus sind und jetzt ihre Reise in die Inkarnationen beginnen. Die sind auch noch so bewusst und so kraftvoll, dass sie der Mutterenergetik noch sehr nahe sind.

*Ja.*

Aber einen Unterschied muss es schon geben, denn die einen haben die ganzen Erfahrungen gesammelt und die anderen sind ganz frische Babies ohne Inkarnation. Oder?

*Ja, natürlich. Die Kräfte, welche die Mutterseelen verlassen, sind zwar rein und kraftvoll aber lange* ***nicht so bewusst in sich selbst.*** *Die Individualität, welche sie gerade erst erfahren, weil sie gerade erst erschaffen wurde, ist ihr großes Geschenk und über diese Individualität, gepaart mit dem freien Willen, werden sie nun die Inkarnationen absolvieren und dabei unterschiedliche Erfahrungen sammeln. Diese Erfahrungen prägen die Substanz, die Kraft dieser Seele, formen sie und weiten sie im besten Falle – so lange bis sie auch derartig kraftvolle Energien sind wie die gerade beschriebenen Lichtmeister.*



Ich bin übrigens ganz fasziniert von deiner Genauigkeit und möchte ebenfalls genau sein. Wenn jetzt diese lichtvollen Meister, Meister des Lichtes, so groß und so stark und so lichtvoll sind wie die Energien, die aus einer Mutterseele kommen, begegnen die sich?

*Nein. Das ist lediglich eine Energetik, welche ich beschreibe. Die gerade aus der Mutterseele entschlüpften Seelen sind kleiner und weit langsamer als die lichtvollen Meister. Sie befinden sich wirklich in anderer Form und sind nicht fähig, mit den Meistern zu kommunizieren.*

Verstehe. Hätte ja sein können, dass man einander kurz begegnet.

*(Lacht) Nein.*

Okay. Kann man denn sagen, dass diese aufgestiegenen Seelen, die jetzt Meister des Lichtes sind, auf gewisse Art und Weise in all ihren Inkarnationen erfolgreich waren, weil sie es geschafft haben in diesen Zustand zu gelangen ?

*Meine Beschreibung dazu wäre eine andere. Du wertest. Sie haben über viele Inkarnationen die Reinigung ihrer Seele so verfeinert und geformt, dass sie so kraftvoll, liebevoll und stark geworden sind, doch vor allem sich selbst bewusst, dass sie in diese Energetik gekommen sind.*



Verstehe. Okay. Was machen die denn da? Hast du das herausfinden können, konntest du mit ihnen kommunizieren?

*Ja. Ich konnte mit ihnen reden. Sie befinden sich in dieser Art Energetik, um dort zu SEIN.* ***Das ist das purste SEIN. Das ist kein machen mehr. Es ist nur noch Sein. Strahlen.***

Das kann man sich als Mensch fast nicht vorstellen. Aber nur fast nicht - dass es einen Zustand gibt, in dem man tatsächlich nichts mehr wirklich will. Das finde ich sehr, sehr spannend. Ich versuche mir das immer vorzustellen, aber das Drängen und das Wollen des Erschaffens, des Materialisierens macht so viel Spaß, es ist so freudvoll und so liebevoll ... einfach so schön, dass es sehr schwer ist für mich mir vorzustellen, dass man diese Art von Geben nicht mehr leben möchte.

*Wenn du nicht eine ganz besondere Art zu fragen hättest, dann wäre unsere Kommunikation weit langweiliger. Bravo für diese Frage! Denn du lenkst das Bewusstsein in die Problematik der Freude des Gebens und des Liebens und koppelst sie an den Zustand des Seins als Erfüllung.*

Ja.

*Richtig so.*

Ja und?



*Diese Wesenheiten aber befinden sich in derartig großer Kraft und Fülle, dass sie alleine durch ihr Sein so viel Energie geben. Verstehst du, was ich meine? Sie müssen nichts mehr machen, um zu geben. Sie geben über ihr Sein.*

Ah okay, das kann ich verstehen. Und wie genau sieht dieses Geben aus? Wie geben sie durch ihr Sein? Einfach sein?

*Ja. Sie strahlen in ihrer Kraft über die kosmischen Ebenen hinweg, und dabei streuen sie verschiedene Energien aus Liebe, Freude, Kraft und Bewusstsein. Sie sind, wie schon erwähnt, auf dem Weg, selbst Mutterseele zu werden, und dabei ist die Strahlkraft ihrer Energetik ein sehr wichtiger Faktor.*

Wow. Gibt es eine Art Rückkopplung, wenn sie einfach nur sind und

einfach nur strahlen, durch alle Ebenen hindurch strahlen? Das tun sie doch, oder?

*Ja.*

Was machen sie, dass sie wachsen können?

*Wenn die kosmischen Resonanzen auf die Bereiche reflektieren, dann gibt es mehr und mehr Rückspiegelung dieser Energetik, und das wiederum bedeutet, dass sie in ihrer Kraft wachsen.*

Gut, aber es gibt doch auch Momente und auch Ebenen, die Energie nehmen. Die einfach nur Energie nehmen und nicht zurück strahlen.



*Ja ja – aber du vergisst die Dankbarkeit, mit der so manche Seele zurück gibt, zurück bedankt. Dieser Prozess bedeutet, dass die Kräfte der Dankbarkeit die lichtvollen Meister erfüllt, und daran wachsen sie.*

Kann man sagen, sie wachsen nur an Dankbarkeit?

*Nein. Sie wachsen an der Kraft der Dankbarkeit hinter dem Impuls der Seelen.*

Das verstehe ich sehr gut und kommt in den Bereich, in dem ich mir vorstellen kann, dass diese Kräfte sehr ausgleichend im Kosmos wirken. Darüber hattest du schon mal berichtet.

*Ja.*

∞

Verstehe. Okay, also ich fasse zusammen: Diese Energien, diese Wesen sind individuell, sie sind sehr bewusst, sie sind sehr stark, sehr groß, sehr lichtvoll und sie strahlen einfach nur im Kosmos.

*Ja.*

Also heißt das, sie bewegen sich nicht aus diesem Zustand?

*Wenn sie nicht unbedingt wollen. Genau.*

Was ich ja schon wieder spannend fände ist: Wenn eine solche Energetik, die so hell und so kraftvoll ist, sich dann doch in einen Körper begibt, dann tut sie das doch bestimmt aus einem gewissen Bedürfnis heraus, dass irgendetwas ausgeglichen werden muss, oder?



*Ja.* ***Sie inkarnieren nur dann, wenn Impulse direkt in die Materie gehen müssen.*** *Direkt bei den Menschen, oder anderen Lebewesen der jeweiligen Planeten, gegeben werden müssen.*

Ach ja, das verstehe ich. Das ist ja auch die Intention von Jesus gewesen. Aber dass seine Lehren so furchtbar verfälscht und missbraucht wurden, ist dann schon sehr bedenklich.

*Wir werten nicht – wir beobachten nur!*

Ja okay. Kannst du mir kurz ein bisschen beschreiben, wie groß diese Energiefelder sind im Vergleich zu den anderen Energiefeldern, die wir bis jetzt alle schon beschrieben haben?

∞

*Es ist schwer, ich versuche es dennoch irgendwie. Also beginnen wir bei den verstorbenen Seelen, die an sich sehr unterschiedliche Größen und auch unterschiedliche Formen aufweisen, wie wir erfahren haben. Sie sind manchmal weiter und manchmal enger, aber niemals wirklich größer als die menschliche Form des Körpers vorher war.*

Okay, also könnte man sagen, niemals größer als zwei Meter.

(Er weigert sich, das tatsächlich zu beantworten) Aber gut, ich lasse dich weiter sprechen.

*Dann kamen die weißen Kugeln, welche die Fußballgröße haben, sich aber in sich wandeln können und tatsächlich auch leicht vergrößern können, wenn das nötig ist. Dann die Engel, welche auch wandelbar aber meist verschiedenartige Größen und Farben haben. Dennoch sind beide niemals größer als die beschriebenen Objekte. Keinesfalls größer als menschliche Seelen!*



Okay.

*Die Ebenen der weisen Bruderschaft beginnen erstmalig größere Energiefelder zu formen und die Erzengel bereits vorher. Diese größeren Energiefelder sind oval oder rund oder flächig, immer sehr kraftvoll aber schon sehr groß. Bei weitem größer als menschliche Formen, als Körperformen, die euch bekannt sind.*

Also die Kraftfelder in der vierten, fünften und sechsten Ebene sind definitiv schon größer und weiter als wir im menschlichen Körper, als diese zwei Meter, die wir kennen.

*Ja.*

Okay. Und jetzt, wie geht es denen in der speziellen Ebene?

*Dort sind sie um ein Vielfaches größer nochmal als diese Energiefelder.*

Oh. Um ein Vielfaches größer … bitte versuch ansatzweise eine Beschreibung, du kannst ja nur ein Beispiel nehmen. Nimm eine Energetik von dir, beschreibe sie in ihrer Größe gemessen an einem menschlichen Körper, und dann geh in diese andere Form.



*Okay, ich versuche es. Meine Größe ist ungefähr zwei Mal des menschlichen Körpers im ausgewachsenen Zustand von diesen zwei Metern.*

Ja.

*Und diese Formen sind nochmal vervierfacht größer.*

Vervierfacht, meinst du jetzt vier Mal so groß wie du?

*Ja.*

Wow, das ist echt groß. Wenn du schon doppelt so groß wie ein Mensch bist, dann bist du vier Meter groß. Und die sind dann vier Mal so groß, also 16 Meter. Wow.

∞

*Ja. Bitte aber hier nicht weiter zu messen. Diese Energiefelder sind so stark und so kraftvoll aber auch dauernd in Wandlung, dass selbst diese Beschreibung nur eine Momentaufnahme sein kann. Und auch nur von einer Wesenheit, nicht von allen, um dir eine Idee zu geben, von welchen Kraftpotentialen wir hier sprechen.*

Das habe ich verstanden, das hast du sehr, sehr schön erklärt. Wirklich. Unserem analytischen Geist hilft das einfach wirklich sehr, auf diese Art und Weise Einteilungen und Zusammenhänge zu verstehen. Sind es denn sehr viele dort?

*Nein.*

Konntest du sie zählen?



*Nein. Aber im Vergleich zu den anderen Ebenen sind es sehr viel weniger. Sie erfüllen dennoch den Raum voll aus.*

Wie muss ich mir das vorstellen, wenn du dort wandelst? Dann wandelst du ja sozusagen wie zwischen Hochhäusern. Entschuldige, wenn ich das so sage. So mancher wird wahrscheinlich noch viel größer sein, viel stärker, viel kraftvoller. Und sind sie in Farblichkeiten, oder sind die alle weiß?

*Sie sind überwiegend sehr weiß, manchmal mit einer gewissen Färbung aber überwiegend sehr hell, so dass man die Farblichkeit gar nicht erkennt, selbst wenn dort eine ist.*

Ich stelle mir das vor wie eine Lichtdusche.

∞

*Sehr schön erfasst. Ich übermittle dir gerade das Gefühl, wie es ist, wenn ich bei ihnen bin. In der Tat eine Art Lichtdusche, sehr, sehr kraftvoll, liebevoll und strahlend durch alles hindurch.*

Wow. Schön. Kann man diese Energien berühren, konntest du die berühren?

*Ja. Ich bade in ihnen, ja.*

Wow. Weißt du, man denkt immer in Körperlichkeit. Ob man diesen Körper, diesen Energiekörper berühren kann. Wie berührt dein Energiekörper diesen Energiekörper, verschwimmt das ineinander?



*Es ist tatsächlich die Wahrnehmung der Felder untereinander. Nicht, wie du es kennst eine direkte Berührung einer Körperlichkeit, sondern Energie nimmt Energie wahr. Präsenz nimmt Präsenz wahr, und dabei fließen Informationen.*

Stelle ich mir sehr schön vor, diese Ebene. Diese Lichtdusche. Und langweilig wird denen nicht, oder?

*Nein.* ***Sie bereiten sich mehr oder weniger darauf vor, in die nächste Stufe des Seins zu treten – die Mutterseele, um aus sich heraus kleine Energien zu „gebären“.***

Wow. Das wird also das nächste Kapitel, die Mutterseelen.

*Ja.*

∞

Schön. Ja dann danke ich dir für heute und freue mich auf das nächste Mal. Danke Liebe.

*Danke Liebe.*



∞

## Die Essenz

***Noch nahe dem Bereich der weisen Bruderschaft, aber dennoch schon in einer erweiterten Energetik, befinden sich die sogenannten Meister des Lichtes. Dies ist die letzte Stufe einer jeden Seele, die den Weg der Reinigung und damit den Weg der ansteigenden Kraft in sich beschlossen hat zu gehen: Den sogenannten Aufstieg. Angereichert mit viel Energie, klar im Bewusstsein und in der Liebeskraft, strahlen diese Seelen in den Kosmos. Dabei wachsen sie weiter an, bis sie den Zustand erreichen, der sie zu einer neuen Mutterseele macht. Sehr selten auf dem Planet Erde, aber dennoch ab und zu, kommt es vor, dass derartig hochschwingende, kraftvolle Seelen sich zusammenziehen, um in einen Körper zu inkarnieren. Ein Beispiel dafür ist die Seele, welche in einer Zeit auf unserem Planeten Jesus genannt wurde.***

# Mutterseelen

Lieber Freund und Lehrer, ich bitte dich, weiter zu berichten von einem weiteren Bereich der feinstofflichen Welt. Bitte beginne.

*Sehr, sehr gerne, Liebes. Doch zunächst einmal ein Lob für deine wunderbare Arbeit. Nicht nur diese Durchgabe der Botschaften, sondern auch die Unterstützungen, die du den Menschen auf deine Weise gibst, strahlen sehr viel Lebenskraft und Freude und werden mehr und mehr wahrgenommen. Ich freue mich darüber sehr und möchte diese Freude mit dir teilen.*

Danke, mein lieber Freund, danke vielmals, danke. Doch nun lass uns beginnen, ja?!



*Ja. Das weitere Wandeln meiner Kraft in die nächst höhere Ebene der Mutterseele ist natürlich nicht möglich, dann wäre ich längst eine Mutterseele ... Aber ich möchte aus meinen Erfahrungen im Austausch mit anderen weisen Seelen über diese Thematik sprechen. Es ist also hier keine Berichterstattung aus einem direkten Erfahrungswert, sondern aus den gesammelten Informationen anderer Wesenheiten im Kosmos.*

Okay, ja, das habe ich verstanden. Bitte sprich.

*Mutterseelen sind, ähnlich den Wolken am Himmel für euch, bei uns sichtbar. Sie verwandeln und bewegen sich tatsäch-*

*lich auch. Doch, wenn ich das Bild der Wolke am Himmel nutze, dann meine ich damit die wirklich große, flächendeckende Wolke, Wolkendecke, welche viele, viele hundert oder gar tausend Quadratmeter, in euren Messungen gesprochen, überdeckt. Nur mit dem Unterschied, dass diese Art Wolkenbeschreibung, wie ich sie gerade nehme,* ***kein Licht verdeckt, sondern es durchlässt und selbst erzeugt.***

Du meinst also damit, dass es sogar wirkt, als würden diese Wolken von alleine strahlen und nicht nur das Licht der Quelle weitergeben?

*Ja. Sie strahlen definitiv von alleine ihre eigene Frequenz, ihre eigene Kraft und damit auch ihr eigenes Licht. Sicher auf jeden Fall verbunden mit der Quelle aber dennoch individuell. Wie alles im Kosmos.*



Verstehe, okay. Ich kann das Bild verstehen mit dieser Wolke, aber eine Wolke ist in der Wolke selber ja nicht sichtbar, sondern eben nur, wenn man die Perspektive ändert, also von der Erde aus, von unten gesehen. Ist die Mutterseelenwolke, so nenne ich sie jetzt mal für dieses Kapitel, ist sie für euch alle sichtbar ab der Ebene der Verstorbenen, oder ist sie das erst ab einer bestimmten Ebene?

*Sehr schöne Frage – ich liebe deinen analytischen Geist.* ***Die Mutterseelen sind erst sichtbar für die vierte, fünfte, sechste und siebte Ebene,*** *also ab der weisen Bruderschaft. Sehr weise, klare, reine und kraftvolle Seelen sind imstande, diese Differenzierung zwischen dem Licht der Quelle und dem Mutterseelenlicht zu erkennen. All dies hat viel auch immer mit Wahrnehmung zu tun, bitte vergiss das nicht.*

∞

Ja, das denke ich mir, deswegen frage ich. Okay. Wenn du also die „Mutterseelenwolken“ wahrnimmst, sind das viele?

*Ja.*

Logisch gedacht würde das doch bedeuten, wenn jede Seele einmal diese Reise beginnt und das Potential in sich trägt, auf dieser Reise eine eigene Mutterseele zu werden, dass der Kosmos irgendwann einmal voll nur mit Mutterseelen ist. Aber das ist dann wieder irgendwie unlogisch, weil die Mutterseelen gebären ja weitere Seelen …

*Genau, Liebes. Sehr schön, wenn du selbst auf Antworten kommst – auch wenn ich gerne deine Fragen beantworte. Aber genau das ist die Thematik hier.* ***Die Mutterseelen bringen immer eigene Seelenkinder hervor, also bedeutet die Erschaffung einer Mutterseele nicht das Ende der Seelen, sondern eher noch mehr selbst erzeugende Seelenmütter.***



Okay, aber das würde ja in der Umkehrung bedeuten, dass es **immer mehr Seelen** gibt. Ist das so?

*Ja.Die eine große Energie erfährt Bewusstsein in immer mehr kleineren Einheiten, was aber nicht bedeutet, dass das eine große Ganze mehr wird.*

Aha. Echt?

*Ja.*

Das heißt, die Masse der Seelenenergie wird im Kosmos größer? Das

ist sehr spannend, weil schau, in der Physik ist es so, dass die Masse eine unglaublich wichtige Komponente ist, zumindest auf der Ebene der Materie, wo ich mich befinde. Die Relativitätstheorie würde nicht stimmig sein, wenn sie nicht mit Masse arbeiten würde. Wenn sie nicht mit Masse funktionieren würde. Und ähnlich ist das bei ganz, ganz vielen anderen Gesetzmäßigkeiten … die Masse der Sterne, die Masse der Gravitation folgend aus der Masse und so weiter und so weiter. Wie ist das dann, wenn der Kosmos immer mehr Seelen hervorbringt, macht das was? Wenn so viel Masse im Kosmos an Seelenenergien als Bewusstseinsträger existiert?

*Ich muss sagen, du bringst selbst mich jetzt mit dieser Frage an die Grenzen meines Wissens. Ich habe dazu keine Antwort, weil ich diese Frage noch nie gestellt habe. Aber ich erlebe den Kosmos nicht als unausgeglichen oder ohne Balance. Er ist sehr kraftvoll und vielleicht wird er immer kraftvoller … Du solltest diese Frage vielleicht an ein anderes Wesen stellen. Es betrifft eine sehr wissenschaftliche Betrachtungsweise.*



Ja, das stimmt. Okay. Gut, dann werde ich versuchen, das irgendwie anders noch zu erfahren. Zurück zu dem, was du über die Mutterseelen weißt. Den Prozess eines Meister des Lichtes, Mutterseele zu werden, hast du den schon einmal beobachten können?

*Nein.*

Was genau kannst du denn beobachten? Was sind die Bewegungen der Mutterseelen, außer, dass sie sich prinzipiell in einer Art Raum, in den feinstofflichen Welten, irgendwie doch auch bewegen, an eurem „Himmel“?

∞

*Ich hoffe, ich verzerre das nicht zu sehr. Ich habe damit begonnen, um es euch malerisch besser beschreiben zu können. Du kannst daher gerne vorerst dabei bleiben, es als etwas, das sich am Himmel bewegt, zu benennen. Ich kann aus meiner Perspektive beobachten,* ***wie die Mutterseelen wieder und wieder unterschiedliche Seelen entlassen, gebären. Sie gebären diese Energien, wie als würden kleine Satelliten aus ihnen herauskommen.***

Okay, und sind diese Energien alle in der gleichen Farblichkeit wie zum Beispiel diese Mutterseele?

*Ja. Genau.*

Und bewegen die sich sehr schnell da heraus oder sehr langsam? Wie muss ich mir das vorstellen, wie geht das dann? 

*Wenn du die Bewegungen der einzelnen Seelen abfragst, so begibst du dich in die nächsten Kapitel. Ich möchte diese Wege einzeln erneut beschreiben. Daher bitte ich dich dies nicht vorwegzunehmen. Ich kann dir dennoch schon einmal verraten, dass die* ***Seelenkräfte aus der Mutterseele sich eher langsam und vorsichtig bewegen****. Aus meiner Perspektive! Wir hatten dazu schon einmal gesprochen, dass die von euch definierte sogenannte Lichtgeschwindigkeit ein wichtiger Faktor in den feinstofflichen Ebenen darstellt. Wenn ich von langsam spreche, ist es dennoch, um auf deine Maßeinheiten zuzugreifen, ein Vielfaches an Lichtgeschwindigkeit und daher, aus deiner Perspektive, sehr schnell. Bitte vergiss niemals, dass die Perspektive die wichtige Komponente hier*

*ist für eure Wahrnehmung. Für alle unsere Wahrnehmungen.*

Ja, da sind wir lustigerweise wieder bei der Relativitätstheorie von Einstein, da ist die Perspektive ja auch sehr bedeutend (wobei ich immer noch nicht sicher bin, ob sie ganz richtig ist aus allen Perspektiven betrachtet …). Aber das ist ein anderes Thema. Die Mutterseelen leuchten also in ihrer eigenen Farblichkeit und gebären immer wieder Seelen. Gibt es Mutterseelen, die mehr Seelen entlassen und andere, die weniger Seelen gebären?

*Ja. Dies ist völlig unterschiedlich und bestimmt durch die Energetik der jeweiligen Mutterseelen.*

Weißt du dazu mehr?



*Nein. Ich vermute aber, dass es* ***aufgrund der energetischen Balance im Kosmos manche Mutterseelen sind, die gerade mehr von ihrer Qualität in das gesamte System geben und andere weniger*** *– so wie es andere gibt, die ein anderes Mal mehr geben.*

Kannst du dazu eine Art Statistik liefern? Gibt es in deiner Wahrnehmung ein paar Mutterseelen, die eine ähnliche Frequenz haben und die gerade sehr viele Seelen geboren haben, wo du weißt, was deren Qualität ausmacht?

*Ja.*

Kannst du das sagen? Oder, weißt du dazu etwas?

∞

*Weniger wissen, als vermuten. Möchtest du meine Vermutung hören?*

Ja, natürlich möchte ich auch deine Vermutung hören, auch wenn ich es sehr mag, wenn wir über dein Wissen sprechen. Aber komm, give it a try.

*Ich vermute, dass in den aktuellen Zyklen der Erdzeit, die du erlebst, mehr und mehr Seelenfrequenzen inkarnieren, welche aus Mutterseelen neu geboren sind, da die Rückkehr der verstorbenen Seelen eine andere weltliche Wahrnehmung bedeutet. Ich möchte damit sagen, dass Verstorbene bereits „vorbelastet" sind und anders Leben erleben. Unvoreingenommene, neue Seelen sind sehr naiv, kraftvoll und frei. Ich sehe, dass viele derartige Seelenenergien auf die Erde kommen.*



Und was meinst du, warum das so ist?

*Weil die Erdresonanz sich verwandelt.*

Okay, meinst du damit, dass das von der Erde selbst, vom Planet Erde gesteuert ist? Also einfach passiert und von der Natur aus gegeben ist?

*Ja.*

Ah. Das heißt, die Erde wird vielleicht im Laufe der Zeiten ein Planet mit einer ganz anderen Art Menschen sein.

*Das weiß ich nicht – bitte denke daran, ich vermute nur, ob-*

*wohl ich das überhaupt nicht mag. Aber weil du mich darum bittest, um dir zu helfen, das Gesamtkonzept Kosmos besser zu verstehen. Aber ich sehe dennoch die viele Unbewusstheit auf der Erde und ich sehe nicht weniger Verstorbene inkarnieren, die ihre „Vorbelastungen" und Unbewusstheiten dennoch weiter ausleben.* ***Ich sehe nur auch eine sehr starke Bewegung dieser neuen Energien.*** *Aber vielleicht ist meine Vermutung auch völlig falsch, und es waren immer schon genauso viele Verstorbene wie auch genauso viele neue Seelen, die inkarnieren. Ich betone noch einmal, es ist nur eine Vermutung, entstanden aus meiner Wahrnehmung und ich habe nicht schon alle Ewigkeit meine Ausrichtung auf die Mutterseelen gelenkt.*

Du hast einmal gesagt, dass die Erde ein Planet ist, auf dem sehr, sehr viele unterschiedliche Ebenen inkarniert sind. Wahrscheinlich wird das immer so bleiben, hm?



*(Er zuckt mit den Schultern.)*

Ja, das kannst du natürlich auch gar nicht wissen. Es ist nur relativ spannend für einen analytischen Geist wie mich weiter zu fragen, was was bedeutet. Und wenn du sagst, du bemerkst diese Art Bewegung, dann ist das natürlich etwas, das man begreifen möchte. Aber okay, wir kommen hier nicht weiter. Ich möchte dich diesbezüglich auch nicht bedrängen weitere Vermutungen zu äußern.

*Gut.*

Weißt du, was ich spannend finde? Irgendwann muss das alles doch mal angefangen haben – was war wohl zuerst da? Man hat zuerst die Quellenenergie, gut. Und die Quellenenergie hat eine Mutterseele erschaffen. Wir haben jetzt aber die ganze Zeit auch erfahren, dass eine Mutterseele aus einer Seele entsteht, die ihren Weg durch die Welten und Zeiten als Inkarnationsprozess gemacht hat und dann in einer Art energetischem Aufstiegsprozess irgendwann einmal Mutterseele geworden ist. Wie aber ist die erste Mutterseele entstanden ?

*Was ich dazu gelernt habe, war,* ***dass auch die Quelle Mutterseelen erschaffen kann.*** *Das war und ist die Komponente der alles erschaffenden, alles bereinigenden Quelle, um selbst abzusichern, dass die Verkleinerung in Einheiten der Inkarnationsprozesse überhaupt und immer gegeben sein kann.*

Das ist interessant. Mich würde interessieren, ob die Quelle auch jetzt noch Mutterseelen hervorbringt.



*Ich kann dies nicht wahrnehmen.*

Verstehe. Dann ist das Erschaffen aus der Quelle vielleicht nur in Ausnahmefällen der Fall, nicht aber der normale Lauf des Seins. Du hast mich gelehrt, dass die Mutterseelen mit der Quelle verbunden sind. Gibt es eine Art sichtbare Verbindung?

*Nein. Nein, Liebes,* ***all unsere Verbindungen existieren über die Kraft, die uns durchfließt.*** *Und diese kommt aus der Quelle. Dazu gibt es nicht irgendwelche Schnüre oder Bänder, oder was auch immer du an Antwort suchst hier. Es ist, wie es ist, weil es lichtvoll und kraftvoll ist.*

∞

Okay. Hast du denn noch etwas, das du zu den Mutterseelen sagen möchtest? Mich würde noch interessieren, ob du sehen kannst, ob die Mutterseelen miteinander kommunizieren?

*Nein.*

Das wird wahrscheinlich auf ewig ein großes Rätsel bleiben, die so richtig zu erforschen. Es sei denn, ich bekomme mal einen Kontakt zu einer Mutterseele hin.

*Versuch es, Liebes. Versuch es – warum sollte es nicht klappen? Deine Dehnungsfähigkeit im Bewusstsein ist außergewöhnlich, nutze es, versuche es, mehr als dass es nicht funktioniert, kann nicht passieren.*



Ja. Stimmt. Okay. Was mich noch interessieren würde, du müsstest doch auch den Prozess sehen, wenn Seelen in die Mutterseelen zurückgehen. Also nicht nach einem langen energetischen Aufstiegsprozess, um eine eigene Mutterseelen zu werden, sondern wenn sie wieder nach Hause in die Mutterseelen gehen. Gibt es diesen Prozess?

*Ja, natürlich gibt es den.*

Also, ich fasse zusammen: Wenn eine Seele den Körper verlässt, wird sie sich eher in der Ebene der Verstorbenen aufhalten. Es kann aber auch sein, **dass sie in die oberen Lichtebenen kommt oder sogar direkt zu ihrer Mutterseele zurückgeht, richtig?**

*Ja.*

∞

Welche Seelen sind es, die in die Mutterseele wieder zurückgehen?

*Meist sehe ich diese Seelen sehr entschlossen, keine Inkarnation mehr vorzunehmen. Sie sind bereit, wieder* ***in die Gesamtenergetik der Mutterseele einzutauchen, um ihre Individualität aufzugeben.***

Ach, echt? Haben solche Seelen eine bestimmte Farbqualität? Oder woran machst du die Entschlossenheit fest?

*Sie sind meist sehr trüb, aber dennoch Bereiche von ihnen sehr weiß. Und ihre Entschlossenheit sehe ich an ihrer Kraft, sich zu bewegen. Sie bewegen sich in unserer Welt mit der, wie schon gesagt, auf eurer Welt benannten Lichtgeschwindigkeiten,* ***sehr schnell in die Mutterseele hinein. Es scheint also ein kraftvoller Impuls in ihnen zu sein, der die völlige Auflösung der Individualität möchte und dies geschieht fast sofort.***



Ich hätte jetzt gedacht, sie haben noch irgendwelche anderen Farben.

*Meist sind sie trüb und weiß. Natürlich gibt es auch andere Farblichkeiten, aber andere Farblichkeiten bedeuten meist, dass diese Seelen noch einen anderen Prozess der Reinigung durchlaufen müssen. Stell dir vor, alle verzerrten und unterschiedlich farblichen getrübten Seelen gehen in die Mutterseele zurück – sie würden die Energetik der Mutterseele stören und sie verunreinigen. Doch die Mutterseele selbst kann nicht reinigen, sie ist und sollte immer rein bleiben. Daher kann dies rein logisch und ja auch, wenn du so möchtest -*

*physikalisch, gar nicht gehen.* ***Unreines muss erst durch den Prozess der Reinigung im Kosmos.***

Okay, und wenn du sagst, sie sind weiß und trüb, dann sind es wahrscheinlich sehr reine Seelen, die trotzdem sehr trübsinnig sind, richtig?

*Ja.*

Ja, ja, ich kann das nachvollziehen, das Inkarnieren kann einen auch trübsinnig machen. Aber schafft es denn die Mutterseele dieses Trübe wegzubringen?

*Ja. Das ist meiner Meinung nach nicht sehr kompliziert und komplex.* ***Die Seelen werden durch die Wiederintegration in ihre Mutterseele in Reinheit getaucht und verlieren dadurch wieder ihre Trübung****.*



Wenn so eine Mutterseele eine Energie gebärt, gebärt sie tatsächlich eine neue Energie, oder gibt sie nur einen Teil von sich ab? Letzteres würde ja über kurz oder lang bedeuten - ich nehme jetzt mal wieder das Bild der Masse -, dass die Masse der Mutterseele weniger wird, weil sie mehr und mehr Inkarnationsenergien, also Seelen entsandt hat. Wie ist das?

*Sehr wichtige, sehr gute Frage. Danke dir dafür. Ich beobachte die Mutterseelen als sich bewegliche und unterschiedlich in ihrer Größe seiende Energiefelder. Ich glaube daher zu bewerten, dass sie* ***keine Energie wirklich gebären, sondern sie geben sie als einzelnen Teil ab.***

∞

Aha. Das bedeutet, dass sich also tatsächlich diese Energien von der Mutterseele einfach abspalten.

*Ja.*

Dann ist es kein wirkliches Gebären, und damit ist der Begriff eigentlich falsch. Wir sollten das nicht verzerren, sondern genau benennen - dann ist es ein Abspalten. Die Mutterseele hat also die Möglichkeit, die Fähigkeit, Teile von sich, kleine Teile von sich abzuspalten, die dann inkarnieren können.

*Ja.*

Aber eine Mutterseele kann sich ja nicht total auflösen, indem sie in alle möglichen Teile zerfällt. Da muss ja dann immer etwas von dieser Energetik in der Feinstofflichkeit bleiben, damit sie da ist, wenn manche Seelen zurückkommen wollen.



*Ja.*

Okay. Und kannst du eine Art Statistik aufstellen, wie viel deiner Beobachtung nach sich von so einer Mutterseele maximal in Seelen abspaltet?

*Meiner Wahrnehmung zufolge ist es immer* ***nie mehr als die halbe Mutterseele, welche sich spaltet und Seelen abgibt. Der andere Teil bleibt im Kosmos, um dort die Verbindung zu den anderen Teilen zu halten.***

Ja, das macht Sinn. Das heißt also, wir alle sind mit der Mutterseele verbunden. Aber wie sind wir das?

***Weit mehr noch als die Kraft der Quelle strahlt durch euch die Kraft der aus sich strahlenden Mutterseele.*** *Sie ist wie die Grundprägung eurer Seelenkraft – eures Seelenpotentiales – das ihr seid. Deshalb ist es eure* ***Seelenfamilie****.*

Wenn du sagst, weit mehr, wie viel Prozent meinst du da?

*Ich meine dies 70 zu 30. 70 Anteile aus der Mutterseele, ihre Kraft, ihr Licht, ihre Bewusstheit und ihr individuelles Potential und die anderen 30 Prozent gibt die Quelle.* ***Letztlich ist alles das natürlich Quellenkraft, welche sich in unterschiedlicher Art ausdrückt.*** *Also ist die Frage etwas vorsichtig zu beantworten.*



Ja, verstehe. Also sind wir über diese Energie, die wir sind, über unsere Bewusstheit, über unsere Individualität, verbunden mit unserer Mutterseele. Heißt ja in der Folge, dass es von jeder Mutterseele ähnliche Seelen geben kann, die auch gerade inkarniert sind

*Ja.*

Ah, das erklärt natürlich, warum man sich zu manchem Menschen anders hingezogen fühlt als zu anderen. Warum man sagt, man denkt gleich, man fühlt gleich usw. Das sind dann wahrscheinlich ab und zu auch andere Seelen aus einer Mutterseele im Sinne von gleicher „Mutterfrequenz."

*Ja.*

∞

Schön. Hast du mal davon gehört, dass eine Seele irgendwann mal nicht mehr zu ihrer Mutterseele zurück wollte, oder anders gesagt, dass sie die Verbindung so stark verloren hat, geht das?

*Nein. Das geht nicht, weil Energie nicht vergeht, aber wandelbar ist. Aber* ***diese Urprägung ist die Essenz der Seele. Und selbst wenn die Seele sich verwandelt und Verzerrungen erlebt, sie wird immer diese Urkraft der Mutterseele in sich tragen.*** *Sie ist diese Urkraft. Du kannst nicht fragen, ob sie diese Urkraft verliert, dann würde sie nicht mehr sein. Und das gibt es nicht. Diesen Zustand gibt es nicht. Die Verschmelzung der Urkraft wieder mit der Mutterseele zusammen bedeutet lediglich, dass ihr Bewusstsein sich wandelt und aus der Individualität in das große Ganze wieder zurück geht. Aber dennoch bleibt die Energieeinheit, Energie.* ***Energie ist nicht auszulöschen. Sie ist in dauerndem Wandel.***



Ja, ich weiß.

*Ein einfaches und auch auf unserer Ebene, in unserer Welt existierendes Energiegesetz. Es ist ein kosmisches Gesetz.*

Ich weiß. Okay. Lass mich kurz weiter in das Thema hineinfühlen. Weißt du, ob so eine Mutterseele ein großes Bewusstsein hat?

*Bewusstsein ist wandelbar und ich weiß, dass die Mutterseelen an sich auch ein eigenes Bewusstsein besitzen, da sie eine eigene Energie/frequenz besitzen.* ***Wie du weißt, ist jede Energie, jedes Energiefeld, je nach Kraft, Träger von Information und damit auch Lenker von Bewusstsein.***

Ja, das macht Sinn, weil dann auch die Muttterseelen selbst mit ihrer Art Willen ausgestattet beschließen können, dass sie jetzt anfangen, sich zu teilen, kleinere Seelen von sich abzuspalten. Wie kann ich mir das vorstellen, sind da oben alle Mutterseelen so ungefähr zu „50 Prozent“ präsent?

*Wie ich bereits gesagt habe, Liebes. Manche sind nur noch zu 50 Prozent in ihrer Masse sichtbar. Die anderen sind es zu größeren Teilen. So wirkt es zumindest. Und manche wirken aktiver und manche weniger aktiv.*

Wenn du dahin schaust, wie ist das für dich?

*Es ist ein sehr schönes Gefühl. Sehr weit und kraftvoll.*



Gibt es eine Art Sehnsucht von dir, dorthin zu wollen?

*Nein. Ich möchte in meiner Position, in meiner Frequenz bleiben, um von hier aus Wissen weiter zu erfahren, weiter zu lenken, weiterzugeben. Diese völlige Aufgabe meiner Individualität ist noch nicht mein Ziel.*

Das ist ja dann das, was diesen Meistern des Lichtes auch auf ihre Art und Weise bevorsteht, oder?

*Jein. Bei ihnen ist es nicht die völlige Auflösung/Aufgabe ihrer Individualiät. Du vermischst gerade.*

Ja, stimmt. Die einen sind ja die Seelen, die wieder zurück in die Mutterseele gehen und die anderen sind die, die selber Mutterseelen werden.

*Ja genau.*

Verstehe. Danke, lieber Lehrer, danke. Hast du schon einmal bemerkt, dass sehr viele von einer bestimmten Seelengruppe, also von einer Mutterseele, direkt wieder in die Mutterseele zurückgekommen sind?

*Nein.*

Also immer nur vereinzelte.

*Ja.*



Aha, okay. Ich glaube, ich habe jetzt keine Frage mehr zu den Mutterseelen. Und selbst wenn, dann lege ich sie noch einmal nach. Danke dir vielmals. Das war wieder sehr, sehr spannend.

*Danke. Liebe*

∞

## Die Essenz

***Die erste individuelle Form einer Energieeinheit mit Bewusstsein direkt aus der Energie der Quelle ist die Mutterseele. Sie ist sogesehen eine erste Abspaltung eines Energiefeldes, das nie wirklicht getrennt, aber dennoch individuell bewusst, existiert. Mutterseelen spalten weitere kleine Energieeinheiten aus sich heraus ab, welche klein genug sind, um sich in organische Materie einzunisten, zu inkarnieren. Eine einzelne Mutterseele würde zu viel Energie in sich tragen und damit die Funktionen eines fleischlichen Organismus zerstören. Aus der Mutterseele heraus bewegen sich Seelenenergien behutsam, bedacht, erhaben und langsam in die Körper hinein. Kommen Seelen aber wieder in die Mutterseele zurück, um ihre Individualität wieder aufzulösen, so geschieht dies sehr sehr schnell. Es spalten sich nie mehr als ungefähr die halbe „Masse“ einer Mutterseele in Seelen auf. Ein Teil dieser Seelen wählt dann den Weg des „Aufstiegs“, wobei diese den Anstieg ihrer Energie zu einer eigenen Mutterenergie (Mutterseele) erreichen können. Wieder andere geben die erfahrene Indivdualität wieder auf, kommen zurück in die Mutterseele. Noch andere verweilen als helfende Energien im Kosmos in den balancierenden Ebenen.***
***Mutterseelen werden daher einerseits von der Quelle direkt erschaffen, andererseits können sie die finale Form der Reise des energetischen Aufstiegs einer einzelnen Seele werden.***

# Die Quelle

Auf geht´s in ein weiteres Kapitel. Bitte sprich, mein liebster Freund und Lehrer.

*Manche Orte werde ich nie begreifen – nicht nur, weil ich sie nie bereisen kann, sondern, weil keiner das kann. Und daher keine Informationen wirklich fundiert vorliegen, welche ich verstehen und teilen kann. Die Quelle allen Seins ist so ein Ort. Dieser Bereich befindet sich außerhalb meines Verständnisses von Raum und Zeit. Selbst wenn es Beides hier nicht so gibt, wie du es gerade erlebst, aber wir alle definieren die Formen über die Räumlichkeit um sie herum, und wir alle definieren Zeit über die Bewegung und ihre Geschwindigkeiten. So vieles hängt mit diesen Glaubensbildern zusammen und ist mit ihnen verwoben. Keiner der Bereiche, die ich beschrieben habe, hat Zeit und Räumlichkeit, wie ihr sie kennt, aber dennoch kann ich all das nur über diese Parameter beschreiben. Ich versuche also, diese Form zu nutzen, um das Formlose zu beschreiben. Doch der Bereich der Quelle ist nicht mit diesen Parametern zu beschreiben.*

Was genau macht es denn so schwer? Bitte versuch es doch zumindest ansatzweise, dass wir die Kraft der Quelle, das, was sie ist, in unserem menschlichen Sein über dein Verständnis verstehen.

*Im Prinzip ist es am leichtesten zu beschreiben, wenn ich dir zwei Bilder gebe. Das eine ist die Sonne am Himmel, welche du nicht immer als Sonne klar definieren kannst, sondern nur die Helligkeit überall erstrahlt. Ähnlich ist es mit der Quelle. Sie ist als Örtlichkeit nicht wirklich zu definieren, doch strahlt ihre Kraft und ihr Bewusstsein durch alles hindurch. Es belebt also alle unsere Formen auch hier im feinstofflichen Bereich, wie es das bei dir im stofflichen Bereich tut. Ihr habt die Sonne, welche die Kraft der Quelle außerdem in Lebenskraft wandelt, in Lichtkraft, welche von den materiellen Formen wiederum aufgenommen werden kann. Wir haben die Quelle.* ***Sie strahlt und durchstrahlt, erschafft und belebt jedes einzelne Wesen – jede einzelne Energie, die sich hier bewegt. Jede! Ob groß oder klein.***

Du willst damit sagen, dass in der feinstofflichen Welt also die Quellenenergie alles durchdringt, was sich an Wesenheiten, an individueller Energie dort aufhält.



*Ja.*

Der Unterschied zu der Sonnenenergetik, von der du gerade gesprochen hast, ist also, dass die Sonne zum Beispiel auch Pflanzen belebt, welche ja KEIN Bewusstsein haben, neben uns Menschen beispielsweise, die Bewusstseinsträger sind. Also kann diese Transformation der Energie der Quelle über die Sonne in der grobstofflichen Materie auch seelenlose Energien beleben, richtig?

*Ja. Genauso ist es. Eure Sonne wandelt die Kraft der Quelle in weitere Formen der Lebenskraft, welche anderen Formen, die auch ohne Bewusstsein sind, ermöglichen zu sein. Dies ist die Basis der Vielfalt eurer Landschaften, Pflanzen, Lebewe-*

*sen und Tiere.*

Ich möchte kurz darauf hinweisen, dass du mich gelehrt hast, dass Seelenenergien, also individuelle Energiefelder mit einem individuellen Bewusstsein erst ab einer bestimmten Körpergröße inkarnieren können. Und diese Größe ist, wie du gesagt hast, die einer Maus, ab welcher eine Seelenenergie inkarnieren kann, aber nicht zwingend muss. Ab der Größe eines Delphins und bei Menschen muss der Körper durch so viel Energie belebt werden, dass er beseelt werden muss. Delphine und Menschen sind also ohne Seelenenergie nicht lebensfähig. Ich möchte das kurz hier festhalten für alle, die, die die anderen Bücher nicht gelesen haben. Das stimmt doch, oder?

*Ja. Natürlich.*



Das ergibt auch Sinn, denn dann ist die Quelle wie eine Art Urquelle, und diese wird über den „Energiewandler" Sonne in unserer Materie noch vielfältiger materialisierbar, richtig?

*Ja. Sehr schön kombiniert.*

Bitte beschreib weiter, wenn du kannst.

*Die Quelle erstrahlt durch unsere Bereiche und alle Stofflichkeiten hindurch und um sie herum, wie die Sonne eure Wahrnehmung auf dem Planeten umstrahlt. Nur mit dem Unterschied, dass wir keine Nacht erfahren.*
*Das andere Beispiel, das ich nennen wollte, ist das All. Spannen wir die Perspektive etwas weiter, so kann ich auch das Weltall als Metapher nehmen, um die Allpräsenz der Quelle*

*zu beschreiben. Nur hier eben in der für euch nicht als Licht wahrnehmbaren Energetik.*
*Beide Bilder passen, beide Bilder stimmen. Die Eine befindet sich perspektvisch auf einem Planeten und nutzt das Verständnis und die Wahrnehmung der Lebewesen auf dem Planeten. Die Andere befindet sich außerhalb des Planeten, doch beide Bilder sind zutreffend, weil sie immer das große Ganze, welches alles umfasst, beschreiben. Doch im Vergleich zu Eurer Sonne kennt die Quelle keine Nacht, kennt keine Pause, kennt keine Rast, welche bei Euch aber durch die Bewegung des Planeten für alle Lebewesen entsteht.*

Bitte beschreibe weiter, wie du die Quellenenergie wahrnimmst.

*Für mich ist die Kraft der Quelle das Faszinierendste und Aufregendste, was ich in meiner ganzen Forschung erfahren kann. Nichts kann diese außergewöhnliche Art der Energiequelle beschreiben – und folglich auch nichts kann sie verstehen. Die Energiequelle allen Seins ist so unfassbar groß, so unfassbar weit, so unfassbar lichtvoll und liebevoll, doch vor allem so unfassbar bewusst, dass es für ein Wesen, welches aus der Quelle entstanden ist ,wohl nie wirklich zu begreifen ist, was die Quelle wirklich ist.*

Ja, die Frage, die man sich als Mensch dann oft stellt, ist: Was war vor der Quelle? Und diese Frage stellst du schon gar nicht mehr, oder?

*Doch durchaus, aber nicht wirklich. Du musst dir das vorstellen wie das stille Verständnis der physikalischen Bewegungen (auch wenn ich das Wort Physik hier wirklich nicht gerne benutze, weil es ein Wort eurer Welt ist. Aber ich nutze es aus deinem Wortschatz, um die Zusammenhänge besser verständlich zu machen!) Diese Kraft kann nicht immer so gewesen sein – selbst ich frage diese Frage. Was war vor der Quelle? Doch was ich sagen möchte, in meiner Energetik nutze ich die Begrifflichkeiten von euch, aber letztlich gibt es so etwas wie ein stilles Verständnis. Und ich verstehe im Stillen diese* ***Kraft in ihrer Macht, alles zu erschaffen.***

Hast du dich mal gefragt, was die Motivation der Quelle ist? Ich meine, sie strahlt ja nicht nur Energie, sondern diese Energie ist voll mit Bewusstheit. Also tut sie das, was sie tut, sehr bewusst.

*Wie ich schon sagte, ich habe dazu keinerlei Informationen. Doch um es noch ein bisschen greifbarer für euch in den anderen Punkten zu beschreiben. Nehmt das Bild der Sonne – es ist weltlich gesehen am leichtesten für euch zu nutzen. Nehmt dieses Bild und stellt euch vor, ihr seht die Sonne an sich gerade nicht, aber der Himmel ist strahlend blau. Voller Licht ist alles durchströmt. Die Pflanzen heben ihre Köpfe und strecken sie Richtung Sonne. An den Sonnenblumen könnt ihr diese Bewegungen am deutlichsten beobachten, wenn sie nachts den Kopf wieder nach unten neigen. Gelten tut dies natürlich für alle anderen Pflanzen des Lichtes genauso. Und auch ihr Menschen seid gebunden an diese Lichtquelle und ihren Rhythmus. Doch die Energetik selbst, wie aus diesem Licht tatsächlich Wachstum in den Zellen motiviert wird, und was hinter dem physikalischen Verständnis aller bereits erforschten Prozesse der sogenannten Photosynthese steckt, ist noch immer ein Geheimnis.*

*Die große Frage aller Fragen ist, warum ist es Licht, das notwendig ist, um dieses Wachstum in den Pflanzen und Tieren zu fördern? Es ist so, weil eine unsichtbare Kraft alles lenkt und die Sonne letztlich nur ein Wandler auf diesem Weg ist.* ***Die Quellenenergie ist die Ursache aller Energien im Kosmos. Jedes der materiellen, wie auch feinstofflichen Formen ist letztlich aus der Quelle entstanden.*** *Die Lebewesen mit Bewusstsein – Seelen – über die Mutterseelen, die weißen Kugeln, die Engel, die Meister und so vieles mehr. Und die organischen Lebensformen des Seins über das Chi. Die Pflanzen über das Licht. Alles, wirklich alles, alles, alles – selbst die Planeten selbst – sind Ausdruck der Quelle.*



Das ist schön, dass du das sagst - Ausdruck der Quelle -, weil ich mich manchmal frage: Bei so vielen schrecklichen Dingen, die auf der Erde zum Beispiel passieren - so viele Naturkatastrophen und dann die psychischen und physischen Grausamkeiten, die sich die Menschen untereinander zufügen -, ist all das wirklich von der Quelle so „gewollt"? Wie ist es möglich, dass etwas so Bewusstes seine eigens produzierten Energieeinheiten/Seelen in Leid bringt über die Erfahrung unterschiedlicher Schmerzen, geistiger wie körperlicher Art ?

*Wenn du deine Wahrnehmung dehnst, so weit du kannst, wirst du von ganz alleine die Antwort finden.*

Aber wieso soll ich das selber, wenn ich dich jetzt grade hier „in der Leitung" habe?

*Wie du meinst – ich mag dich gerne fordern und fördern, herausfordern. Und du fühlst die Antwort bereits. Deshalb frage ich.*

Okay, ich nehme die Herausforderung gerne an. Zum Prozess des Werdens und des Wachsens gehört das Sterben. Das Verwandeln der Energien - und deshalb gehört auch das Leiden mit zum Prozess des Werdens, des Wachsens. Richtig?

*Ja. Absolut richtig. **Das Werden im Kosmos aus Materie besteht immer aus der Energiewandlung.***

Soll ich jetzt also annehmen, dass jede Leidenserfahrung auch ein wichtiger Prozess des Werdens ist?

*Ja. Leider ist das so, aber all dies ist wie ein fester, unglaublich großer Zyklus, in dem jeder einzelne der, wie du gerade beschrieben hast, leidenden Seelen über die Leidenserfahrung wieder gewachsen ist und gelernt hat. **Es ist leider nun einmal so, dass Wachstum nicht nur über das bequeme Begehen eines Weges geschieht, sondern manchmal auch über die Erfahrung unangenehmer Situationen.***

Also geht es darum, dass die Menschen diesen Zyklus, diese Art des Seins nicht als bedrohlich oder gefährlich ansehen, sondern dass sie das Jetzt umso mehr genießen und gleichzeitig in Bewusstheit leben, dass sich, zum Beispiel über Naturkatastrophen, all das täglich ändern kann.

*Ja. Du benennst das, was ich immer wieder gerne unterstrei-*

*che:* ***Leben ist ein Geschenk. Leben ist der ununterbrochene Aufruf an dich selbst zu wachsen, zu werden, zu weiten! Wie nirgends anders sind dabei unterschiedliche Möglichkeiten, Chancen, Werkzeuge und Umstände bereitgestellt. Nutzt all das.***

Ja, ich verstehe. Doch jetzt zurück zur Quelle: Nimmst du in deiner Ebene eine Art Lichtquelle wahr, die stärker ist als das Licht der Quelle, das alles umgibt und durchstrahlt?

*Ja, es gibt diese Lichtquelle, die stärker wirkt, auf jeder Ebene. Dies ist letztlich auch die Verbindung der Ebenen zueinander – wenn man die Wahrnehmung dazu hat. Das ist natürlich unerlässliche Bedingung. Du kannst dir das vorstellen, wie als würde man in jeder Ebene, wenn man sich darauf konzentriert, das, was das Licht um sie herum und in ihr erzeugt, in einem Punkt stärker wahrnehmen können. Das ist letztlich wie eure Sonne, die ihr dann doch auch mehr oder weniger am Horizont wahrnehmen könnt.*



Aber du hast zum Beispiel bei der Ebene der weißen Kugeln von einer Kuppel darüber gesprochen. Gibt es diese Lichtquelle dort trotzdem?

*Ja. Es ist überall gleich, Liebes. Überall. Wer die Quelle sucht, findet diesen Punkt. Ich habe ihn überall gefunden. Aber erst, als ich meine Aufmerksamkeit bewusst dorthin gelenkt habe. Vorher ist es wie das Licht an eurem Himmel, dauerhaft präsent, ohne die Sonne wirklich sehen zu müssen.*

∞

Kurze Frage, um das Bild wirklich richtig darzustellen: Wenn wir hier in den Himmel schauen, dann ist er blau. Ist er das bei dir auch?

*Nein, natürlich nicht. Danke dir für deine Frage. Hier ist es immer hell. Immer nur hell. Weiß gelblich.*

Und die Lichtquelle der Quelle ist dann der hellste Punkt, nicht weil sie weißer ist, sondern, weil sie stärkeres Licht an diesen Punkt aussendet?

*Ja. Es ist, wie du Wasserfälle kennst, so erfährst du hier* ***„Lichtfälle“.***

Ah.

*Und das ist die Quelle.*



Das ist sehr interessant, weil es dadurch letztlich erneut eine Art Örtlichkeit in der angeblichen formlosen Ebenenbeschreibung gibt. Ich versuche mir das wirklich noch weiter vorzustellen und dort hin zu fühlen. Bewegt sich die Quelle, dieser Lichtfall?

*Ja.*

Ach. Hast du rausbekommen, wie?

*Nein. Ich vermute, um ganz ehrlich zu sein, auch wenn ich Vermutungen nicht mag, dass all diese Wahrnehmungen der Bewegungen, die des Lichtfalls, und alles, was mit der Quelle zusammenhängt, wirklich sehr, sehr, sehr mit der eigenen*

*Wahrnehmung verbunden ist. Vielleicht schaffe ich es dir genauere Antworten zu geben, wenn ich meine Wahrnehmung noch weiter geschult habe, aber ich bezweifle es. Ich glaube wirklich, dass es nicht möglich ist, die, um mit deinen Worten zu sprechen, Sonne, zu besuchen.*

Ja, das hast du schön gesagt, man würde schließlich verbrennen. Hast du irgendwelche Informationen, was mit einer Seele passiert, die jetzt unbedingt in die Quelle will, unbedingt zur Quelle will?

*Derartiges Drängen gibt es hier nicht, Liebes. Alles ist mit Allem so verbunden in Freude und Dankbarkeit, sodass dieser Wunsch, sich von dem, was dich erschaffen hat und belebt, zu trennen, nicht materialisiert.*



Ja, ich verstehe, was du sagen willst. Es ist so ein seeliges Gefühl, das du in den anderen Ebenen empfindest, dass jegliches Drängen, jegliches Wollen in einen anderen Zustand nicht existiert, gell?!

*Ja.*

Hm, das habe ich schon mitbekommen im Laufe der vielen Sessions, die ich bisher gemacht habe. Ein totales Gefühl von Fülle und Erfüllung, wunderschön. Und je nach Bewusstseinsgrad, je nach Energiegrad, empfinden die Seelen diese Erfüllung. Kann man sich die Quelle pulsierend vorstellen?

*Nein.*

Bei uns auf der Erde ist es so, dass man manchmal den Blick Richtung Sonne lenkt, um dann mit ihr zu meditieren. Macht ihr sowas Ähnliches auch, dass ihr die Quelle anbetet und mit ihr meditiert, sprecht oder ähnliches ?

*Nein. Wir sind, wenn du es so möchtest, in dauerhafter Meditation und brauchen dazu nicht die Ausrichtung auf die Quelle, weil sie da ist und weil sie Teil von uns ist. Sie ist ja wir, und wir sind sie.*

Ja. Es ist trotzdem spannend. Es wäre so toll, wenn man erfahren würde, woher die Quelle kommt, wie sie entstanden ist und überhaupt, wie alles entstanden ist. Schau, auf der Erde verbreiten sie immer noch die Theorie vom Urknall, welche ich übrigens nicht teile, weil sie aus der Wahrnehmung unserer Dimensionalität stammt und damit versucht wird, etwas zu beschreiben, das aber viel größer ist. Dabei kann man Mehrdimensionalität nicht mit Dreidimensionalität beschreiben oder erforschen. Da braucht es dann schon mehr. Und der Urknall wird sich zurecht gerutscht, zurecht gerechnet. Nun gut, das ist nur meine Theorie, mein Gefühl dazu. Aber so versuchen die Menschen zumindest den Anfang allen Seins für ihre Wahrnehmung zu beschreiben. Zu verstehen. Du hast dieses Drängen gar nicht, dass du verstehen willst, wie, wo die Quelle des Feinstofflichen ist?

*Nein.*

Das ist für mich als Forscherin gerade wirklich eine Herausforderung, nicht tiefer erfahren zu wollen, wo der Ursprung der Quelle ist. Ich muss es also einfach akzeptieren.

*Ja. Und nimm diese Übung der Akzeptanz doch bitte auch gleichzeitig als Vertrauensübung. Es ist, wie es ist, und nicht alle Fragen müssen beantwortet sein und beantwortet werden. Manchmal ist die Akzeptanz der Tatsache, die Akzeptanz dessen, was unbeschreiblich ist, auch hilfreich.*

Ich weiß, das grenzt so ein bisschen an „beschreibe mir Bewusstsein und beschreibe mir Liebe“ - das geht auch nicht. Eigentlich ist das ja ähnlich, oder?

*Ja. Beide Kräfte sind, wie du so schön sagst, die Elemente des feinstofflichen Seins. Daher kannst du dir gerne noch den Kopf weiter darüber zerbrechen, aber in deinem tiefsten Inneren, dort wo du fühlst und deine Seele wohnt, hast du längst akzeptiert, dass dies die feinstofflichen Elemente sind.*



Ja. Apropos feinstoffliche Elemente: Kann ich nicht auch Kraft als feinstoffliches Element zu meiner Definition der kosmischen Elemente nehmen? Und Energie? Oder geht nur eines von beiden, weil Kraft ja in der Energie ist? Bitte hilf mir dazu kurz.

*Kraft auf jeden Fall. Sie ist Bedingung für die Bewegungen der Energien. Energie ist alles. Ich bin mir nicht sicher, ob die Beschreibung, die Energie als ein Element zu beschreiben, wirklich richtig ist. Ich würde davon abraten.* ***Liebe, Bewusstsein und Kraft sind die Werkzeuge der Seelen, also die Werkzeuge dieser Energiefelder.***

Licht ist ein Teil dieser Komponente, richtig?

∞

*Ja. Licht ist die Ausdrucksform der Energie und ihrer jeweiligen Kraft.*

Ja. Habe ich verstanden, danke. Zurück zur Quelle. Hast du das Gefühl, dass die Quelle immer gleich strahlt?

*Ja.*

Dann möchte ich meine Fragestunde diesbezüglich jetzt beenden. Es wird sicher, wie bei allen Ebenen und bei allen Bereichen, die wir hier durchreisen und die du wunderschön beschreibst, die eine oder andere Frage noch dazu kommen. Aber jetzt, für heute schließen wir dieses Kapitel. Ich danke dir vielmals. Danke. Liebe.

*Danke. Liebe.*

## Die Essenz

***Sie ist die Sphäre hinter, vor, über, unter und inmitten aller Materie. Sie ist die Quelle aller Materie, deren Anfang und Ende. Da alle Energieformen auf unterschiedliche Art und Weise mit dieser Quelle immer verbunden sind, ist sie nicht als Ebene einzuordnen, sondern als alles durchdringende Allkraft. Wie das Weltall, das uns und unsere Formen anscheinend grenzenlos umschließt und wir gleichzeitig aus ihm erschaffen wurden - so ist die Quelle rein energetisch zu verstehen. Etwas anders ist das bei den anderen Ebenen, die ja folglich auch nur Teile der Quelle sind, weil sie aus ihr heraus entstehen und sich „in ihr“ befinden.***

Ein Versuch alle bisher wahrgenommenen Ebenen/Bereiche des Komos in eine Form zu bringen.
In der Mitte der Frequenzwelten befindet sich der Bereich der Inkarnationen in Körperlichkeiten. Die höher schwingenden Frequenzbereiche stellen den/die von den Religionen benannten „oberen Himmel“ und die unterhalb der Inkarnationsebene sich befindenden Frequenzbereiche den/die „unteren Himmel“ dar. Eine derartige Örtlichkeit ist hier aber nur vereinfachend „gemeint“ und nicht wirklich als solche zu sehen.
Es werden Frequenzbereiche beschrieben und keine Orte.

# Der energetische Abstieg

257

∞

# Empfinden von Verbannung

Mein lieber Freund und Lehrer, da sind wir wieder, und ich bin sehr gespannt, wohin du mich als Nächstes entführst in deinem Erfahrungsschatz über die feinstofflichen Welten. Ich bin bereit, wenn du es bist, bitte beginne.

*Sehr gerne, Liebes. Wenn wir die feinstoffliche Welt beschreiben wollen, so müssen wir auch die energieschwachen Bereiche besuchen. Mit energieschwach benenne und meine ich diejenigen Ebenen, Bereiche, welche das Licht und damit auch das Bewusstsein der Quelle nur zu einem sehr, sehr, sehr geringem Teil beinhalten. Der Rest dieser Bereiche ist weit mehr noch als das Weltall, welches ihr kennt, mit Materie gefüllt, welche ohne Kraft besteht.*



Materie ohne Kraft, das ist etwas, das mein physikalisches Denken jetzt sehr beansprucht. Kannst du mir ein bisschen deutlicher beschreiben, wie genau Materie ohne Kraft aussieht. Warum ist es nicht einfach leer? Muss es denn Materie haben?

*Ja natürlich. Der Kosmos ist Materie, Liebes.*

Okay, dann - was genau ist mit kraftloser Materie gemeint, kannst du da ein bisschen tiefer gehen?

*Ja, ich versuche es. Wenn du bei deiner Beschreibung des Meeres bleiben möchtest, so greife ich die sehr gerne auf. An*

*dieser Stelle würde ich die Qualität des Wassers als sehr verunreinigt bezeichnen und leblos – fast leblos. Totes Wasser kennt ihr doch, oder?*

Ja, das stimmt. Das ist Wasser ohne genügend Sauerstoff, das irgendwann kippt.

*Sehr gut. Und ähnlich ist es in den feinstofflichen Welten. Das in deinen Worten „Wasser", die Energetik, die alles umschließt und durchdringt aus der Quelle, ist extrem verunreinigt und kraftlos geworden.*

Und gibt es diesen Zustand, wie ich ihn eben mit dem Wasser beschrieben habe, auch in diesem Bereich? Dass die Energetik dann kippt? Kann sowas auch passieren?



*Ich glaube nicht, auch wenn ich es nicht mag das Wort ′glaube′ zu benutzen. Aber ich erlebe den Kosmos als durchgehend in Balance. Wenn diese Qualität der feinstofflichen Welt in ein Extrem wandeln würde, so würde es ein anderes Extrem hervorrufen. Soweit ich es sehe und erfahren habe, ist dies aber nicht der Fall. Alles ist auf seine Weise normal und in Struktur, wie wir sie benannt haben.*

Okay, also das mit dem Wasser ist schon mal sehr hilfreich und kann es mir schon mal sehr gut nahe bringen. Ich bitte dich, gehe weiter und beschreibe mir, wo diese Bereiche sind und was für jeweilige Qualitäten und Gefahren mit ihnen einhergehen.

*Gefahren – ich mag dieses Wort nicht. Es macht Angst. Wir*

*arbeiten nicht mit Angst, Liebes.*

Ja, das stimmt, entschuldige. Was würdest du dann für ein Wort nehmen?

*Qualitäten, allenfalls Risiken, aber selbst das ist schon grenzwertig.*

Okay. Dann bitte beschreibe die Qualitäten.

*Zunächst war es sehr schwer für mich, mich auf diese Art Bereich zu konzentrieren und meine Kraft, meine Frequenz, wie du so gerne sagst, dorthin zu lenken. Mich selbst dahingehend zu bewegen. Ich wusste von der weisen Bruderschaft von diesen Bereichen, aber niemand von ihnen war dort. Daher war ich mehr oder weniger alleine mit diesem Vorhaben und daher etwas unbeholfen. Ich habe also meine Kraft auf ein Minimum reduziert und meine Konzentration versucht dennoch voll zu behalten. Diese Divergenz in meiner Seele war sehr mühsam zu erschaffen und zu halten. Dennoch klappte es. Ich fand mich in einem Bereich wieder, der sehr dunkel schien. Dunkelgrau. Die Empfindungen in mir wurden etwas weniger verbunden und wie in einer Verbannung. Ich empfand ausgestoßene Energien.*

Moment, ganz langsam, wie meinst du das jetzt mit den ausgestoßenen Energien? Ich dachte, du beschreibst jetzt die Energetik, wie es war, als du in diesem Bereich warst. Oder beschreibst du jetzt die Energien, die sich dort befinden, und du bist in Verbundenheit mit ihnen.

*Beides Liebes, beides. Ich selbst empfand mich als wie verbannt und ich empfand die Energetik des Ortes als eine Art Verbannungsort.*

Aber hast du dort Wesen wahrgenommen?

*Ja.*

Erzähl mir, wie sahen die aus, wie waren sie, was …

*Es waren ganz sicher Seelenbruchstücke.*

Seelenbruchstücke? Tatsächlich Seelenbruchstücke?

*Ja.*



Wie meinst du das? Wie sehen Seelenbruchstücke aus?

*Ich sage deshalb Seelenbruchstücke, weil sie, keines von ihnen, in seiner gesunden Form erstrahlte. Es waren andere, verstümmelte Formen, aber es waren Seelenenergien. Und da sie so verzerrt und sehr klein wirkten, wusste ich, es sind Seelenbruchstücke.*

Kann man da nicht sagen - Seelenteile? Nee gell?

*Nein. Seelenteile würde völlig verzerren. Ein Seelenteil kann ja auch gesund sein. Dies hier sind aber aus den Seelen gebrochene Teile. Also Seelenbruchstücke. Oder sagt ihr Seelenbruchteile?*

Nee. Seelenbruchstücke ist dann schon richtiger, da hast du schon recht. Also wenn du sagst, die sind kleiner, wie klein, wie viel kleiner ungefähr?

*Kleine Bruchstücke bis maximal ein viertel der normalen Seelenenergie.*

Bruchstücke sind in unserer Materie meist etwas kantig, weil sie aus etwas herausgebrochen worden sind. Muss ich mir die Seelrnbruchstücke also auch kantig vorstellen, oder wie ist das?

*Es wirkt, als seien sie wie fehlende oder zumindest gebrochene Teile aus etwas, das ganz war. Und dieses Ganze war meistens rund. Also ja, in Teilen kantig.*



Aha. Und wie muss ich mir die vorstellen? Schweben sie dann da in diesem Raum, oder sind sie überhaupt in Bewegung?

*Sie irren in diesem Raum umher, aber sehr langsam. Es wirkt, als seien sie betäubt. Kopflos.*

Eieiei, echt. Aber wenn die da so herumirren, stoßen sie nicht auch zusammen?

*Nein Liebes, sie stoßen nicht zusammen.*

Wieso nicht? Ich meine das ganz ernst. Wenn sie kopflos sind, dann sind sie auch augenlos. Dann nehmen sie einander nicht wahr. Nicht nur wegen der Augen sondern es scheint doch, dass sie sich einander nicht wahrnehmen. Da kann es doch mal passieren, dass sie zusammenstoßen.

*Nein, das kann es nicht, weil die Gesetze des Kosmos wie Magnete ... nein ... die Bewegung der Seelen zueinander über eine Art Magnetismus lenkt. Die Frequenz der einen Seele, egal wie schwach sie ist, wird über diese Gesetzmäßigkeit niemals mit einer anderen „zusammenstoßen".*

Aha. Also das ist mehr oder weniger eine Art ungeschriebenes Gesetz oder eine Gesetzesmäßigkeit, dass der Kosmos das nicht erlaubt. Könnte man das so sagen?

*Ja. Sehr gut. Genau. Es ist in der Tat eine Art Nichterlaubnis, die herrscht, dass Seelenenergien oder auch generell Energiefelder zusammenstoßen. Dies würde eine Art Chaos bedeuten und neue Problematiken und Formen erschaffen, die in der Ordnung des Kosmos nicht denkbar wären.*



Okay, also die irren da umher und nehmen mit Sicherheit einander nicht wahr, richtig?

*Ja. Sie nehmen alle nur sich selbst wahr und das in diesem dunklen Raum. Ich würde mich nicht wundern, wenn sie nicht sogar noch dunkler wahrnehmen als der Raum selbst ist.*

Du sprichst jetzt gerade von einem Raum, nur zur Erinnerung …

*Ja, verzeih, Bereich. Bitte ersetze von soeben mit Bereich an der Stelle, wo ich Raum benutzt habe.*

Okay. Was du mir noch an Gefühl übermittelst, ist, dass es dort eher kalt ist.

*Ja. Sehr kalt im Vergleich zu der Fülle und der Wärme der Liebe, die in den oberen Frequenzbereichen herrscht. Doch das größte Merkmal ist tatsächlich diese Verbannungsenergetik.*

Hast du dich mal gefragt, warum es Verbannung sein muss? Also eine Verbannung wählt man nicht selbst. Auf der Erde zumindest wird sie von anderen beschlossen, und dann wird man verbannt. Also befindet sich die- oder derjenige, der/dem das passiert, in einer Art Ohnmacht, auf jeden Fall aber in einer passiven Haltung diesbezüglich. Was genau ist jetzt hier los? Sind das verbannte Energien, oder ist das nur die Energie, die damit einhergeht, dass dort irgendwie diese Seelenbruchteile sind?



*Es sind Seelenbruchteile, welche durch ihre Kraftlosigkeit in diesem Bereich sich aufhalten. Durch die Kraftlosigkeit bestimmt geht Verzweiflung einher, und diese Energetik wirkt (weil so wenig Kraft vorhanden ist und damit auch keine Verbundenheit und Verbindung wahrgenommen wird) als seien diese Seelenbruchteile verstoßen / verbannt. Ich möchte damit sagen, dass ich kollektiv in diesem Bereich von den Seelenenergien diese Art von Verzweiflung empfinde. Sie fühlen sich verstoßen, verloren, verbannt – nicht gewollt.*

Eieieieieiei. Hast du dich mal gefragt, wie es dazu kommen konnte, dass so etwas passieren kann, dass Seelenbruchteile tatsächlich so weit weg von der eigentlichen Seele landen? Was ist die Ursache für so ein Disaster? Für solch ein energetisches Disaster?

*Ich habe dazu die Brüder gefragt, denn die Energien vor Ort waren nicht möglich zu kontaktieren. Sie waren wie in einem Wahn über diese Problematik verloren.*

Und bitte magst du mir berichten, was die weisen Brüder dazu gesagt haben?

*Ja. Sie erklärten mir, dass über unterschiedliche Problematiken des Inkarnierens diese Form von Energiespaltung geschehen kann. Einerseits kann es durch geistige Verwirrung geschehen, welche über Drogenkonsum, übermäßigen Drogenkonsum, von falschen Drogen im Körper geschieht.*



Ach du meine Güte. Jetzt bin ich aber baff. Okay, weiter bitte.

*Andererseits kann es über falsche Rituale geschehen, welche von den falschen Wesen ausgeführt mit falschen Worten und der falschen Intention dahinter tatsächlich auch derartige Abspaltungen vollziehen können. Furchtbar, aber ja, es ist leider so. Eine weitere Möglichkeit oder sagen wir Ursache für derartige Abspaltungen sind die von uns bereits benannten Schockzustände der Seelen, wenn sie aus den Körpern geschleudert werden. Deshalb sind die Brüder und hochschwingenden Wesen aller Art immer weiter bemüht, derartige Momente zu begleiten, um die Abspaltung zu verhindern.*

Wie können sie das verhindern?

*Indem sie über Liebespräsenz und Wärme und eine Art Gefühl von Vertrauen diesen Schock nicht zu einer Krankheit werden lassen, in der die Seele zerreissen könnte.*

Moment, Seelen können zerreißen?

*Na ja, wenn derartige Teile sich abspalten, dann ist das eine Zerreißung.*

Ja, okay. Aber wie kann das passieren? Also ich stelle es mir gerade vor oder versuche es gerade nachzuvollziehen. Man wird aus dem Körper geschleudert, das geht also sehr schnell, dann ist man erstmal so wie in einem Schockzustand - und warum muss dem eine Art Abspaltung folgen? Oder warum kann dem eine Abspaltung folgen?



*Weil durch diesen Zustand des Schocks eine nicht ganze Wahrnehmung der eigenen Seele folgt. Beschreiben möchte ich es auch über die Art der Wahrnehmung, wenn ihr selbst keine Fülle empfindet, obwohl ihr gesund seid. Ihr empfindet nur einen Bruchteil der eigentlichen Seelenqualität in euch, weil ihr über den Geist, das Ego, abgelenkt und verwirrt seid. Eine derartige Verwirrung kann im Zustand außerhalb des Körpers dann tatsächlich zu der Abspaltung der Bereiche in der Seele führen, welche eh schon schwach in Verbundenheit und Liebe waren.*

Lass mich das kurz nachfühlen. Es ist deswegen etwas schwer zu verstehen, weil wir im Körper gefühlt das Gehirn und dann den Bauch als Sitz der Intuition haben. Und die meisten Menschen denken, dass beides voneinander getrennt ist. Anstatt das Bauchgefühl ganz ihren

Körper erfüllen zu lassen und das Hirn ganz nach hinten zu stellen und dadurch ins Herz zu kommen.

*Ja, sehr gut. Und jetzt vollende diesen Satz.*

Äh. Also der Mensch empfindet sich im Körper nicht in seiner Seele, sondern er empfindet sich in seinem Geist. Er empfindet nur mit dem Ego und nur mit dem Verstand. Er empfindet nicht so stark mit dem Herzen, was bedeutet, dass er die Seelenqualität, die Seele, nach hinten angestellt hat. Und das Ego bestimmt. Das ist aber wie eine Art Trennung. Und wenn jetzt diese Energetik aus dem Körper gerissen wird, dann wird die Seelenenergie stärker bewusst, aber das Ego, das Ego-Empfinden ist auch noch stark. Und dann kommt es zu so einer, vielleicht zu so einer Art Abspaltung?

*Ja. Sehr schön beschrieben. Besser als ich mit meinem Empfinden von der Gesundheit. Genau dies bringt die Problematiken mit sich. Das Empfinden des vorher ausschließlich vom Ego gelenkten Energieköpers nimmt plötzlich die Seele wahr, und diese Divergenz wird so stark, dass es zu einer Spaltung im Schockzustand kommen kann.* 

Aha. Dann ist dieser Bereich, den du gerade beschreibst, der erste Bereich, in welchem sich Seelenbruchstücke aufhalten und nicht ganze Seelen.Unddiese Seelenbruchstücke tragen die Empfindung eines Verstoßenen in sich. Verstoßen zu sein?

*Ja.*

Wie nennen wir diesen Bereich?

*Nenne ihn Verbannung, das ist zutreffend, denn der ganze Bereich ist erfüllt von diesem Gefühl und dieser Wahrnehmung.*

Okay. Also sind das ja überwiegend - das will ich eigentlich fragen -, Ego-Empfindungsreste im Geiste und im Bewusstsein, dieser jeweiligen Seele, die diese Abspaltung bewusst oder unbewusst vollzogen haben und dann dort landen. Dann sind die ja alle mehr oder weniger einheitlich ehemalige - entschuldige, ich muss das jetzt sagen - haltlose Egomanen?

*Nun ja, wie du magst. Es sind, ja ich denke, auch meist Menschen, die sich ausschließlich in ihrem Ego wahrgenommen haben. Die das Animalische ausschließlich als das Reale, sie Erfüllende, Lenkende gelebt und wahrgenommen haben. Seelen, die ohne ihre Herzqualität zu formen, ohne das Herz stark wahrzunehmen und sich gar von ihm lenken zu lassen.*



Und die  irren jetzt dort rum, ja mehr oder weniger ohne ihre eigentliche Seelenkraft, bleiben in der Energetik des Egos, des Egoempfindens ohne Körper und sind verzweifelt?

*Ja, sie sind verzweifelt und fühlen sich verbannt, sie fühlen sich wie ausgestoßen von den Energien, die sie verloren haben.*

Ist ihnen also diese Art, dass sie Seelenbruchteile sind, ist ihnen das bewusst?

*Nein. Sie empfinden nur, dass es etwas gibt, das sie wie „verstoßen" hat. Verbannt hat.*

∞

Also sind sie traurig und beleidigt. … (Er lächelt und sagt nichts dazu.) Aber weißt du, meine Frage zielt auf etwas ganz anderes ab, denn ich schaue jetzt wieder zu den Seelen, von denen diese Teile ausgeschleudert oder weggebrochen sind. Wie geht es denn denen?

*Nun, das ist die andere Problematik, und ja, dies sind dann die von mir beschriebenen verunstalteten Formen von Seelen, welche sich in der Wartehalle befinden.*

Oh nee, das ist ja furchtbar. Wie kommen die beiden denn jemals wieder zusammen?

*Das ist ein komplexes Thema. Ein sehr komplexes Thema.*

Wir sollten dem nachgehen, lieber Freund.



*Ja. Ich weiß. Doch lass uns bitte noch weiter in der Ebene bleiben, in dem Bereich, und beschreiben, welche weiteren Möglichkeiten es noch gibt, die mich die Bruderschaft gelehrt hat, dass derartige Abspaltungen geschehen. Wir hatten die Konsumierung von Kräutern / Drogen in eurem Wortschatz, die übermäßige Konsumierung, wir hatten die falsche Nutzung von Ritualkräften, was im Grunde die Misshandlung energetischer Gesetze bedeutet, und die soeben beschriebene Abspaltung im Schockzustand der Seele bei einem plötzlichen Übergang. Doch außerdem ist die Abspaltung der Seelenenergie auch über das verzerrte Wahrnehmen der eigenen Seele möglich. Ich will damit sagen, dass körperliche Verstümmelungen durchaus geistige Verstümmelungen vollziehen können.*

Moment, da muss ich jetzt tiefer gehen, was meinst du mit körperlicher Verstümmelung?

*Ich meine dabei Verwirrung im Geist. Wenn das Gehirn nicht gesund arbeitet und psychische Krankheiten im Menschen in Körpern geschehen kann – all diese Dinge können durchaus auch eine derartige Abspaltung vollziehen im Übergang.*

Ach du meine Güte. Das ist sehr unangenehm, wenn ich da hineinfühle. Ich meine, letzten Endes können die Menschen ja nichts dafür. Stell dir vor, du wirst mit so einer Art körperlichem Defekt im Geiste geboren, dann kannst du doch nichts dafür.

*Ja, ich nenne ja auch nur das Potential hier. Es ist immer auch mit Gefahren verbunden zu inkarnieren, Liebes. Vergiss das nicht.*



Okay. Geistig verwirrte Menschen sind aber in erster Linie trotzdem oft - wenn auch nicht immer-, zumindest in unserer Gesellschaft, Menschen, die betreut werden, die durchaus auch liebevoll behütet aufgehoben sind. Sei es in Heimen, oder sei es von privaten Betreuern. Kann das nicht heilen, kann das nicht helfen diese Art von Problematik aufzuheben?

*Nein.*

Warum nicht? Wenn ich jemandem immer wieder liebevolle Impulse gebe, dann muss das doch etwas mit dem Menschen machen, dann muss das doch Resonanzen hervorrufen. Diese Energien vergehen doch nicht.

∞

*Ja, aber die Urproblematik der geistigen Verwirrung ist dann so stark, dass sie deine Liebe gar nicht wahrnimmt. Und deshalb nicht wirklich wandeln kann in sich.*

Oh nee, das ist furchtbar. Da wird mir schlecht, wenn ich daran denke. Das muss ich dir ganz ehrlich sagen. Wenn ich da nur hinfühle, wird mir übel.

*Ja, das verstehe ich, das ist die Krankheit. Diesen Seelen geht es auch nicht gut.*

Oh Gott, das ist furchtbar. Können wir bitte die Aufmerksamkeit woanders hinlenken, gibt es noch eine Art, in der diese Abspaltungen passieren können?



*Im Prinzip sind das die großen Problematiken. Es kommt natürlich immer wieder auch zu anderen Formen, welche ich jetzt nicht hier aufzählen kann – aber es ist im Prinzip auch nicht von Relevanz, welche Formen genau alle möglich sind, sondern nur, dass du ein ungefähres Gefühl dafür bekommst, wo die Ursachen für die Seelenbruchteile sind.*

Ja.

*Im Grunde geht es in der Essenz wie immer darum, dass deine Aufmerksamkeit und damit die Aufmerksamkeit der Leser dieser Worte dorthin gelenkt wird, dass ein Bewusstsein entsteht, dass eine Abspaltung eines Seelenteiles, Seelenbruchteiles, passieren kann. Und dies ist die Ebene, in der die Seelenbruchteile sich befinden können.*

∞

Hast du irgendwo Informationen bekommen, wie sie wieder zueinander finden können?

*Ja. Aber dazu bitte ein separates Kapitel. Es würde den Rahmen heute sprengen. Es ist sehr komplex und nicht einfach zu beschreiben.*

Okay. Möchtest du noch etwas zu dieser Ebene sagen? Ich würde mich nämlich noch für Folgendes interessieren: Du hast ja gesagt, dass die Quelle in jeder der hochschwingenden Ebenen wahrgenommen wird. Wie deutlich, das kommt auch auf die Wahrnehmung der Seelen, der Wesen an. Wie ist das hier, wird die Quelle als solche hier überhaupt irgendwo wahrgenommen? Gibt es diesen Bereich?



*Ja, natürlich. Es gibt den Bereich, in dem etwas mehr Licht herrscht, und dieser ist dann auch die Möglichkeit des Aufstiegs dieser Seelenbruchteile in die anderen Ebenen. Aber, soweit ich das wahrgenommen habe, nimmt niemand diesen Bereich wahr und kann deshalb auch diese, sagen wir einmal Pforte, nicht benutzen.*

Oje, das ist schade. Sie müssen doch eine Chance haben!

*Sylvia. Sie haben alle Chancen dieser Welt. Verzerre nicht. Und mit Sicherheit gibt es immer wieder einmal einen Seelenbruchteil, der diesen Weg dann auf sich nimmt. Ich beschreibe ja nur das Potential.*

Ja, ich weiß. Okay. Also umherirrende Seelenbruchteile. Das Gefühl von verbannt und nicht gewollt sein. Verzweiflung. Kälte. Dunkelheit. Auf der Erde wird mit solchen Bildern die sogenannte Hölle beschrieben. Ich mag das gar nicht, aber weil sie fest in den Köpfen der Menschen verankert sind, muss ich diese Begriffe auch benutzen, auch, um dir die Chance zu geben sie abzuschmettern. Also bitte sprich, ist das dann mehr oder weniger der Beginn oder die von den Menschen so benannte Hölle? (Er lacht.)

*Nicht wirklich. Das, was die Menschen da bildlich beschreiben, ist in ganz anderen Ebenen befindlich.*

Ach, du willst mir sagen, dass wir in diese Bereiche noch kommen?

*Ja.*

Uiuiui, okay. Gut, aber dann ist das trotzdem der Eingang dorthin in diese Bereiche.



*Ich mag zu dem Thema, solange du es als Hölle bezeichnest, nichts weiter sagen. Es ist kein Buch, das derartige Begrifflichkeiten fördert. Ich möchte darauf hinweisen, dass diese Art Energetik im Kosmos als Bereich existiert – nicht mehr und nicht weniger. Bitte vermeide diese Wertungen.*

Ja, das kann ich sehr gut verstehen. Aber ich denke, es reicht auch, denn das, was ich dich bereits dazu gefragt habe, zeigt jetzt allen Lesern klar, dass diese Bereiche, die wir jetzt betreten, in den Büchern der Menschen als die dunklen Bereiche, in manchen Büchern auch als Hölle beschrieben wird.Wir nehmen diese Begriffe aber nicht mehr in den Mund, weil sie tatsächlich menschengemacht sind. Okay?

∞

*Okay. Danke Liebes. Hölle und alle möglichen anderen derartigen Beschreibungen ziehen unglaublich viele Wertungen nach sich – ich möchte mit diesem Wissen keinerlei Angst streuen, sondern nur aufklären. Aufklären im besten, schönsten, bewussten und liebevollsten Sinne. Aufklären, was es gibt, wie es ist und wie es „funktioniert“. Den Zeigefinger dabei erhebe ich niemals und würde ich auch nie. Derartige Wertungen aus den Menschenbeschreibungen sind ausschließlich dazu da, den Menschen Angst und Schrecken einzujagen. Dies ist nicht mein Sinnen. Also ist der Vergleich fast schon unfair.*

Jajajaja, bitte entschuldige, ich meine auch nicht, dass ich es damit vergleiche. Ich meine nur, dass das wohl das ist, was die Menschen als dieses bezeichnen.



*Dann lass uns bitte die Möglichkeit nutzen dies zu ändern.*

Okay. Wie würdest du es denn benennen?

*Lass uns dem Ganzen eine andere Wörtlichkeit geben. Lass uns die Möglichkeit nutzen. Ich nenne es die Energielosen Bereiche. Ganz einfach.*

Das finde ich übrigens sehr schön. Klar, ohne dass es Angst macht, einfach nur beschreibend.

*Ja, so soll es sein. Alle Ebenen, alle Bereiche sind neutral zu betrachten. Wir untersuchen diese Welten nicht, weil wir über sie richten oder werten, und schon gar nicht, weil wir selbst dabei ermahnende Ängste erschaffen wollen. Es ist wie ein sezieren des menschlichen Körpers. Selbst wenn es unangenehme Bereiche gibt, so ist es am Ende alles nur Körper. Fleisch.*

Ja, das hast du übrigens schön gesagt. Denn wenn man das so betrachtet, dann ist diese ganze blöde Wertung der Menschen, die mit Schuld und Ängsten arbeitet, hinfällig. Niemand hat doch Schuld- oder Angstgefühle, wenn er einen Menschen untersucht. Er untersucht ihn, weil er ihm helfen will. Oder weil er etwas erforschen will.

*Ja. Also lass uns das Ganze bitte weiter pragmatisch und neutral betrachten und weitergehen.*

Ja. Okay. Ich bin schon sehr gespannt und habe jetzt auch erst einmal keine weitere Frage. Du noch etwas?



*Nein.*

Dann danke ich dir, Liebe.

*Danke. Liebe.*

∞

## Die Essenz

***Zu inkarnieren, bedeutet immer auch, Gefahren ausgesetzt zu sein. Schon auf der körperlichen Ebene sind wir aufgerufen, behutsam und achtsam, doch vor allem bewusst zu agieren. Das Gleiche gilt für das Feinstoffliche, das diesen Körper mit Bewusstsein und Liebeskraft durchfließt - die Seele. Auch sie kann in all den vielen „Lebensmöglichkeiten" Schaden nehmen und muss dann einen Weg der Heilung gehen. Dabei erfährt sie immer auch Unterstützung, vor allem in jenen besonderen Bereichen, in denen die Seelen sich aufhalten, um zu rasten, zu heilen, reflektieren und sich transformieren zu können. Insbesondere die Thematik des Zerreißens der Energetik einer vollständigen Seele bringt viele unterschiedliche Formen an Seelenbruchteilen und deren energetisch gefallenen Zuständen bzw. Wahrnehmungszuständen hervor. Der Bereich der Energieteile/Seelenbruchteile, die Verbannung und Ausgestoßensein empfinden, ist im sogenannten energielosen Bereich die erste Stufe dieser „gefallenen" bzw. „gerissenen" Energien.***



∞

# Verlust der Liebeskraft

Mein lieber Freund und Lehrer, ich habe mich gestern nach der Session nicht gut gefühlt. Mir war fast den ganzen Tag über schwindelig und ich habe es mit nichts wirklich geschafft, mich wieder zu balancieren. Im Laufe des Tages wurde es dann langsam besser, und irgendwann war es wieder weg. Ist das etwas, das mit dieser Session von gestern zu tun haben könnte, oder ist das anders begründet gewesen? Kannst du mir dazu etwas sagen?

*Ja.*

Bitte sprich.



*Mir tut es leid, dass du diese energetische Verwandlung, oder besser, dieses energetische Echo wahrgenommen hast. Es ist mir nicht bewusst gewesen, dass du so intensiv in die Wahrnehmung der anderen Ebenen und Bereiche tauchst.*
*Wenn wir diese Arbeit vollbringen, dann ist es wichtig, dass du immer wieder am Ende der jeweiligen Session in deine Kraft kommst.*

Ja, lustigerweise habe ich gestern versucht, mich mit dem kosmischen Kreuz wieder zu stabilisieren, aber es hat nicht gereicht.

*Umso mehr erkennst du die Problematik.*

Welche Problematik genau?

*Wenn wir in diese Bereiche gehen, ich von ihnen berichte und dir meine Wahrnehmung mitteile, scheint es so, dass du sehr intensiv die Energetik der jeweiligen Ebene wahrnimmst und vielleicht sogar aufnimmst. Gestern haben wir die erste untere Stufe der Energielosigkeit besucht, und du, wie auch ich, müssen dabei unsere Kräfte minimieren. Man könnte diese Dinge nicht wahrnehmen, wenn man in seiner ganzen Kraft wandert. Wie ich dir schon beschrieben habe, ist es ein sehr kräftezehrender Akt sich auf diese Bereiche zu konzentrieren und sie zu besuchen. Du hast gestern diese energetische Dissonanz erlebt. Daher werden wir dich ab sofort immer am Ende der jeweiligen Session wieder in deine ursprüngliche Energie heben.*



Ja, bitte. Das ist nicht schön gewesen. Ich bin bereit, dass du weiter berichtest. Ich bin sehr gespannt und freue mich darauf.

*Werde dir bewusst, dass durch das Bereisen dieser Ebenen deine Seelenkraft gedehnt wird. Auch das kostet Kraft.*

Du meinst, ich weite dadurch? In dem Fall nicht in die höheren, sondern in die unteren Frequenzbereiche.

*Ja.*

Okay. Kann ich da noch irgendetwas anderes mitnehmen, außer dem Wissen darüber? Die Erfahrung?

*Eine Weitung ist immer gut für die Seele. Sie bedeutet, dass Flexibilität in ihr ansteigt und das wiederum ist sehr gut.*

∞

Dann bitte beginne zu sprechen.

*Sehr gerne. Du hast gestern erfahren, dass und wie sich Seelenbruchteile von der eigentlichen Seelenkraft ablösen oder besser gesagt absplittern können. Dies ist auf unterschiedliche Weise möglich und sehr vielfältig in seiner Art.* ***Wenn diese Seelenbruchteile sich lösen, dann sind sie alle jeweils mit mehreren sehr verunreinigten Komponenten ausgestattet.*** *Gestern haben wir die Seelenbruchteile, welche sich als die Verbannten empfinden, kennengelernt. Nun möchte ich tiefer mit dir tauchen in die anderen Empfindungen dieser Seelenbruchteile.*

Mit tiefer tauchen meinst du, in noch tiefere Frequenzbereiche hineingehen, richtig?



*Ja. Ich führe dich nach und nach auf diese Weise in die leblosesten und dunkelsten Bereiche des Kosmos. Leblos, hier an dieser Stelle bitte aber nicht falsch verstehen –* ***es gibt keinen Tod, wenn man das so benennen möchte hier auf der feinstofflichen Ebene, es gibt immer nur Wandlung (wie übrigens auch in eurer Ebene),*** *aber es gibt die kraft- und lichtvollen Ebenen, und es gibt eben diese, in welchen dies weniger vorhanden ist. Aber wie auch in den oberen Frequenzbereichen immer andere Qualitäten an Energie und Energetik herrschen, so ist es in den unteren Frequenzbereichen so. Ich begebe mich mit meiner Aufmerksamkeit jetzt in die nächste Ebene der Dunkelheit – Abwesenheit von Licht, Liebe und Kraft.*

∞

Also ist es doch eigentlich eine Ebene der Kraftlosigkeit?

*Ja.*

Also eine weitere Stufe an Kraftlosigkeit. Richtig?

*Ja. So ist es richtig.*

Bitte sprich.

*Wenn diese Seelenbruchteile sich abspalten, wollen sie sich meist wieder in die Energetik der Wahrnehmung begeben, die sie Zeit ihrer letzten Inkarnation am stärksten wahrgenommen haben.* ***Es ist also eine Frage des Wahrnehmens der eigenen Wirkung.***



Der eigenen Wirkung? Bist du sicher? Versuche es bitte ein bisschen besser zu beschreiben.

*Wenn das Leben in sehr viel materieller Wahrnehmung gelebt wird und die Verbundenheit zueinander in Herzlichkeit und Liebe nicht wahrgenommen wird, so beginnen sich einzelne, man könnte Charakterzüge sagen, auszuprägen, die die Seele erfüllen, die Teil von ihr werden. Auch wenn dies Egogeprägt ist, so ist es wie eine Art* ***Färbung, die die Seelenenergie erhält. Diese Färbung kann nun in diesem Seelenbruchteil weiter bestehen oder ihn gar gänzlich erfüllen. Je nach Größe oder/ und auch Kraftpotential dieses jeweiligen Seelenbruchteiles, sind dann diese negativen Empfindungen Teil dieser Seelenqualität.***

∞

Ja, übrigens finde ich es gerade sehr schön, dass du gesagt hast, dass das nichts mit Größe zu tun hat. Also ein ganz kleiner Seelenbruchteil kann auch sehr viel Kraft haben und umgekehrt, ein großer kann wenig Kraft haben, gell?

*Ja.*

Das ist finde ich nämlich sehr, sehr spannend, dass Kraft nicht an Größe gebunden ist. Das ist erneut ähnlich wie in der Materie, wo die Masse der Materie auch nicht an die Größe der Materie gebunden sein muss, aber das ist ein anderes Thema. Bitte sprich weiter.

*Diese, zeit ihrer Inkarnation angesammelten Informationen an verunreinigter Wahrnehmung werden als fester Bestandteil des Seelenbruchteiles nun weiter erfahren. Und darin gibt es Abstufungen und ja, darin hat das Kraftpotential einen großen Anteil. Wir begeben uns jetzt in die* ***nächste Stufe der Kraftlosigkeit*** *und besuchen dort die Seelenbruchteile, welche* ***sehr lieblos waren*** *und diese Lieblosigkeit in sich für lange Zeit erfahren haben und diese Empfindungen, diese Wahrnehmung, festerBestandteil von ihnen geworden ist.* ***Diese Seelenbruchteile glauben nicht an die Liebe, sie empfinden sie nicht, sie meinen, sie sei eine Illusion des Geistes oder anderer Komponente.*** *Das Wichtigste hier ist aber, dass du festhältst, dass der Kosmos an sich pure Liebe strahlt. Geht ihr also im Übergang aus dem Körper heraus, so empfindet ihr sofort diese starke Liebesenergie. Kannst du dir vorstellen, wie verunreinigt also ein Seelenbruchteil sein muss, wenn er nicht einmal diese alles umspannende und alles durchfließende Liebesenergie wahrnimmt?!*

Na ja, eigentlich kann ich es mir gar nicht vorstellen. Denn wenn ich in einem Meer schwimme und von diesem Wasser getragen werde, und es nicht wahrnehme, dass ich in diesem Meer bin, die Qualitäten dieses Meeres gar nicht erfasse, dann gehört da schon einiges dazu. Wow. Also wir sind jetzt in der Ebene, die diese Liebesenergie nicht wahrnimmt. Wenn ich stärker hineinfühle, so empfinde ich wahnsinnig viel Kälte, ich empfinde fast schon Härte. Ernsthaftigkeit. Abgrenzung. Es gibt keine Verbundenheit - mit nichts. Eigentlich würde ich jetzt meinen, dass ich Einsamkeit empfinde, ich empfinde aber keine Einsamkeit, sondern ich empfinde nur: Ich, kalt, hart, lieblos. Also aus meiner Perspektive ist das - mal ganz salopp gesagt - langweilig. Die Liebe macht alles so farbenfroh, so bunt, so freudvoll, und wenn das nicht da ist, dann ist es irgendwie leblos.

*Fast, Liebes. Fast.*



Die sind so ernst.

*Ja. Ich habe die Energiefelder dort nur* ***sehr langsam und fast unbeweglich*** *erlebt und eine unglaubliche* ***Strenge, Härte*** *und ja auch gewisses* ***Desinteresse*** *für alles.*

Also ich muss echt langsam aufpassen, dass ich nicht friere, obwohl ich gerade echt dick zugedeckt bin mit einer richtig fetten Daunendecke.. Das ist ja wirklich unglaublich.

*Du möchtest sicher noch ein bisschen mehr wissen über die Beschaffenheit des Bereiches. Es ist noch etwas dunkler als das Dunkelgrau von gestern. Wir bewegen uns immer mehr in die wirkliche Umnächtigung. Leichte Reste von Licht sind spürbar und flimmern ab und zu.*

Ah ja, ist es dieses Flimmern, was wir auch in den oberen Ebenen hatten?

*Ja. Das ist die Strahlkraft der Quelle, welche natürlich auch hier immer wieder ab und zu wahrgenommen werden kann.*

Weißt du was, das erinnert mich so ein bisschen an einen Leuchtturm. Der Leuchtturm steht da und ab und zu erreicht einen sein Licht. Und das zeigt einem, dort ist das Ufer, übertragen auf diesen Bereich - also eine andere Form des Seins.

*Ja, ein lustiger Vergleich.*

Bitte beschreib weiter.



***Eine Weile in dieser Ebene, verliert man jeden Halt. Jeden Glaube an die Verbundenheit im Kosmos zueinander und miteinander.***

Konntest du denn mit einem dieser Wesen Kontakt aufnehmen, mit einem Seelenbruchteil?

*Nein.*

Ach schade. Wäre doch mal spannend, wie es denen so geht.

*Ich kann dir sagen, wie es ihnen geht, Liebes. Ich spüre sie, wenn ich dort bin. Sie empfinden genau die bereits beschriebene Energetik und sie glauben fest daran, dass dies der Kosmos in seiner Beschaffenheit nun einmal ist.* ***Die Wahrnehmung anderer Wesen, Wärme, Licht, Zuversicht, Kraft, Liebe, Bewusstsein, all diese Dinge sind für sie fremd.***

Was muss eigentlich passieren, wenn die Seele sich abspaltet und das als ihre Realität wahrnimmt? Da muss ja schon einiges, sagen wir mal etwas Schlimmes, passiert sein in den Seelen.

> *Ja. Ich kann diese einzelnen, sagen wir Schicksale, nicht alle besuchen oder gar beschreiben und ihnen helfen. Die Eigenverantwortung liegt auch hier immer weiter bei diesen Seelen und auch bei den Seelenbruchteilen.*



Ja, aber wenn es nur ein Seelenbruchteil ist, dann hat er ja generell schon mal weniger Kraft, dann ist er in dieser Kraft auch noch verunreinigt und trägt deshalb sowieso weniger Kraft, weniger Bewusstsein. Wie soll diese Seelenbruchteilenergie zunächst sich selbst bewusst werden, dann sich bewusst werden, dass sie ihre Seele finden sollte, um wieder ganz zu werden, und dann auch noch die Kraft haben, um dafür um Hilfe zu bitten – das sind ja drei fast unmögliche Komponenten?

> *Ja. Ich weiß. Du benennst tatsächlich eine sehr komplexe Thematik – Problematik.*

Und, lieber Freund, hast du schon erlebt, dass eine solche Seelenbruchteilenergie es dann irgendwie doch geschafft hat?

∞

*Nein, weil ich müsste dazu dort länger verweilen, aber auch mich friert es nach längerer Zeit, oder sagen wir nach längeren Momenten. Ich gehe dorthin, um zu studieren, aber nicht um dort zu bleiben.*

Aber ich erfahre den Kosmos ja eigentlich als etwas, das sehr fair und auch logisch ist. Ich weiß, das ist jetzt wieder sehr bewertend, aber ich empfinde es so. Der Kosmos bietet allen Lebewesen, allen Wesen, allen Energieformen immer die Möglichkeit zu wachsen. Und ich frage wirklich, ganz bewusst: Wo gibt er hier diesen armen, verirrten Seelenbruchteilen die Werkzeuge und die Möglichkeiten zu wachsen? Hast du dich das mal gefragt?

*Ja.*

Und?



*Ich habe gelernt und auch erfahren, dass die* ***Wesen des Kosmos immer zur Verfügung stehen, aber sie müssen gerufen werden****. Auch hier in diesem Ort, oder sagen wir besser in diesem Bereich, ist es nicht möglich, dass fremde Energien einwirken, ohne darum gebeten zu werden. Das ist die Urproblematik und ein kosmisches Gesetz , auch hier.*

Aber wenn sie keine Kraft haben, wie sollen sie dann um Hilfe bitten?

*(Er zuckt mit den Schultern)*

Ich bin mir ziemlich sicher, da gibt es einen anderen Weg …

*Nein, es ist dieses Werkzeug, Liebes. Es gibt kein anderes Werkzeug. Das Werkzeug der Bewusstwerdung der eigenen Problematik und Seelenqualität und daraufhin dann das Werkzeug des Bittens.*

Aber du hast gesagt, dass du mir in einem anderen Kapitel nochmal erklären wirst, wie diese Seelenbruchteile eventuell auch zu ihren Seelen zurückfinden.

*Ja. Und das hängt aber miteinander zusammen. Denn auch dazu müssen sie bitten.*

Ja stimmt. Es ist kalt, Freund der Indianer. Ich nehme die Farbe blau wahr. Dunkles Blau, so ein Nachtblau. Manche von denen sind echt ganz ohne Licht. Wie kann man das beschreiben … wie … dunkle Wolken. Dunkle Wölkchen. Wobei Wolken ja noch nett in ihrer Form sind, die sind hier eigentlich seltsam von den Formen her, so undefiniert. Ja Felder, Energiefelder halt. Und es ist wahnsinnig still. Ganz still. Oh Mann, jetzt muss ich langsam aufpassen, dass mir nicht schlecht wird. Ich als Mensch, als Seele, die Liebe in sich trägt, werde gerade sehr traurig. Es tut mir so leid für sie. Wie gehst du mit so etwas um, kennst du das auch?



*Ja. Wenn mich diese Barmherzigkeit erfüllt, so versuche ich sie zu strahlen. Du könntest das jetzt auch tun, strahle es einfach in diese Ebene hinein, aber sei dir bewusst, dass du dabei Energie verlierst.*

Ja, das ist kein Problem, das tue ich gerne. Aber nehmen die das denn überhaupt wahr?

∞

*Ja. Sie werden es als eine warme Erinnerung oder ein Licht oder eben irgendeinen Impuls wahrnehmen. Vertraue.*

Okay. Ich schicke eine ganz große Welle aus Liebe und Licht und Verständnis zu ihnen. Und ich verpacke darin einen Aufruf, einen Impuls. In meine Energetik geht eine Information. Diese Information ruft sie auf, sich auf den Weg zu machen, in ihre Heimat. Zu ihren eigentlichen Seelen. Kommt nach Hause, sage ich. Kommt nach Hause. Wie einen warmen Teppich streue ich diese Energie über diesen Bereich und strahle, so viel ich nur kann, an Liebe, Verständnis und Barmherzigkeit. Die sind auch sehr unbewusst, gell?

*Ja.*

Klar, wenn sie so wenig Kraft haben.



*Ja.*

Mein Strahlen beginnt pulsierend zu werden, ist das richtig?

*Ja.*

Jetzt werden meine Impulse schwächer. Immer schwächer. Und jetzt geht es nicht mehr. Danke. Liebe. Was muss ich jetzt tun?

*Wir werden uns jetzt langsam wieder aus der Ebene herausbewegen. Wichtig ist, dass du weißt, dass derartige Impulse auf jeden Fall im Kosmos wirken. Jeder Einzelne wird wahrgenommen und keine Energie vergeht. Auch diese, deine Impulse, werden in diesem Bereich nun Wirkung zeigen.*

Ja hoffentlich. Unfassbar. Also das war die Ebene der … ja wie nennen wir denn das jetzt?

*Die Ebene der verlorenen Liebe.*

Okay. Gut. Was muss ich jetzt tun?

*Sammle dich und konzentriere dich. Komm ganz zu dir. Sei ganz du. Ganz du.*

Ja.

*Lass uns wieder in die höheren Frequenzbereiche gehen mit unserer Aufmerksamkeit und unserer Energie. Hier ist es warm, kraftvoll, lichtvoll, freudvoll und lebendig. Alles lebt, alles pulsiert. Alles wächst.*



Oh ja, und es ist so viel weiter, meine Güte, ja.

*Und freudig.*

Danke lieber Freund der Indianer, möchtest du noch etwas sagen?

*Nein.*

Ich danke dir vielmals für diese wieder mal sehr eindrucksvolle Session. Vielen, vielen, vielen Dank. Liebe.

∞

## Die Essenz

***Auf der nächsten Stufe im energetischen Fall befinden sich die Seelenbruchteile, welche das Empfinden von Liebe, Verbundenheit, Wärme und Empathie verloren haben.***

# *Empfinden von Starrheit*

Mein liebster Freund und Lehrer, voller Freude strahlst du mich an, es ist immer ein wunderschönes Gefühl, sich mit dir zu verbinden. So durchflutet von Freude! Das sollte man abfüllen in Flaschen, dass man dich trinken kann, wenn man traurig ist oder sich wieder über die Grausamkeit der Menschen und der Welt aufregt. Man müsste einfach nur etwas trinken davon, und alles wäre gut.

*Wenn du dich mit der feinstofflichen Welt verbindest, strahlt diese Freude überall.*



Nicht ganz überall, wir besuchen ja gerade ein paar Bereiche, in denen es nicht so freudvoll ist.

*Ja, aber das ist ein Teil der feinstofflichen Welt, welcher weniger lichtvoll und bewusst ist. Ich meine natürlich die bewusste Verbindung mit den lichtvollen Bereichen.*

Ja, ich weiß. Nun lass uns weiter abtauchen im wahrsten Sinne des Wortes, in die nächste Ebene mit weniger Licht. Bitte, was hast du zu berichten, wie gehen wir vor, wo geht es hin?

*Wir werden nun noch weiter in die dunkleren Bereiche gehen. Sei bereit und konzentriere dich.*

Ja, mache ich. Ist sonst noch irgendetwas zu beachten?

*Nein.*

Muss ich mich da irgendwie besonders schützen?

*Nein. Deine Kraft ist dein Schutz.*

Und die kann mir keiner einfach nehmen, gell?

*Genau.*

Okay. Dann bitte.

*Wir gehen jetzt in das untere Feld der drei lichtschwachen Bereiche. Dort ist es sehr dunkel, und du solltest auch langsam die Starre empfinden, welche dort herrscht.*



Ja, kalt und starr. Ach du meine Güte, ich komme mir vor, als würde ich einfrieren.

*Sehr interessanter Vergleich. Denn tatsächlich wird die Abwesenheit des Lichtes und der Liebe als kalt empfunden und alles, was Wesensenergien und Seelenbruchteile sind, ist in einem* ***fast gänzlich starren Sein****. Verbindungslosem Sein.*

Diese Verbindungslosigkeit ist aber nur eine empfundene Verbindungslosigkeit, sie ist es nicht tatsächlich, gell?

*Ja.*

Okay. Bitte bitte berichte weiter. Wer landet, bzw. was landet in einer

derartigen Energetik?

*Wenn Menschen zeit ihres letzten Lebens* ***alle Beweglichkeit im Geiste verlieren und das Herz nicht leben,*** *sondern nur starre kalte Empfindungen, so beginnt die Gefahr der Aufsplitterung der Seelenteile. Kommen dann die beschriebenen Komponenten dazu, welche bewirken, dass sich ein Teil abspaltet, so bedeutet das, dass dieser Teil sehr starr und kalt im Sinne von lieblos fühlt, und dann in diesem Bereich endet.*

Ich halte fest: Dieser Bereich, wie auch die anderen zwei Bereiche sind nicht Bereiche, in denen die Seelen mit ihrer Seelenqualität generell landen, sondern immer nur die Seelenbruchteile, richtig?

*Ja.*



Das ist mehr oder weniger eigentlich wie eine Art „Krankenhaus", in welchem abgebrochene oder abgespaltene Teile der jeweils kranken Seelen beheimatet sind. Ich denke, das hat eine Art Logik in den Resonanzen, dass, wenn es geschieht, dass eine Seele derartig verunreinigte Teile in sich trägt, diese zu den anderen reineren Feldern dissonieren, sich abspalten und dann ja eine Art „Resonanzheimat" brauchen. Und diese ist dann dort.

*Ja. Sehr schön, dass du diese Differenzierungen so klar wieder und wieder benennst.*

Ja, das ist mir sehr, sehr wichtig, weil dadurch das Verständnis für das große Ganze besser wird und vor allem mit den alten Glaubensbildern aufgeräumt wird. Sie sind ja im Grundansatz anscheinend

gar nicht so falsch. Aber deren Umsetzung ist so falsch, dass sie im Grundansatz falsch scheinen.

*Ja.*

Okay, bitte beschreibe weiter.

*Dieser Bereich ist der* ***unterste der lichtschwachen Bereiche****. Wenn wir nun noch tiefer gehen in die noch niedrig schwingenderen Bereiche, dann werden wir fast nichts mehr fühlen oder sehen.*

Gut, da sind wir ja jetzt noch nicht.Ich hätte in erster Linie gedacht, dass es gar nicht mehr noch tiefer geht, um ehrlich zu sein.

*Doch.*



Oh, dann lass uns da bleiben, wo wir jetzt sind. Mir wird schon wieder kalt ohne Ende, es ist unfassbar. Es fühlt sich an, als würde mein drittes Auge sich verkrampfen, sodass  es fast wehtut. Interessant.

*Ja, das ist die Starre dieses Frequenzbereiches. Sehr starr und schwer.*

Wow. Und mein Herz ist so schwer, Gott, das ist ja Wahnsinn. Mir ist kalt, es ist dunkel. Also relativ dunkel, es ist nur noch ganz wenig Licht. Das ist kein schöner Ort.

*Wenn die starren Seelenteile hier in diesen Bereich gelangen, so sind sie* ***voller Verbitterung und Hass auf das Sein.***

Aber ich kenne viele Menschen, die sehr verbittert sind. Heißt, diese Qualität in sich zu tragen auch, dass sich etwas abspalten könnte?

*Nein. Gar nicht. Wichtig ist die gesamte Qualität der Seele jeweils. Ist man durchdrungen von dieser Art des Empfindens, ist es natürlich gefährlicher oder sagen wir riskanter, dass durch eine Abspaltung ein Teil der Seele in diesem Bereich landet. Ist es aber nur ein Teil einer sehr liebevollen Seele, die eben diese Verunreinigung auch hat, so besteht keinerlei Risiko, dass sich dieser Seelenteil in diesem Bereich wiederfinden könnte. Weil noch sehr viel andere Komponenten in ihr schwingen.*

Gut. Also ist das - final zusammenfassend - doch eigentlich „nur" eine Problematik für diejenigen, die von dieser starren, unflexiblen und hasserfüllten Energetik durchdrungen sind?



*Ja. In den größten Teilen zumindest.*

Okay, das habe ich verstanden. Es hat etwas sehr Beängstigendes für mich. Ich bin ja generell etwas schreckhaft, aber diese Ebene hat was sehr gruseliges. Ich sehe die verrücktesten Formen an Seelenbruchteilen. Das kann man gar nicht beschreiben. Wirklich. Sie sind nicht organisch rund. Sie sind verzerrt, würde ich sagen. Verzerrt in die verrücktesten Formen.

*Ja, sehr schön erkannt trotz Dunkelheit. Gut.*

Denen geht es nicht gut, Freund der Indianer. Denen geht es gar nicht gut. Das weißt du, gell?

∞

*Ja.*

Wie ist das, wenn es einer Seele nicht gut geht, entwickelt sie dann irgendwann den Impuls das zu ändern und daraus entsteht dann die Kraft sich zu bewegen? Wir haben es ja dort generell mit wenig Kraft zu tun und dann daraus folgend auch mit wenig Bewusstsein. Wie funktioniert das hier, wie erfahren diese Seelen diesen Zustand?

*Wenn sie durch die besonderen Aufenthaltsaktivitäten in diesem Bereich mehr und mehr sich selbst bewusst werden, **besteht das Potential sich aus diesem Bereich auch selbst zu befreien.***

Was meinst du mit Aufenthaltsaktivitäten? Soweit ich das sehe, bewegen die sich gar nicht. Das ist ein festgefrorenes Sein.



*Sie bewegen sich minimal, Liebes, aber sie sind in sich mit einem Bruchteil an Bewusstheit ausgestattet. Dieses Bewusstsein bedeutet Erinnerungen! Und diese Erinnerungen können über Verarbeitung und Reflektion zu einer Verwandlung der Energetik in sich führen.*

Okay, aber dennoch können sie auch um Hilfe bitten, richtig?

*Ja natürlich. Immer.*

Eine so schwache Energie wird trotzdem gehört?

*Ja.*

Dann wohl eher von den weißen Kugeln, oder?

*Ja. Aber auch Andere.*

Ich kann mir nämlich nicht vorstellen, dass hier irgendwelche Engel hereinkommen, oder?

*Warum nicht? Wenn sie gerufen werden. Stell dir vor, du bist in dem Bewusstsein dieser starren Energien und diese empfinden plötzlich – warum auch immer – den Impuls diesen Zustand zu ändern, und haben vielleicht verschiedene Momente reflektiert und aus dieser Erkenntnis einen Entschluss gefasst. Dann möchten sie wandeln und diese Wandlung, so erinnern sie sich, kann über beispielsweise Engel hervorgerufen werden. Also rufen sie vielleicht auch einmal Engel. Und dann kommen diese natürlich in diesen Bereich, um den Wunsch dieses Seelenbruchteils zu erfüllen.*



Wow. Dann ist es gut, dass wir jetzt dieses Werk hinterlassen, um den Menschen auch gleichzeitig das Werkzeug mitzugeben, falls so etwas passieren sollte, dass sie sich erinnern, dass sie die weißen Kugeln, Engel oder auch Meister rufen könnten, richtig?

*Ja. Sehr schön gesagt.*

Danke. Ich empfinde dort keine Traurigkeit. Es ist nur diese unglaublich unangenehme **Starre**, alles zieht sich zusammen und fühlt sich ganz furchtbar an, mir wird ganz schlecht, um ehrlich zu sein. Das ist wirklich kein schöner Zustand. Es ist, als würde mich dieser Bereich betäuben. Er fühlt sich so starr an, dass ich auch starr in meinen

Gedanken werde. Hier ist es jetzt schon eher schwarz. Also es gibt schon noch ein kleines bisschen Licht, aber nicht mehr dunkelblau, sondern eher gefühlt schwarz von der Farblichkeit. Und die Seelen haben überhaupt kein Licht in sich. Sie sind wie Bündel … wie grau schwarze Wolken. Und dennoch haben sie Formen. Verrückt. Also ich hab keine Frage mehr. Wenn es nach mir geht, lieber Freund, müssen wir jetzt nicht noch länger in dieser Ebene bleiben. Die ist sehr unangenehm. Hast du noch etwas, das du dazu sagen möchtest?

*Sehr gerne möchte ich abschließend benennen,* ***dass diese verlorenen Seelenbruchteile mit ihren eigentlichen Seelen weiterhin verbunden sind****. Diese Verbundenheit wird aber nicht empfunden. Von diesen Bruchteilen in den dunkleren Frequenzbereichen noch weniger als von der eigentlichen Seele. Damit möchte ich aber, ohne jetzt tiefer in diese Problematik reinzugehen, darauf hinweisen, dass die Verbindung mit der Heimatseele und damit auch mit der Mutterseele und damit mit der Quelle immer besteht.*



Freund der Indianer, lass uns bitte bald hier weggehen. Ich kann nicht mehr sprechen, so hart ist das, so starr. Noch was?

*Nein.*

Ja, bitte lass uns wieder in die anderen Ebenen gehen, bitte.

*Ich führe dich. Bleibe bitte in deinem Bewusstsein ganz bei dir. Gehe mit mir in die helleren, lichtvollen Bereiche hinein. Fühle die Wärme, das Licht, die Obhut, die Liebe.*

∞

Ja.

*Und die Freude.*

Ja.

*Die Freude.*

Das ist kein Vergleich. Das ist ja das Gegenteil von dem, was wir gerade hatten. Hier ist Weite, hier ist Liebe, hier ist Wärme und dort ist totale Enge und Kälte und Starre. Wahnsinn, dass die Quelle das überhaupt ermöglicht, solch einen Zustand. Das wundert mich etwas.

*Du stellst komische Fragen. All das ist Teil der Ausdrucksformen all der Energien im Kosmos. Und diese Thematik ist nun auch Teil des Seins - so wie ihr Menschen euch verletzen könnt, so können* ***Seelen sich auch verletzen, verlieren dabei Energie*** *und diese Energieteile – da sie nie verloren gehen – bleiben mit ihrem Bewusstsein dann auf den weniger lichtvollen Ebenen. Bis sie wieder zueinander geführt werden. Und wie du selbst im Leben erfährst, ist nicht alles voller Liebe.*



Ja, ich weiß. Aber diese Ebene war jetzt schon sehr krass unangenehm und ich muss mich jetzt erstmal wirklich baden in dem Licht und in der Liebe hier. Auch um das auf eine gewisse Art und Weise zu vergessen. Es prägt, diese Ebene zu besuchen, das muss ich dir ganz ehrlich sagen. Es dehnt mich einerseits in meinem Bewusstsein, gleichzeitig ist es eine Hausaufgabe für mich, die anderen gerne hilft, dass ich dort nicht irgendwie hinein wirken und helfen kann. Da habe ich noch keine Antworten dazu.

∞

*Bleib in deiner Resonanz und folge deinen Impulsen. Dann kann dir nichts passieren.*

Ja. Du hattest gesagt, das war die unterste Ebene der lichtschwachen Bereiche. Und dann hast du noch von anderen lichtschwachen Bereichen gesprochen. Was sind denn das dann für welche?

*Wenn wir weiter nach unten schauen, finden wir dort das bedingungslos Lichtlose.*

Oh gibt´s das wirklich? Das überrascht mich ein bisschen. Du bist traurig.Wieso wirst du traurig?

*Weil ich selbst manchmal über diese Thematik Verzweiflung empfinde. Verzweiflung, oder sagen wir besser Ohnmacht. Ich würde gerne diese Bereiche mit Licht und Liebe erfüllen, aber es ist nicht möglich.*



Wie meinst du das? Ist es nicht erlaubt oder ist es nicht möglich?

*Es ist nicht möglich. Ich kann dorthin nur mit meinem Bewusstsein reisen, nicht mit meiner Seele. Und deshalb kann ich dort auch nicht einwirken. Keiner kann das ungebten, wie du weißt.*

Und das lässt dich verzweifeln?

*Ja. Sehr ähnlich geht es mir aber eben und vor allem in diesen ganz tiefen dunklen Bereichen. Dort ist keinerlei Licht mehr und es ist wie der „**Friedhof der Seelen**“.*

Moment. Es ist aber nicht der Friedhof der Seelen, denn so etwas gibt es doch nicht, oder?

*Ja. Sagen wir, es ist der **dunkelste, lebloseste, liebloseste, unbewussteste Bereich des ganzen Kosmos.***

Diese gewisse Traurigkeit verstehe ich, aber ich dachte immer, du bist jemand, der mich gelehrt hat, die Dinge so zu akzeptieren, wie sie sind. Nach dem Motto: Es gibt halt links, es gibt rechts, es gibt die dunkleren Ebenen, es gibt die helleren Ebenen, alles ohne Wertung. Wieso gibt es tatsächlich etwas, das dich so emotional erwischt?

*Weil ich in diesen unteren Bereichen keinerlei Bewegung mehr feststellen konnte und dies in mir eine Erkenntnis schuf. Die Erkenntnis, dass dort keinerlei Impuls in diesen Energien mehr herrscht.*



Du meinst, keinerlei Impuls mehr noch wachsen zu wollen, wieder reinigen zu wollen, wieder nach Hause zu wollen. Einfach nichts.

*Ja.*

Aber vielleicht ist das nur deine Wertung und deine Wahrnehmung?

*Du bist sehr lieb, aber glaub mir, ich beobachte diese Frequenzbereiche wirklich schon sehr lange in deiner Zeitlinie gesprochen. Und ich sehe tatsächlich keinerlei Bewegung.*

Lass uns zu diesem Thema bitte ein andermal tiefer gehen, ich kann nicht so lange sprechen. Lass uns dann bitte wirklich genau hineingehen. Ich möchte zusammen mit dir, mit meinem Bewusstsein diese Ebenen besuchen und möchte schauen, was ich wahrnehme, okay?

*Ja. Sehr schöner Ansatz.*

Okay. Möchtest du noch etwas sagen zu dieser unteren Ebene der lichtschwachen Bereiche?

*Nein.*

Okay. Dann danke ich dir von ganzem Herzen für diese erneute, sehr spannende, informative Session. Danke, Liebe, mein Freund.

*Danke. Liebe.*

## Die Essenz

***Ein Leben in Starrheit, Lieblosigkeit, Verbitterung und Gram gelebt, verändert die Energie der Seele. Aus dem „Urcocktail Seele" aus Licht und Beweglichkeit wird Starre und dunkle, verunreinigte Energie. Ist die Seelenkraft zu großen Teilen von dieser Energetik erfüllt, so besteht das Risiko, dass sich Teile daraus abspalten und in diesem energielosen Bereich landen. Dennoch bleibt die Seele weiter mit diesem Bruchteil, mit der Mutterseele und natürlich dadurch weiterhin auch mit der Quelle allen Seins verbunden. Doch befindet sie sich dadurch eben nicht als Ganzheit einer Seele in einer Ebene, um dort zu rasten und zu wandeln, sondern sie ist aufgesplittert und verstreut, verteilt im Kosmos. Dieser Zustand ist natürlich, wie alles im Kosmos, veränderbar, kraft des freien Willens der Seelenenergien, die über den Weg der Reinigung immer auch diesen verlorenen Teil wieder zu sich holen können.***

# Das Empfinden von Leere

Liebster Freund und Lehrer, ich bin bereit mit dir nun anscheinend eine andere Form von Lehre oder Reise zu vollziehen. Bitte, bitte sprich, bitte beginne.

*Meine Kraft kann sich – wie übrigens deine auch – nicht in die sehr dunklen Bereiche des Kosmos bewegen. Das ist so, weil wir zwar unsere Kräfte modifizieren können, aber sie auf ein derartiges Minimum reduzieren, ist nicht möglich. Unsere Seelen und ihre Kraft ist so viel mehr kraftvoller, dass wir unser Wesen verlieren würden. Unser Bewusstsein verlieren würden. Deshalb habe ich mir angeeignet diese Bereiche nur mit meinem Bewusstsein zu bereisen.*



Wie geht das? Es würde mich wirklich sehr interessieren, das von dir beschrieben zu bekommen. Wo befindest du dich und wie geht das?

*Ich bleibe mit meiner Seelenkraft ganz in meiner Ebene. Wenn ich mich dann beginne zu konzentrieren, so wandert mein Bewusstsein in diese Ebenen hinein. Ohne dass meine Kraft sich verändern muss.*

Kann man das vergleichen mit der Meditation, wo wir mit unserer Seele im Körper bleiben, aber mit unserem Bewusstsein woanders hinreisen?

*Ja. Es ist tatsächlich ähnlich. Wenn ich also meine Aufmerk-*

*samkeit ganz auf etwas lenke, so bewegt sich dabei nur der Geist – das Bewusstsein.*

Aber ich habe auch gelernt, dass die Ausrichtung des Bewusstseins, die Energie, mit der ich mich auf etwas  konzentriere, zur Foge hat, wohin ich mich bewege, das ist auch eine Art Energiegesetz.

*Ja, das ist auch richtig so, aber in diesem Fall willst du und kannst du dich nicht dorthin bewegen, also musst du es nun bei der Bewegung des Geistes belassen. Verstehst du?*

Ja okay. Ist das für dich anstrengend, so zu reisen?

*Nein.*



Okay, dann werde ich das jetzt auch mal versuchen, ich bin gespannt, ob ich das kann.

*Versuchen wir es: Lenke deine Aufmerksamkeit nun durch die bereits besuchten Ebenen hindurch - die verstoßenen, die liebesentrissenen und die starren Seelen. Dann stößt du an eine Linie. Beschreibe diese.*

Warte … . Ich bekomme die ganze Zeit das Bild von einer Art Mauer, ist das richtig?

*Ja.*

Echt? Eine Mauer?

*Ja.*

Aha. Die wirkt sehr groß, so richtig wie in den Himmel hinauf ragend, ganz, ganz hoch, als hätte sie kein Ende. Was ist das? Das ist doch keine Mauer. Dort gibt es keine Mauern.

*Es ist eine **energetische Mauer. Sie bremst das Bewegliche und filtert das Unbewegliche.***

Aber im Kosmos gibt es keinen unbeweglichen Zustand.

*Sehr wahr, Liebes, aber sie bildet dennoch die **Trennwand** zwischen den sich weiterhin, wenn auch **langsam, bewegenden Energiefeldern der Seelenbruchstücke** und derer, die sich **nicht zu bewegen** scheinen.*



Und warum eine Wand?

*(Achselzucken)*

… Okay … also ich stehe jetzt an dieser Wand und sie scheint undurchdringlich. Was machen wir jetzt?

*Du kannst mit deinem Geist die Wand durchdringen. Das ist der Grund, warum wir hier mit dem Bewusstsein reisen müssen. Mit deiner Seelenenergie wärest du nicht hindurch gekommen. **Es ist eine klare Linie aus Energiezuständen.** Bewege dich nun hindurch.*

Ich muss erstmal schauen, wie das geht. Es geht, aber ich habe ein bisschen das Gefühl, als würde ich Kopfschmerzen kriegen.

*Das kann sein. Bleibe bei deinem Bewusstsein. Bewege dich, wenn du kannst, mit deinem Geist und beschreibe mir, was du siehst. Ich begleite dich.*

Also, es ist auch hier sehr still. Ich empfinde es eigentlich nur als still. Es ist noch dunkler, also dunkel dunkel, aber ich habe keine Angst.

*Sehr gut. Das brauchst du auch nicht, und das bedeutet, dass du in deiner Seelenkraft bist. Das gefällt mir. Wenn du dich noch länger auf diesen Bereich konzentrieren würdest, so würdest du folgende Dinge bemerken. Ich berichte:* ***In manchen Teilen finden sich mehr Seelenbruchteile als in anderen****. Es ist also nicht als ein Bereich, der alle Seelenbruchteile gleichmäßig beheimatet, anzusehen, sondern es scheint unterschiedliche Qualitäten zu geben. Ich habe diese einzelnen Qualitäten aber nicht erforschen können, da keinerlei Informationen durch diese Seelenbruchteile fließen. Sie sind nicht nur starr, sondern sie wirken fast leblos.*



Ja, das hast du schon angesprochen, dass du es eigentlich wie eine Art Friedhof bezeichnen würdest, weil es fast schon wirkt, als wären diese Energien tot; aber wir sind uns einig und wir kennen die Energiegesetze, wonach es den Energietod nicht gibt. Was genau ist dann hier der Zustand? Hast du das schon in Erfahrung bringen können?

*Ja. Es sind Bruchteile von Energiefeldern, die so wenig Energie haben, dass sie fast nicht bewusst existieren. Sie haben* ***keine wirklichen Erinnerungen****, weil sie auch so wenig Be-*

*wusstheit tragen. Sie sind* **energetisch sehr, sehr schwach,** *und das ist die Ursache für ihr schwaches Bewusstsein. Meine Erfahrung hat gezeigt, dass durch diese Kraftlosigkeit mehrere Komponente geschehen. Einerseits ist es deshalb so still, weil die Energien so niedrig schwingen – und zusätzlich ist dadurch für uns schwerer wahrzunehmen, welche Art Problematik diese Energiefelder in ihrer Materie tragen. Ich will damit sagen, dass sie nicht wie die anderen drei Ebenen / Bereiche wirken, Es ist nicht so, als seien sie mit einer Art Emotionalität behaftet, sie sind einfach nur.* **Es ist wie das leere Sein.** *Verstehst du, was ich meine?*

Ja, ich glaube, ich verstehe, was du meinst. Wenn wir vorher die Energien hatten, die sich verstoßen gefühlt hatten, die anderen, die keine Liebe empfunden haben, und die nächsten, die starr waren, dann hatten wir immer eine Art Emotionalität dabei. Hier gibt es keine solche Emotionalität zu beschreiben. Es ist nichts.



*Ja. Genau. Es wirkt, als wäre dort nichts. Aber dennoch siehst du die Seelenbruchteile, oder?*

Ja ja, und ich krieg Kopfschmerzen. Mein drittes Auge …

*Blende es aus, wenn du kannst, bitte noch eine Weile.*

Ja. Also aus Menschensicht würde ich sagen: es ist furchtbar langweilig hier. …

*(Lacht.)*
*Ich habe dir von den unterschiedlichen Konzentrationen der*

*Seelenbruchteile berichtet. Was ich auch interessant finde, ist, dass* ***manche dieser Seelenbruchteile sich ganz alleine aufhalten. Andere wie als wären es Haufen****. Und wenn es diese Haufen sind, dann können sie durchaus auch weit in die Räumlichkeit wirken. Also nicht nur in einer Ebene, sondern den Raum erfüllend, aber gebündelt.*

Und du konntest, wenn du so eine gebündelte Art von Energien gesehen hast, nicht erfragen oder herausbekommen, warum die da so gebündelt sind?

*Nein.*

Aha. Lass mich mal ein bisschen schauen, ich bin gerade bei so einer Bündelenergie. Nein, man kann mit ihnen nicht kommunizieren, es geht nicht. Interessant. Jetzt fängt mein Herz auch an, sich wie zu verkrampfen. Interessant, wo du mich hier hinführst. Lass mich bitte weiter schauen. Kann es sein, dass die, wenn das so mehrere sind, dass „sie wie zusammenkommen“, um eine neue Energie zu bilden?

*Ja. Sehr schön erkannt Liebes. Durchaus kann und höchstwahrscheinlich muss sich diese Menge an Seelenbruchteilen zu einer neuen Energie formen. Aber dazu wollte ich dir separat berichten. Welche Möglichkeiten es für diese Seelenbruchteile im Kosmos gibt, sich dennoch wieder zu wandeln.*

Okay, also wir beobachten diese Art Formation. Aber dann gibt es doch eine Art Bewegung.

*Ja. Natürlich. Ich sage ja auch nicht, dass es gar keine Be-*

*wegung gibt, nur ist sie im Vergleich zu den anderen Feldern, welche wir besucht und kennengelernt haben, so viel geringer, dass es für einem Moment betrachtet, scheint, als seien sie völlig unbeweglich. Aber rechnen wir mal mit deiner Zeit in Äonen, so bewegen sie sich natürlich.*

Ach Mensch, die, die da ganz alleine sind, tun mir echt leid, das ist doch furchtbar. Ich will mal zu einem von ihnen hingehen, Moment. Ich hab einen, der sieht aus wie so ein abgebrochener Pfeil. Eieieieiei. Hm. Weißt du, was ich interessant finde? Wenn ich Energieimpulse dahin geben will, ist es, als würden die gebremst werden, als wäre die Energetik in diesem Bereich so, als müssten die Energieimpulse wie durch eine Art Teermasse hindurch.

*Ja. Das habe ich auch schon bemerkt.*



Rein physikalisch würde mich jetzt interessieren, warum das so ist, und was das ist. Oh Mann, lieber Freund der Indianer, mir wird echt langsam schlecht. Ist das, weil die Dinge dort natürlich keinerlei Energie oder Energiebewegung und deswegen auch kein Licht?

*Ich habe darauf keine physikalische Antwort, Liebes. So gerne ich sie geben möchte. Aber für mich ist es so, wie es ist. Ich kann keine Formeln und Parameter der Problematik bieten – ich versuche sie dennoch gerne weiter zu erforschen und zu begreifen.*

Ja, die Frage nach Formeln ist für mich eine Form von Begreifen, das ist mein innerer Analytiker. Entschuldige, lieber Freund.

∞

*Ja. Ich weiß und der Analytiker ist auch sehr gut und gern gesehen, aber hier kommen wir an die nächsten Grenzen deiner Physik.*

Ja. Ich verstehe. Also ich fühle mich jetzt mittlerweile so schwer wie vielleicht 10.000 Tonnen. Mein Herz ist schwer, es fühlt sich an wie ein Stein. Mein drittes Auge wirkt, als würde es wie mit Beton zugekleistert oder verkleben. Unglaublich anstrengend in dieser Ebene zu sein. Jetzt sag mir nicht, dass es noch eine Ebene gibt.

*Doch.*

Ach du meine Güte. Okay. Ich nehme gerade in diesem Bereich einen Bereich wahr, in dem es ein bisschen heller ist. Der ist so oben.



*Ja.*

Was ist das?

*Das ist das Verbindungsglied der Ebene in die Urkraft der Quelle. Gut, dass du das schon wahrnimmst. Es ist nämlich sehr klein.*

Ja, aber es ist da. Wozu ist es da?

*Es ist da, um der Ebene die Verbindung in die Quelle zu ermöglichen. Denn auch dieser Teil ist ein Teil der Quellkraft.*

Ah ja. Aber da kommt nicht irgendwas durch oder so.

*Nein, nicht wie du es meinst, aber es ist die Verbindung der Ebene in und mit der Kraft der Quelle, die du wahrnimmst.*

Okay. Diese Mauer, die wirkt, als wäre die wirklich unendlich.

*Natürlich ist sie unendlich. Sie umschließt diese Ebene, Liebes.*

Wow. Das ist sehr interessant zu sehen, so etwas Gigantisches. Ich möchte das für die Leser festhalten: Es wirkt wirklich so, als wäre das nochmal eine andere Welt. Da ist diese Riesenmauer, die dennoch keine Endlichkeit kennt. Auf der einen Seite hat man noch so etwas wie ein bisschen Licht, aber … es ist so grau … es hat tatsächlich etwas Räumliches, auch wenn ich dieses Wort hier nicht passend finde. Auf der anderen Seite ist es eigentlich wie ein anderer Aggregatzustand, so würden wir in unserem Menschenverständnis sagen.



*Ja.*

Das eine, die eine Seite ist noch mit Luft und die andere Seite ist mit Teer. Ich denke mir, damit kann jeder Leser was anfangen. Es ist unglaublich bremsend, schwer, dunkel und unangenehm. Schon interessant, dass es so etwas gibt. Und du sagst, es gibt noch was anderes.

*Ja.*

Na, ich bin gespannt, wie das aussieht. Sind wir denn mit der Ebene durch?

*Ja.*

Dann möchte ich, dass wir uns wieder nach Hause bewegen mit unserem Geist, bitte.

*Natürlich Liebes. Bitte begebe dich nun wieder auf die andere Seite dieser Energiemauer. Begebe dich weiter durch diese Frequenzbereiche hindurch, bis du wieder in die lichtvolleren Ebenen trittst, weiter und weiter, höher und höher- und empfinde, wo du dich wohlfühlst.*

Ja. Gut, bin da.

*Sehr schön. Fühlst du dich gut? Bleib noch ein bisschen in dieser Aufmerksamkeit des Lichtes. Tanke das Licht, tanke die Wärme, die Ruhe und die Liebe, die dich umschließt.*



Ja. Weißt du was, wenn ich dieses Gefühl jetzt als Gegenpol zu dem anderen eben habe, dann ist das Gefühl hier das Gefühl von purster Fülle. Und das in der anderen Ebene, die auch „voll" ist, aber mit dieser Teer-Energie, enthält diese Fülle nicht. Also das hier ist eine erfüllende Energetik und dort ist es eine volle Energetik, die aber nicht so mit Liebe und Bewusstheit erfüllt werden kann und deswegen empfindet man auch diese Leere.

*So könnte man es beschreiben, Liebes, ja. Sehr schön.*

Interessant. Das eine ist das Innere erfüllend, das andere ist das Innere nicht erfüllend.

*Ja.*

∞

Also diese Mauer, die finde ich jetzt schon spannend. Diese Energiemauer. Dass es sowas gibt. Nun ja, ich danke dir für diese Session und bin auf die nächste gespannt. Vielen, vielen Dank mein liebster Freund. Danke. Liebe.

*Danke. Liebe.*

## Die Essenz

***Die Seelenbruchteile, welche sich in dieser Ebene befinden, sind geprägt von sehr wenig Energie, folglich auch sehr geringem Bewusstsein. Als sei alles ohne Bewegung, hat man das Gefühl hier am Ende allen Seins angelangt zu sein, doch gibt es auch hier tatsächlich noch Steigerungen.***

# *Die energetische Mauer*

Mein liebster Freund und Lehrer, ich habe das Gefühl, dass diese Mauer, die energetische Mauer, wie wir sie bezeichnet haben, doch irgendwie auch als ein Bereich zu kennzeichnen ist, und ich möchte noch ein kleines Bisschen mehr die Bedeutung und die Konsistenz dieses Bereiches kennenlernen. Daher bitte ich dich, wenn möglich, dass du mir noch mehr darüber berichtest, was du über diese Energiewand noch so weißt.

> *Wenn du diesen Bereich näher betrachten möchtest, so wäre es wohl besser dich selbst dorthin zu bewegen. Ich habe wirklich keine weiteren Informationen.*



Okay, also du kannst mir nichts weiter dazu sagen.

> *Nein.*

Okay, dann probiere ich es einfach selbst. Bitte begleite mich, mein liebster Freund und Lehrer, geht das?

> *Ja.*

Ich begebe mich mit meiner Energie in den Bereich der Leere. Ich gehe noch weiter hinein. Um mich herum ist es still, ganz still. Als würde nichts leben. Immer weiter, immer weiter. Mir wird schwer ums Herz, meine Seele muss sich zusammenziehen. Es ist, als könnte ich nur noch halbe Luft holen. Ich tauche.

Und dann sehe ich dort diese riesige Wand. Es ist gerade noch genug Licht, dass ich sie wahrnehmen kann, und sie ist wirklich groß, erfüllt den ganze Horizont, das ganze „Alles“. Aber sie ist kugelförmig. Also rund. Sie scheint eine leichte Krümmung zu haben. Ich kann mich an ihr hinauf und hinab bewegen. Und sie wirkt glatt. Wenn ich sie berühre, mit meiner Seele, dann wirkt sie wie Stahl, glatter Stahl, harter Stahl. Ich komme mit der Seele nicht rein, das haben wir ja schon festgestellt.

Jetzt parke ich meine Energie dort an diesem Bereich, dort an dieser Oberfläche und versuche mit meinem Geist wieder durchzudringen. Und ich versuche, ob ich beim Durchdringen irgendetwas Neues wahrnehmen kann.

Sie ist dünn. Die ist ganz fein. Weil sie so dünn ist, kann ich die Konsistenz darin nicht erklären. Nein. Die Mauer selbst ist sehr fein, eine Wand, sehr fein, und die Energetik dort ist tatsächlich auch nochmal eine andere Form von Festigkeit. Es sticht im Herz, also im Gefühl ist es, als wäre es ein Stich im Herz, wenn ich da durch gehe. Irgendetwas ist dort extrem fest. Und ich merke, wie es wirklich die Seelenenergetik filtert. Es gibt kein Durchkommen. Es ist unmöglich, mit Seelenernergie dort hinein zu kommen. Man kann nur mit dem Bewusstsein hinein. Und mit dem Bewusstsein habe ich natürlich andere Empfindungen.

Ich habe zunächst versucht mit der Seele hineinzugehen, aber es ist wirklich nicht möglich. Wenn ich das Bewusstsein entkoppele und es dehne, dann geht es. Dann nehme ich diese feine Wand wahr und, ja, empfinde auch dieses Stechen, aber es ist viel weniger stark. Und dann schaue ich wie mit einem Schnorchel in diesen Bereich. Und der ist nochmal ganz anders. Es ist, als würde man auf der einen Seite ein dunkles Meer haben, ein tiefes Meer, Wasser vom Zustand des Elementes her, und auf der anderen Seite ist man im Schlamm. Ja,

das ist so, glaube ich, am besten erklärt. Und durch diesen Schlamm kann man sich eben, wie schon festgestellt, nur mit dem Bewusstsein bewegen und nicht mit einer Seelenenergetik. Um so interessanter, dass dort Seelenbruchteile liegen.
Wie kann das eigentlich sein, lieber Freund der Indianer, dass in einem Bereich, in den ich als Seele nicht hineinkomme, doch tatsächlich etwas Seelisches befindet?

*Es sind abgespaltene Teilchen, die in dieser Resonanz schwingen, und deshalb dort gelandet sind. Du kennst die Problematik und den Ablauf, wenn sie gespalten werden.* ***Sie landen, kraft der Resonanz, von ganz alleine in dem Bereich, der ihnen entspricht****. Diese Teile sind also wie dieser Bereich und gelangen deshalb dorthin.*



Ach, du meinst also, weil meine Seele ihre eigene Schwingung hat - selbst wenn sie die nach unten tuned -, kann sie trotzdem nicht durchkommen, weil der Bereich einfach so weit weg von ihrer Schwingung/Frequenz ist, richtig?

*Ja. Sehr schön erklärt. Außerdem bist du eine Seele mit Seelenkern, und es ist sowieso nicht möglich, derartige Energiewände zu durchdringen mit dem Seelenkern. Dort in dem unteren aller Bereiche findest du ja keine Energien, welche einen Seelenkern besitzen. Es sind wirklich nur Seelenreste.*

Okay. Ich ziehe mich jetzt mit dem Bewusstsein wieder ein bisschen raus, weil wir ja schon in diesen Ebenen waren. Und komme mit meinem Bewusstsein wieder zu mir in meine Energetik hinein.
Es ist echt unglaublich, ich kann diese Wand, diese leicht gekrümmte

Wand bereisen, aber sie ist immer gleich. Immer gleich und riesengroß. Es gibt darin keine Art Leck oder ein Tor oder irgendetwas, es ist ein in sich geschlossenes System, richtig?

*Ja.*

Wow. Nun gut, dann habe ich jetzt dazu keine Frage mehr, hast du noch etwas?

*Nein.*

Okay, Danke. Liebe.

*Danke, Liebe.*



∞

## Die Essenz

***Irgendwo auf dem Weg in die noch tieferen Ebenen der kosmischen Frequenzen empfindet man so etwas wie eine energetische Mauer. Es ist eine klare Abgrenzung verschiedener Energetiken. Als würde aus dem dunklen Meereswasser plötzlich ein Bereich aus Schlamm werden. Das, was vorher „wässrig" (transparent/fließend) wirkte, erscheint plötzlich undurchlässig. Letztlich ist es eine feine, dünne Schicht aus bestimmten Energien, die es für gesunde Seelen unmöglich machen diese zu passieren. Wie ein noch stärkerer Filter sammeln sich in den nun folgenden Ebenen wirklich nur die schwersten, engsten und verunreinigsten Energiefelder, in Form von Seelenbruchteilen, aus dem ganzen Kosmos.***

# Empfinden von Hoffnungslosigkeit

Hallo, mein lieber Freund! Kaum bin ich mit dir in Verbindung, muss ich grinsen bis über beide Ohren, das ist so schön! Unfassbar, so viel Freude. Die müsste man abfüllen in Flaschen und den Menschen geben, dass sie aufhören so verbittert und so griesgrämig zu sein.

*Danke.*

Nun denn, mein lieber Freund und Lehrer, auf geht´s, ich bin bereit für unsere nächste Runde. Du auch?

*Ja.*



Gut. Bitte sprich.

*Wenn wir durch die unteren Frequenzbereiche, wie du gerne sagst, reisen, dann werden unsere Energien dabei nicht verändert. Deine Wahrnehmung ist ausschließlich über dein Bewusstsein. Daher mache dir keine Gedanken oder Sorgen. Weite ist der Schlüssel, um derartige Bewusstseinsreisen zu unternehmen, doch interessanterweise werden die Zustände, die wir bereisen, uns mehr und mehr das Gefühl von Enge übermitteln. Doch dies ist nur in unserem Bewusstsein zu erfahren. Beunruhige dich also nicht, falls du jetzt das Gefühl von Enge empfinden solltest. Es ist nicht deines und auch nicht mit Gefahren verbunden. Deine Weite bleibt dir erhalten.*

∞

Okay, habe ich verstanden. Wohin entführst du mich denn jetzt? Bitte beginne.

*Gerne. Deine Beschreibung von der energetisch großen Wand erinnerst du noch, richtig?*

Ja.

*Dann begib dich mit deinem Bewusstsein nun wieder an diese Wand.*

Ja. Das ist unfassbar. Das ist so groß. Weißt du, was ich so interessant finde, ist: In den ganzen Geschichten und Märchen, die die Menschen in ihren Religionen übermitteln, reden sie allenfalls von Toren. Das ist genau das Gegenteil von einem Tor. Genau das Gegenteil davon. Genauso wie es hier auch nicht heiß ist sondern eiskalt. Komisch. Wieso ist das so verzerrt?



*Das ist ein anderes Thema, Liebes, lenken wir nicht weiter ab.*

Ja, mir kam nur grade die Frage. Also ich bin an dieser Wand. An dieser riesigen, gigantischen, den ganzen Kosmos erfüllenden Wand. Hinter mir empfinde ich die Feinstofflichkeit und vor mir ist diese Wand und ich weiß dahinter ist dieses Teergefühl, dieses bremsende.

*Gehe nun bitte hindurch.*

Ja bin ich. Und schon ist es wieder wahnsinnig schwer. Also schwer im Sinne von schwer durchzukommen und ich fühle mich schwer.

∞

*Gehe weiter. Versuche dich zu bewegen.*

Das ist eine sehr interessante Übung, denn es ist wirklich ein anderes Bewegen, verglichen mit dem, wie ich mich sonst mit meiner Seele bewege. Ich muss es umlenken und wirklich nur auf das Bewusstsein gehen. Okay ich hab´s. Ich hab´s.

*Begib dich weiter nach unten in deiner Perspektive.*

Ich versuche es. Ja, es ist tatsächlich erdrückend eng. Bitte berichte du doch in der Zwischenzeit von deinen Erfahrungen und deinem Wissen. Wo sind wir denn, wo geht es denn jetzt hin?

*Wir besuchen die* ***Bereiche der verlorenen Verbindung in den Kosmos****, in die Quelle, und allem Dazugehörigen. Dieser Teil jetzt ist* ***der Bereich, in dem Hoffnungslosigkeit überwiegt****.* ***Das nicht vorhandene Hoffen auf etwas Besseres, Schöneres, Wärmeres, Lichtvolleres.***



Hoffnungslosigkeit trägt in sich die Thematik der potentiellen Selbstaufgabe.

*Ja, Selbstaufgabe, Liebes.*

Bitte berichte mir genau, wie du das meinst. Bedeutet es, dass diese Seelenbruchteile, die man dort vorfindet, sich selbst schon aufgegeben haben?

*Ja. Sie sind zumindest dabei.*

∞

Oh. Also ich komme mir vor, je mehr ich dorthin wahrnehme, als würde alles immer fester werden, immer klumpiger. Ich kann, um ehrlich zu sein, auch gar keine Seelenbruchteile mehr orten. Es ist alles nur fest, wie als würde ich in eine Masse hineintauchen wollen, die aber eigentlich total fest ist. Ich komme fast nicht rein.

*Sehr richtig. Du beschreibst das genau richtig. Ich habe auf meinen Reisen dorthin versucht diese Konsistenz näher zu erkunden und bin auf interessante Erkenntnisse gestoßen. Das, was wir als schwer und träge empfinden, sind im Prinzip die Seelenbruchteile, welche sich durch ihre fast unbewegliche Energie so anfühlen. Verstehst du, was ich meine?* ***Es gibt fast keinen Raum zwischen Seelenbruchteil und kosmischem Raum, sie sind alle sehr verfestigt und starr.***



Aber die Ebene der Starrheit hatten wir ja schon.

*Aber anders. Dort war die kosmische Umgebung, wenn wir das so benennen wollen, noch möglich. Hier ist alles verfestigt als sei es Eins.*

Aber wenn es Eins ist, dann besteht doch die Möglichkeit, dass es auch zu einem Bewusstsein kommt, wenn Energien sich zusammenfinden. Bilden sie dann nicht ein neues Bewusstsein?

*Ja, sehr richtig gefragt, Liebes. Aber wenn du dir nun die Hoffnungslosigkeit in diesen Energien vorstellst, dann befindet sich dort auch* ***keine willentliche Verbindung zueinander.*** *Es ist also in sich sehr verfestigt* ***aneinander, aber es ist nicht miteinander,*** *und es besteht auch kein Impuls, sich auf-*

*einander zuzubewegen und miteinander zu agieren, um etwaige neue Felder zu bilden. Anders ist das in der Ebene der Leere, welche wir gestern besucht haben. Dort hast du die Gruppierungen bemerkt.* ***Hier ist die ganze Ebene voll von diesen Seelenbruchteilen, aber ohne diese Bewegung, und in viel stärkerer Härte im Sinne von Starrheit.***

Hm. Das ist unglaublich, weißt du das? Abgesehen davon, dass ich Angst habe, mich selber irgendwie da hinein zu verfestigen. Wenn man überlegt, dass es eine Ebene gibt, in der die Seelenbruchteile sich aufhalten, die jeden Glauben, jede Hoffnung und damit auch ihren Wille verloren haben. Das ist ja wie lebendig begraben. Entschuldige, aber du hast den Begriff Friedhof benutzt.



*Ja. Und ich habe es bildlich bewusst gewählt. Denn in diesen Frequenzbereichen ist die Bewegung so gering, dass sie mehr und mehr, fester, diese Stofflichkeiten werden, leblos wirken. Ich habe wirklich viele Wesensarten und Bereiche besucht, in ihre Differenzierungen hinein bis in die letzten Details. Aber immer habe ich Bewegung getroffen. Immer war alles lebendig und in Bewegung. Selbst wenn es sich nicht im Außen bewegt hat, also im Raum, in der Räumlichkeit der Feinstofflichkeit, so war es in sich flimmernd lebendig. Hier ist das Flimmern nicht vorhanden und keine Bewegung. Als sei sie nicht möglich.* ***Die Energiefelder wirken klein und sehr verstümmelt.***

Ich kann das nicht glauben, dass da gar kein Pulsieren mehr drin ist. Eine Energie, die nicht in Bewegung ist, das kann nicht sein. Jedes Mini-Atom ist in Bewegung. Das kann nicht sein.

∞

*Ja. Ich sehe es genauso wie du, aber vielleicht fehlen uns die Wahrnehmungen dazu. Mit Sicherheit gibt es eine Art Bewegung dort, aber wir sind nicht fähig nur mit dem Bewusstsein diese im Detail wahrzunehmen. Ich vermute eher Derartiges.*

Ja, schon. Also ich würde gerne mal eine Weile dort bleiben. In diesem festen engen Bereich und mir kurz anschauen, ob ich nicht irgendetwas sehe, das sich bewegt. Bitte gib mir ein paar Minuten … ein paar Sekunden … . Also ich kann zumindest in meiner Zeit jetzt, in der ich versuche das zu betrachten, auch nichts sehen. Aber es gibt einen Teil in mir, der es fühlt, dass da noch was ist. Das bestätigst du doch auch, oder?

*Ja, absolut.*



Eigentlich ist doch die Urproblematik nur die Kraftlosigkeit. Wenn diese Energieteile mehr Kraft hätten, dann würden die (sich) auch wieder bewusster werden und dann würden sie sich bestimmt auch dort fortbewegen wollen. Das ist übrigens, in meiner Wahrnehmung, als würde ich ins Weltall schauen, nur dass die Stofflichkeit des Weltalls nicht luftleer ist, sondern ganz fest. Also fast ganz fest. Es wirkt wie, … Knete wäre noch zu weich … es wirkt wie eine Art Kautschuk. Ja, ich glaube, das ist das bessere Wort. Teerkautschuk. Kautschukteer oder sowas in der Art. Ich spüre eigentlich überwiegend, **neben dieser Hoffnungslosigkeit, auch Hilflosigkeit,** lieber Freund. Absolute Hilflosigkeit. Das aktiviert natürlich in mir alle Hilfsmuster, die ich besitze. Ich würde am liebsten hingehen und alle irgendwie mit Licht überstrahlen. Aber ich habe das Gefühl, das kommt überhaupt nicht an. Es scheint echt schwierig zu sein. Hast du denn dazu schon irgendwelche Erfahrungen gemacht?

∞

*Ja. Ich habe mehrere Impulse von starker Energie gegeben, aber es hatte, wie du selbst auch bei dir erkennst, auch in meiner Wahrnehmung zumindest keinerlei Resonanz hervorgerufen.*

Hast du eigentlich schon einmal beobachtet, wie so ein Seelenbruchteil in so eine Ebene kommt?

*Nein.*

Aber das wäre doch auch mal spannend, weil dahin zu kommen, ist ja auch eine Art von Bewegung. Geht der da langsam hin, oder geht das schnell? Wir haben ja diese Arten von Bewegung auch in den anderen Ebenen erfasst. Das würde mich sehr interessieren.



*Sehr gute Frage.*

Hast du dazu eine Vermutung?

*Ja. Ich vermute, dass die Bewegung sehr schnell geht. Also wenn du jetzt eine Abspaltung hast von einer derartigen Seelenqualität eines Bruchteiles, dann sollte diese sich sehr schnell im Kosmos in die Frequenz bewegen, welche ihr entsprechend ist. Das bedeutet, dass es blitzschnell nach der Abspaltung geschieht, dass sie in zum Beispiel diesem Bereich landet und dann dort ist.*

Ah, du meinst also, es ist eine Art Magnetismus. Oder nach dem Gesetz der Resonanz – eine Anziehung.

∞

*Ja.*

Weil es mit nichts anderem in Resonanz geht.

*Ja.*

Na, auf das Kapitel, wie wir Seelenrückholung machen, Seelenbruchteilrückholung, bin ich sehr gespannt. Aber gut, bitte berichte weiter, was wissen wir noch über diese Ebene?

*Sie ist im unteren Frequenzbereich der bereits gestern erforschten Ebene der Leere und sie wirkt verfestigter.* ***Als würde der Kosmos sich in diesen Ebenen zusammenziehen.*** *Das ist meine Beschreibung dazu. Ich mag falsch damit liegen, aber es ist,* ***als würde die Räumlichkeit, welche ich sonst in der Weite des Kosmos kenne, verschwinden. Enge ist das, was mich hier umgibt.***



Ich empfinde auch immer ein bisschen Mitgefühl für die Seelenbruchteile. Es ist wirklich unglaublich, dass ihre Geschichten, ihre Leben, ihre Inkarnationen, dass sie tatsächlich zu einem Teil hier enden oder zumindest vorerst hier enden. Das ist schon unfassbar. Bemerkenswert. Findest du das nicht auch irgendwie schade?

*Nein. Ich werte nicht Derartiges. Es berührt mich, weil ich gerne allen das Licht und die Liebe zugänglich machen möchte, aber es ist, wie es ist. Und der Kosmos ist allumfassend gut. Er erschafft nicht etwas, weil es schlecht sein soll oder für das Schlechte – er erschafft diese „Räumlichkeit“, damit auch diese Frequenzen eine Art Heimat erfahren. Ver-*

*stehst du? Auch wenn dies von diesen Energien selbst gar nicht mal als Heimat wahrgenommen wird, sie befinden sich dort, weil sie dort hingehören. Dort ihre Frequenzen zu Hause sind. Anders wäre es durcheinander. Es gäbe vielleicht weiße Kugeln oder Engel oder Meister mit derartigen verformten/ verunreinigten Energiefeldern beisammen – das kann nicht funktionieren. Der Kosmos ist da sehr organisiert.*

Das ergibt Sinn. Es besteht ja die oft beschriebene Hierarchie im Kosmos. Da haben wir mal wieder eine Parallelität zu den bisher festgehaltenen Informationen auf der Erde. Hier wird oft von kosmischer Hierarchie gesprochen. Ich mag es aber nicht, es wirkt so „menschlich",weil es Wertungen beinhaltet.



*Ja, genau. Aber ich verstehe dich, dass du das Wort gar nicht magst. Es verzerrt völlig.Hierarchie bedeutet Wertung. Wertungsbedingte Anordnung. Es ist eher eine reine Ordnung ohne Wertung. Und hier werden diese Frequenzen aufgefangen.*

Gibt es noch etwas, was du mir zu dieser Ebene berichten möchtest?

*Nein.*

Also sind wir damit durch, ja? Was für ein „Ort im Jenseits" … unglaublich. Nun gut, dann danke ich dir vielmals.Wir müssen noch kurz in der Aufmerksamkeit wieder zurück, gell?

*Ja. Begib dich mit deinem Bewusstsein wieder zu dir in deine Kraft hinein. Steige in die hellen, liebevollen, lichtvollen und warmen Bereiche, empfinde die Weite, fühle die Liebe und das Licht.*

Ja. Danke. Danke, Liebe, liebster Freund.

*Danke dir, Liebe.*

## Die Essenz

***Ein niedriger Energiezustand bringt immer auch eine veränderte, vor allem unerfüllte Wahrnehmung mit sich. Auf dieser Ebene findet sich die nächste Stufe an zusammengezogener Energetik. Enge, Hoffnungslosigkeit, Hilflosigkeit, Kälte, Starrheit und noch so vieles mehr schwingt durch diese Energiebruchteile. Die Energie in ihnen ist so schwach, dass sie schon fast wirken, als seien sie nicht mehr existent. Aber Energie vergeht nicht. Nur weil sie wenig Kraft hat, bedeutet das nicht, dass sie „gestorben" ist. Sie kann nicht vergehen. Aber sie kann wandeln.***



∞

# *Empfinden von Schwere*

So mein lieber Freund und Lehrer, ich bin bereit für eine nächste Session. Wohin entführst du mich heute?

*Wir werden nun die Weiten des untersten Bereiches besuchen mit unserem Geiste.* ***Der unterste Bereich der lichtlosen Bereiche ist der dunkelste und schwerste Bereich. Schwer im Sinne der Kräfte, die sich dort auffinden.***

Was meinst du mit: Kräften, die sich dort auffinden? Wir reden doch mit Sicherheit wieder von Seelenbruchteilen, das heißt, was macht diese Seelenbruchteile aus, die sich in dieser untersten Ebene befinden und vor allem, wie sieht es aus?



*Wenn du dir schwere, bewusstlos wirkende Teilchen vorstellst, dann beginnst du zu verstehen, wie dieser Bereich aufgebaut ist. Hier befinden sich demnach* ***nicht nur Hoffnungslosigkeit und Leere, sondern auch noch Schwere in den Energiefeldern der Seelenbruchteile.*** *Wenn du dich nun mit deinem Geist auf diesen Bereich konzentrierst, so wirst du eine ganz andere Energetik treffen als die bisherige.*

Okay, ich versuche es. Moment.

*Gehe erneut durch die Wand der Felder hindurch und bewege dich, wenn du kannst, weiter und weiter.*

Ja, stimmt, ich merke es. Es wird schwer. Extrem schwer. Sehr schwer. Das tut fast im Herzen weh, so schwer. Sehr unangenehm. Es zieht richtig nach unten. Was mich jetzt interessiert ist, diese Energetik ist doch eigentlich etwas, das ich hier vom inkarnierten Zustand kenne. Von der Anziehung, die ich im Erdmagnetfeld spüre. Wieso gibt es ein derartiges Empfinden in den feinstofflichen Welten?

*Sehr schön erkannt hast du das. Es ist diese Schwere, die ich benannt habe.* ***Wir finden also Dunkelheit, Hoffnungslosigkeit, Leere, Sinnlosigkeit, Langsamkeit, die fast leblos wirkt. Und Schwere.***

Und ich empfinde auch Traurigkeit.



*Ja, sie ist auch eine Schwingung dieser Ebene und der Energien in ihr. Aber was am bemerkenswertesten von all diesen Charaktereigenschaften des Bereiches ist, ist die Festigkeit. Fast undurchdringlich. Fast wie aneinander klebend fest wirken die Seelenbruchteile hier. Doch ist es dennoch anders – ganz anders, als du es in der Körperlichkeit kennst. Immerhin ist dies ein feinstofflicher Bereich und* ***derartige Festigkeit im feinstofflichen Bereich ist immer noch feinstofflicher als deine grobstoffliche Welt****, in der du dich gerade befindest. Meine Informationen, die ich über diesen Bereich habe, sind sehr vielfältig. Manche Wesenheiten informierten mich darüber, dass es in diesem Bereich kein Bewusstsein mehr gibt. Es sind die* ***Bewusstlosen*** *so gesehen. Doch andere wiederum informierten mich darüber, dass der Teil der Seelen, welche sich hier befinden, nur in der Frequenz einer* ***Art Aufbewahrung*** *sich befindet. Sie sind durchaus noch mit Bewusstsein erfüllt,* *aber in einem sehr schläfrigen Zustand.*

Aber das ist doch dann ähnlich dem, wie sehr viele Seelen im Körper wahrnehmen. Unbewusste, fast schläfrige Energien.

*Ja. Das ist richtig, aber dennoch seid ihr sehr beschäftigt mit Aufmerksamkeiten in unterschiedliche Richtungen gelenkt. Diese Seelenbruchteile befinden sich nur in einem einzigen Zustand ohne Ablenkung, ohne irgendeine Art Konzentration auf etwas. Sie sind ausschließlich so. Ich möchte damit sagen, dass ihr allenfalls diese Bruchteile in euch tragt, aber letztlich nicht nur aus derartiger Energetik besteht.* ***Diese Energein dort sind aber nur so.***

Okay, also ich bin mit meiner Aufmerksamkeit noch weiter in dieser Ebene. Es ist, als würde sich alles in mir verkrampfen und mir fast die Luft zum Atmen nehmen. So zieht sich alles zusammen. Es tut fast weh. Und ja, es ist furchtbar schwer, als hätte ich 1000 Kilo Blei an meiner Seele hängen. Schwer eben. Das ist ziemlich furchtbar, um das in irgendeine Wertung geben zu können.



*Meine Wahrnehmung der Kräfte in diesem Bereich ist sehr ähnlich. Doch empfinde ich auch Wut.*

Wut? Echt?

*Ja. Wut auf das Geschehene.*

Aha. Aber Wut hat schon wieder etwas mit Bewusstsein zu tun, gell? Wut ist eine gewisse Emotionalität und erschafft auch eine Art Kraftbündelung.

*Ja. Aber ich finde die Beschreibung nicht ganz treffend. In jedem Fall ist es eine andere Art, eine etwas* ***aggressivere Art der Verzweiflung.*** *Wenn du dich an die Energien aus der ersten Ebene des lichtlosen Bereiches erinnerst. Dort war keine derartige Emotionalität vorhanden. Hier im Abstand und in Trennung empfunden scheint auch eine Emotionalität wie Wut und Gram zu existieren..*

Meine Güte, das ist so furchtbar unangenehm. Wenn ich da mit meinem Geiste hinreise und das nachempfinde, dann ist es echt, als würde mir gleich schlecht werden, als würde mir schwindelig sein, ich kann nicht atmen - ganz, ganz unangenehm. Wahnsinn. Und Kopfschmerzen habe ich auch. Furchtbar unangenehm ist das da.



*Ja. Sehr gut erkannt, liebe Schülerin.*

Ich muss nochmal ein bisschen zurücklenken. Wenn die Energien hier in diesem Bereich wie fest aneinander geklebt wirken, verfestigt, dann müssten sie doch einmal mehr einander wahrnehmen.

*Nein. Müssen schon gar nicht. Und ohne Kraft und mit sehr, sehr wenigem Bewusstsein, welches zusätzlich auch noch getrübt ist – dem Zustand von Bewusstlosigkeit nahe,* ***nehmen sie einander nicht wahr.***

Okay, aber selbst wenn sie sich nicht wahrnehmen, müssten doch ihre Felder rein energetisch einander spüren.

*Nein, weil sie so wenig Kraft haben.*

Schon interessant, dass es in der Feinstofflichkeit eine Ebene gibt, die so ähnlich der grobstofflichen Wahrnehmung scheint. Das hätte ich nicht gedacht. Ist denn dieser Frequenzbereich sehr nahe an unserer irdischen Frequenz?

*Nein, gar nicht. All diese Bereiche sind nicht mit den irdischen Zuständen zu vergleichen. Es ist und bleibt außerkörperlich in jeder Hinsicht.*

Also kein Magnetismus, keinerlei Geomantismus, keinerlei Irgendetwas, das diese Felder anderweitig formt und beeinflusst, und nicht einmal sie selbst erschaffen derartige Komponenten/Umstände?

*Nein. Gar nicht.*



Also ich empfinde es bis jetzt als den unangenehmsten Bereich. Heißt, das, dass in diesen Bereich die schweren Energien kommen? Kann man sagen - die Schwermütigen?

*Ja. Ich würde es sogar noch anders beschreiben. Die Seelenbruchteile, welche **Sinnlosigkeit**, Sinn-leblosigkeit und manche sogar **Selbstaufgabe** empfinden.*

Oh Mann, das ist furchtbar traurig. Selbstaufgabe, das ist, als wären das die Teile, die sich am liebsten selbst umbringen möchten. Also Energien, die sich selbst vernichten möchten.

*Ja. So ist es.*

∞

Das ist ja furchtbar. Aber sag mal, das bringt mich zu der Frage, ob das überhaupt möglich ist. Wir haben in den oberen Frequenzbereichen festgestellt, dass es die Meister des Lichtes gibt, die dann ihre Individualität relativ„aufgeben", wenn sie sich zu einer Mutterseele dehnen/vergrößern. Und wir haben erfahren, dass Seelen sich, solange sie die nötigen Parameter der Reinheit noch besitzen, jederzeit dazu entschließen können, ihre Individualität aufzugeben, um wieder im Meer der Energie ihrer Mutterseele „zurück zu verschmelzen". Wie ist das hier? In den oberen Frequenzbereichen wurde alles immer weiter, dehnbarer, flexibler, heller, offener - so lange, bis die Energie ( nicht immer, aber auch) eine Mutterseele geworden ist. Hier wird es immer fester. Und enger. Schwerer. In den oberen Frequenzbereichen haben die Seelenenergien kraft ihres freien Willens sich geweitet und können einen neuen Zustand erschaffen. Können diese Energien hier beschließen, dass sie sich so weit zusammenziehen, dass sie jegliches Bewusstsein verlieren? Also genau das Gegenteil davon? Geht das?



*Nein.*

Das ist interessant. Wieso geht das nicht?

*Weil Energie nicht vergehen kann. Diese Kräfte, welche sich dort aufhalten, müssen weiter wandeln. Sie können die Gesetze nicht verwandeln, in welcher alle Energie immer erhalten bleibt. Sie können aber sich selbst wandeln.*

Meine Güte, ich verstehe deren Disaster. Sie wollen eigentlich nicht mehr sein, sie haben so wenig Energie, dass sie auch keine Seinskraft, Seinsfreude oder einen Sinn in dieser Art zu sein erkennen.Und sie haben vielleicht nicht einmal mehr die Kraft zu erkennen, dass sie wandeln müssen. „Nur“ wandeln müssen.

*Wenn du den Kosmos verstanden hast, so weißt du, dass es immer eine Flamme des Bewusstseins in den Energien gibt – der* ***Tod des Bewusstseins nicht wirklich möglich ist.*** *Bewusstlosigkeit bedeutet nicht den völligen Verlust des Bewusstseins, sondern ä****hnlich in euren Körpern eine Art Vernebelung und Verunreinigung der Energie.***

Ja, das verstehe ich, dann sind diese Seelenbruchteile hier also die-Verunreinigsten. Aber wie werden die wieder rein ?

*Das werden wir separat in den nächsten Kapiteln erörtern. Merke dir nur: H****ier befinden sich die kraftlosesten und bewusstlosesten Seelenbruchteile*** *auf dieser Reise. Sie können aber alle auch immer noch wieder wandeln.* ***Ausschlaggebend ist dabei die Arbeit der Seelen.***



Du meinst, wenn die eigentliche Seele, die Heimat dieser Seelenbruchteile, beginnt, zu reinigen, dann macht das auch was mit den Seelenbruchteilen.

*Ja.*

Verstehe. Ich verstehe den Ansatz. Dann gehen wir dort ein andermal noch tiefer hinein. Gut. Aber ich wollte jetzt noch fragen: Haben wir 6 oder 7 dieser unteren Frequenzbereiche? Sieben? Ich habe nur sechs gezählt.

*Wenn du die Wand als einen Bereich ansiehst, sind es sieben.*

Und ist die Wand ein Bereich?

*Ja natürlich. Es ist ein sehr wichtiger Bereich der unterschiedlichen Frequenzeinteilungen.*

Dann ist diese Wand ja eigentlich die vierte Ebene.

*Ja.*

Ah. Aber sie ist nicht so groß wie eine ganze Ebene.

*Nein, aber sie ist eine Eigenart der Frequenz.*



Aha okay.

*Deine Wahrnehmung der Wand ist genau richtig, und sie ist mächtig und sehr weit. Dadurch entsteht eine Art Bereich. In diesem Bereich selbst befinden sich aber keine Seelenbruchteile. Aber es ist ein eigenständiger Bereich. Ein Übergang.*

Ja, das ergibt Sinn, wir haben ja sonst auch, wenn wir von Ebene zu Ebene gewechselt sind, die Übergänge überhaupt nicht so deutlich bemerkt. Es gab da keine so deutlich feststellbaren, stofflichen Unterschiede. Aber hier definitiv. Also ich bezeichne es als Wand, es ist meine Wahrnehmung.

*Ja. Wir alle nehmen es als eine Art Wand wahr. Eine Energiewand.*

Hast du dich schon einmal gefragt, warum es die gibt?

*Nein.*

Mich würde das interessieren, so nach dem Motto: Wieso braucht es tatsächlich eine Art Energiewand?

*Ich denke, das ist eine Art Schutz und Verbindung zugleich. Durch diese Wand sind die Ebenen miteinander verbunden, welche aber in sich so stark stofflich unterschiedlich sind, dass sie es vielleicht eigentlich nicht wären?*

Ja, das ist ein sehr interessanter Ansatz, dass sie eine Art Verbindungsebene darstellt.

*Ja.*



Wenn wir die Ebene der Verstorbenen als eine ansehen, auch wenn sie zwei Bereiche hat, dann zähle ich in meiner heutigen Wahrehmung: Verstorbene, weiße Kugeln, Engel, weise Bruderschaft vier, fünf und sechs, und die Ebene der Meister des Lichtes - das wäre die siebente. Danach kommt Mutterseele und Quelle. Also habe ich sieben plus zwei?

*Ja.*

Und wenn ich nach unten in die unteren Frequenzbereiche gehe, habe ich jetzt sieben, wenn ich die energetische Mauer als eine Übergangsebene nehme.

∞

*Ja.*

Also kommen wir doch mehr oder weniger auf die sieben oberen Himmel und die sieben unteren Himmel, zumindest beschreiben es manche Märchen in den Religionen der Menschen so.

*Witzige Beschreibung, aber wenn du es so vergleichen möchtest, ja. Von mir aus. Ich mag derartige Beschreibungen und Wertungen nicht so.*

Ja, ich weiß. Aber irgendjemand hat einmal angefangen die Menschen mit Geschichten zu betäuben. Und wie für kleine Kinder hat man dann zum Beispiel Geschichten über den Himmel, die Hölle und das Fegefeuer geschrieben. Ich muss immer wieder mal auch dorthin schauen, wo die Glaubensmuster der Menschen sind, um diese besser aufklären zu können, verstehst du?



*Ja.*

Apropos Fegefeuer: Welcher von diesen Bereichen war denn jetzt das Fegefeuer? Wenn wir das so sagen können. … Er schüttelt den Kopf. Du magst es so gar nicht, gell?

*Nein.*

Okay. Ja. Nein. Keine Antwort, okay.

*Nicht in diesem Buch. Wir haben derartige Begrifflichkeiten schon benutzt, um zu anderen Themen besseres Verständnis aufzubringen, aber in derartig forschenden und reinen Be-*

*trachtungsweisen haben diese Bilder nichts zu suchen. Bleib bitte immer in deiner Neutralität ohne Wertungen. Das ist mir sehr wichtig, und das ist generell sehr wichtig. Raus aus diesen falschen Geschichten mit den falschen Glaubensbildern mit den falschen Interpretationen. Die Ansätze mögen oftmals ähnlich wirken, aber die Umsetzung ist so falsch weitergegeben und interpretiert worden, dass es eine der wichtigsten Aufgaben dieses Werkes ist, diese zu eliminieren! Verstehst du? Zu eliminieren – vollständig zu entfernen. Die falschen und verzerrten Informationen zu korrigieren. Auf das, was ist. Nicht mehr und nicht weniger.*

Ja, du hast recht. Okay. Ich möchte noch einmal ganz kurz zu der Ebene, in der wir ja eigentlich gerade sind. Dieser tiefe untere Frequenzbereich, in dem mir schon wieder schwindelig wird. Es ist wirklich furchtbar unangenehm da. Ich muss diese Frage stellen, entschuldige, ich muss es, weil wenn du aufklären möchtest, lieber Freund und Lehrer, dann musst du auch um der Aufklärung willen manche Fragen einfach beantworten. Auch wenn es dir vielleicht nicht so gefällt. Die Menschen beschreiben die unteren Bereiche als Hölle. Sie beschreiben, dass es dort eine Art Bewusstsein gibt. Dieses Bewusstsein nennen sie Luzifer. Teufel. Ich habe bei meinen ganzen Forschungen mit dir hier nicht einmal ansatzweise ein derartiges Bewusstsein kennengelernt, das auf diese Märchenbilder passen könnte. Ich kann mir vorstellen, was die Menschen damit meinten, und ich forme es zu einer einzigen Frage: Kann es sein, dass sie alle Energiefelder dieser 7 energielosen Ebenen meinen und in der Folge daran glauben, dass diese Gesamtenergetik eine Art Gemeinschaftsbewusstsein besitzen könnte, welches dann wiederum in personifizierter Form als „Luzifer“ bezeichnet wird?



∞

*Sehr klug gefragt und bitte wisse, dass ich dir niemals böse bin für deine Art zu fragen. Sie ist sehr genau, detailliert und liebevoll gemeint. Du möchtest wirklich tiefes Verständnis schaffen. Das ist ehrenwert. Und ich bewerte es allenfalls als sehr positiv. Doch um nun deine Frage zu beantworten. Ich vermute auch, dass diese Menschen, welche um die unteren Frequenzbereiche wussten, es aber dann verzerrt haben, die Bildung eines derartigen Einheitsbewusstseins für möglich halten oder hielten – es ist aber ganz einfach nicht möglich. Denn rein energetisch gesehen* ***haben diese Energiefelder keine Verbindung zueinander****. **Sie sind in sehr schwachen Energiezuständen und dabei sehr verunreinigt und bewusstlos.*** *Selbst die Felder, welche beispielsweise in der Ebene der Leere in einer Art* ***Gruppenbildung*** *zueinander finden, können* ***niemals ein einziges neues, großes Bewusstsein entwickeln****. Das ist nicht möglich.* ***Denn die eigentliche Heimat dieser Seelenbruchteile sind ihre Seelen****. Es müsste zu einem Zusammenschluss all dieser gebrochenen Seelen kommen, um dann auch diese Bruchteile zu etwas zu formen, aber das wird jetzt sehr kompliziert und lenkt völlig ab. Meine Antwort ist ganz klar: In diesen Ebenen gibt es kein eigenständiges, abgetrenntes Bewusstsein aller Energien zusammen, welches derartige Negationen oder gar Personifikationen erschafft, wie sie von den Menschen in diesen Märchenbildern beschrieben wird.*

Also lange Rede kurzer Sinn - der Kosmos wird von der Quelle gespeist, und es gibt auch Frequenzbereiche, in denen nicht so viel Energie herrscht. Aber selbst diese Frequenzbereiche beheimaten bestimmte Energien, nämlich Seelenbruchteile. Aber ein zweites Bewusstsein, ein eigenständiges großes Bewusstsein der dunklen, der lichtloseren Energien kann es gar nicht geben, weil es eine derartige Abspaltung des eigentlichen Bewusstseins aus/von der Quelle gar nicht gibt.

*Ja. Sehr schön formuliert, Liebes. Genauso ist es.* ***Die Quelle ist die Kraft allen Seins, und aus ihr begeben sich diese Energien in die unterschiedlichen Frequenzbereiche in vielerlei Art.*** *Aber eine Entkopplung – eine* ***Trennung der Energien aus diesem Kreislauf und damit ein eigenständiges System erschaffend ist nicht möglich****. Ich habe davon in unseren Ebenen nichts gesehen, nichts gehört und niemals etwas erfahren. Selbst die dunkelsten, bewusstlosesten und schwersten Energieteile sind letztlich immer noch Teil der Urquelle und mit ihr auf unterschiedliche Art und Weise verbunden.* ***Ein eigenständiges Bewusstsein, welches von dieser Quelle abgetrennt wirkt und abgetrennt Bewusstsein entfaltet, ist nicht möglich.***



Interessant, dass die Menschen trotzdem derartige mächtige Bilder erschaffen. Das finde ich schon bemerkenswert. Man könnte jetzt fragen, wenn es doch so gar nicht existiert, warum ist es dann trotzdem so präsent in der Welt der Menschen?

*Ich weiß es nicht, Liebes. Weil sie gerne das Gute mit dem Bösen kämpfen sehen. Weil dies das Theater ihres Lebens ist. Weil sie wirklichen Frieden und Erfüllung durch unterschiedlichste Emotionalitäten gestört leider nicht in sich tragen, weil ihr in einer dualen Wahrnehmung lebt und diese Dualität über derartige Geschichten verständlicher empfunden werden kann? Ich habe keine wirkliche Antwort.*

Verstehe. Na gut. Möchtest du noch etwas zu dieser Ebene sagen?

*Nein.*

Dann danke dir vielmals für diese weitere sehr interessante Session. Danke. Liebe.

*Danke. Liebe.*

## Die Essenz

***Am Ende allen Seins wirkt es, als sei jeder Lebenswille, jeder Seinswille, jede Hoffnung auf Besserung, doch vor allem jede Zuversicht, jede Sinnhaftigkeit weiter zu existieren, fast nicht mehr existent. Die Energien wirken so leblos, als seien sie zu festen Energieklumpen geworden. Aus einer schwingend pulsierenden Seele gebrochen/gerissen, ist es, als fehlte jedes Werkzeug, das eine Seele so lebendig wirken lässt. Als würde diese Energie nicht atmen, nicht mehr sein.***

***Aber diesen Zustand gibt es nicht, und so lange bis die Seele ihren energetischen Aufstieg beginnt und dabei diesen leblos wirkenden Energiebruchteil wieder zu sich holt, wird dieser hier warten.***

# Der Bereich des Organischen



∞

# *Aura und Astralkörper*

Mein lieber lächelnder Freund und Lehrer, ich bin bereit für eine nächste Session. Und ich würde ganz gerne ein bisschen tiefer in die Thematik reingehen bzgl. Astralkörper und Aurafelder.

*Wenn du das möchtest, gerne.*

Du hast im letzten Kapitel mehr oder weniger in einem Nebensatz gesagt, dass das Aurafeld ein Produkt aus einer Zusammenwirkung, einem Zusammenspiel, zwischen dem Seelenkraftfeld und dem Körper ist. Heißt das, so habe ich es zumindest verstanden, dass eine Aura letzten Endes nur im inkarnierten Zustand besteht, oder habe ich das falsch verstanden? Bitte kläre mich auf: Gibt es im feinstofflichen Bereich eine Aura?



*Wenn du die Frage aus der Perspektive des Grobstofflichen stellst, so gibt es die Aura als Ausdrucksform des Kraftfeldes der Seele. Wenn du die Frage aus der Perspektive der Feinstofflichkeit stellst, so gibt es nur das Kraftfeld –sonst nichts weiter.*

Okay, das verstehe ich. Also ist die Aura eines Menschen die Ausdrucksform des Seelenkraftfeldes.

*Ja.*

Und was genau ist dann ein Astralkörper? Es gibt ja Menschen, wie

auch ich, die Astralreisen gemacht haben und machen, die dabei aber dennoch mit ihrer Seele im Körper bleiben. Wie genau habe ich das zu verstehen? Was ist aus deiner Perspektive, aus der feinstofflichen Perspektive ein Astralkörper?

*Wenn du den Zusammenhang zwischen Aurafeld und Seelenkraftfeld verstanden hast, so ist die Antwort ganz einfach. Das, was ihr als Astralkörper bezeichnet, ist die Dehnung des Kraftfeldes der Seele.*

Also ist es so, dass die Seele – der Seelenkern - im Körper verankert bleibt, oder?

*Ja.*

Okay, dann dehnt sich das Kraftfeld der Seele, das Seelenfeld, und durch das Dehnen reist auch das Bewusstsein.



*Ja genau, so ist es. Das Bewusstsein ist auch immer fest mit dem Energiefeld verbunden, wie du weißt.* ***Dehnt sich das Kraftfeld, so weitet sich auch das Bewusstsein.***

Unter einem Dehnen verstehe ich etwas, das ein Zentrum hat und sich weitet. Wenn ich mich jedoch an meine Astralreisen erinnere, dann habe ich mich nicht mehr im Körper wahrgenommen, dann war ich mit meinem Bewusstsein außerhalb des Körpers. Ich bin geflogen und habe den Übergang jeweils genau gespürt. Was genau ist das dann?

*Dann ist dein Bewusstsein gedehnt worden, so weit, dass*

*du durch Konzentration und Aufmerksamkeit diese Weitung wahrgenommen hast und nicht das Zentrum.*

Das heißt ja, dass es auch in der Seele so etwas wie die Lenkung einer Aufmerksamkeit gibt.

*Ja. Genau. Und so ist es, wenn du deine Felder dehnst, während du inkarniert bist und dadurch das Bewusstsein außerhalb des Körpers lenkst. Dann nimmst du auch Dinge außerhalb des Körpers wahr.*

Okay, das kann ich verstehen. Was ist mit der sogenannten „Silberschnur"? Ich habe davon oft gelesen und gehört, so etwas aber selbst noch nie wahrgenommen.



*Das ist keine Schnur, sondern das ist das* ***Band der Verbindung des Körpers mit der Seele.*** *Und es ist auch keine wirklich richtige Beschreibung es als Band oder Schnur zu benennen, denn es wirkt über weit mehr hinweg als nur den Raum eines Bandes. Wenn aber so manche Seelen diese Verbindung als Schnur oder Band wahrnehmen, so ist dies dennoch richtig, denn es zeugt von der* ***Verbindung der Seelenkraft mit dem Seelenkern im Körper. Beides kann niemals voneinander getrennt sein.***

Also gibt es das nicht, dass wenn man sein Bewusstsein weitet,weil man seine Energie weitet, dass dann dadurch die Verbindung zum Seelenkern verloren geht?

*Nein. Es wäre, als würdest du den Stecker aus dem Organis-*

*mus oder besser der Maschine ziehen. Es würde in sich zusammenfallen, beides. Aber da das Steckerziehen im Kosmos der Energien keine Möglichkeit ist, so wird dies auch nie geschehen.*

Okay, das habe ich verstanden, was die Dehnung des Bewusstseins betrifft. Ich habe diese Art Dehnung ja leider nur als Kind bewusst wahrgenommen, des Nachts, nicht mehr als erwachsener Mensch. Warum kann man als Kind diese Dehnung des Bewusstseins, also Astralreisen schneller oder leichter erfahren?

*Weil das Unterbewusstsein nicht vom Oberbewusstsein so unterdrückt wird. Als Kinder habt ihr noch kein ausgeprägtes Ego, keine so starken Ablenkungen, weniger Verpflichtungen und Verantwortungen, die euch beschäftigen. All dies wirkt im Feld der Energien, das ihr seid, und bremst die Dehnung. Deshalb ist ja so wichtig, diese Dehnbarkeit weiter zu erhalten, wieder zu erlernen und sie sogar zu üben.*



Verstehe. Ich weiß nur, dass ich bei meinen Astralreisen als Kind sehr oft diese Übergänge aus dem Körper heraus und wieder in ihn zurück deutlich empfunden habe. Außerhalb des Körpers war dann eine Welt, die wie leer war. Wenn ich Menschen begegnet bin, dann waren sie wie „schlafend“. Manche hatten die Augen zwar geöffnet, aber ich konnte nicht mit ihnen reden. Sie haben mich nicht gesehen. Ich konnte mich fliegend bewegen, aber es hatte nichts Erfüllendes. Es war langweilig. Was genau war das, wo war ich da?

*Du hast mit deinem Bewusstsein die Umgebung deines weltlichen Ortes anders erkundet, warst aber letztlich in der mate-*

*riellen Welt, die du als Mensch bewohnst. Somit hast du nicht die Ebene der Verstorbenen oder andere Bereiche erreicht, sondern bist auf deiner Ebene geblieben. Die Dehnung war so gesehen nicht sehr groß.*

Und warum habe ich meine Eltern so schlafend mit offenen Augen gesehen ?

*Weil sie unbewusst waren in ihren Körpern, un-bewusst.*

Schade, es hätte doch sein können, dass ich außerhalb des Körpers auf mehr Bewusstheit treffe.

*Ja, natürlich hätte das sein können, aber du weißt selbst, wie unbewusst sie sind. Und das hast du gesehen. Du hast so gesehen in ihrem Seelenenergiefeld gelesen.*



Stimmt. Ein anderes Mal hatte ich dieses Nahtoderlebnis, bei dem ich das Aus-dem-Körper-gehen nicht mehr so deutlich gespürt habe, mich aber von oben gesehen habe. Die Umgebung des Ortes wahrnehmend, habe ich eher so dunkle, kriechende Energien wahrgenommen. Sie hatten etwas Koboldiges, würde ich fast sagen. Die waren etwas unangenehm. Was war das?

*Das waren Seelenbruchteile, die eine Seele gesucht haben, an welche sie sich anheften können. Du hast diese natürlich auch in deiner Umgebung wahrgenommen, weil du dich in der materiellen Ebene aufgehalten hast, dort, wo genau solche Energien vorzufinden sind.*

∞

Das führt mich zu einer nächsten Frage. Heißt das, dass die Ebene der Menschen, so wie ich sie jetzt hier erlebe, auch nochmal ein ganz eigenes Frequenzfeld ausmacht? Ich meine, die Ebene unserer Körper?

*Ja.*

Also die Ebene der Inkarnierten. Das könnte man doch letzten Endes so sagen, oder?

***Na ja, es ist nicht nur aber auch die Ebene der Inkarnierten, und es ist eure grobstoffliche Welt.***

Und in dieser Grobstofflichkeit gibt es keine Unterteilungen?

*Nein. Sie ist die Dimension, die sie ist.*



Und die kann man energetisch auch erfassen.

*Ja.*

Wenn ich jetzt zurück zu der „Verstorbenenwartehalle" lenke - kannst du mir irgendwie sagen, wo sich rein schwingungstechnisch die Wartehalle der Verstorbenen befindet? Die müsste doch nahe an diesem Zustand sein.

*Ja, das ist sie auch.*

Ich frage deswegen, weil wenn ein Mensch verstirbt und zum Beispiel nicht sehr viel Energie hat, so dass er prinzipiell eher in der Wartehalle landet, kann es nicht auch sein, dass er dann in dieser

Welt des Grobstofflichen landet, also „hier“ bleibt ? Kann das nicht auch sein?

*Ja.*

Ach, siehst du. Dann haben wir doch dort die Basis für Geister und Ähnliches, oder ?

*Ja. Das öffnet aber die nächste Thematik, Liebes.* ***Geister sind Verstorbene und Seelenbruchteile, die sich nicht in den feinstofflichen Ebenen aufhalten.***

Das klingt sehr, sehr einleuchtend. Und ich denke, das ist sehr komplex, oder?



*Ja.*

Du möchtest sicher, dass ich dazu ein weiteres Kapitel öffne, gell?

*Ja. Bitte. Es ist sehr umfangreich und wichtig. Wer die Problematiken versteht, kann den Kosmos als Ganzes besser und besser verstehen und dabei weniger und weniger in Sorge, Furcht und Ängsten verharren. Wer versteht, der fühlt und liebt besser das Geschenk des Seins.*

Das hast du schön gesagt. Okay, also dieses Thema behandeln wir später - die Geister. Weißt du, ob es einem Menschenschon einmal passiert ist, dass er von solch einer Bewusstseinsreise nicht zurück in seinen Körper gefunden hat?

∞

*Ja. So etwas kann tatsächlich geschehen. Wenn die Seele ihr Energiefeld für geraume Zeit im Körper nicht spürt, so verlässt sie den Körper, oder sagen wir die Lebenskraft verlässt den Körper. Und dadurch finden Seelenkern und Seelenkraft wieder zusammen. Es ist ein wenig wie ein Magnetismus, der dann wieder zueinander führt.*

Und diese Art „Magnetismus" - wodurch kann der denn überhaupt unterbrochen werden, während die Seele so weit dehnt?

*Das weiß ich nicht, aber es ist tatsächlich möglich. Vielleicht über Aufmerksamkeiten. Vielleicht wird in diesen Momenten bei der Dehnung des Bewusstseins die Rückkehr in die Seelenheimat zum Seelenkern wie vergessen und dann führt dies in der Folge zu der Ablösung vom Körper.*



Aaaah, weißt du, an was ich mich gerade erinnere? Ich erinnere mich an Berichte von Menschen, die Rückführungen gemacht haben, oder wo Menschen früher zum Beispiel verschiedene Rituale durchgeführt haben, wie zum Beispiel in den Pyramiden, um das Bewusstsein zu dehnen. Und die dann nicht mehr in den Körper zurückgefunden haben und daraufhin gestorben sind.

*Ja, so etwas kam und kommt immer wieder vor. Aber es ist prinzipiell ohne große Gefahr, wenn du das so nennen möchtest. Dieses Risiko besteht, aber das Risiko des Verlierens, des Verstümmelns der Seele kann dabei nicht geschehen.* ***Derartige Bewusstseinserweiterungen sind bewusst gelenkt vom freien Willen und dieser wird alles wieder zusammenführen. Nur die unbewussten, falsch gelebten Rituale bringen Risi-***

***ken für die Seele selbst mit sich.***

Ja. Verstehe, das heißt, die Seele ist in solchen Fällen mit ihrem Bewusstsein dann so weit abgeschweift, dass sie mehr oder weniger vergessen hat, dass sie eigentlich gerade inkarniert ist. Kann man doch so plakativ sagen, oder?

*Ja.*

Was ich bei der ganzen Geschichte extrem spannend finde, ist die Tatsache, dass man die Seele an einem Ort halten kann, den Seelenkern, während man nur mit dem Bewusstsein reist. Ich meine, ich erlebe es ja selbst täglich, es ist mein ganzes Schaffen hier. Aber dass das so unglaublich phantastisch funktioniert, dass die Aufmerksamkeit so gelenkt werden kann und man dabei wirklich Informationen bekommt, als würde man gänzlich dorthin reisen, das ist wie beamen.



*Was auch immer das ist, aber ich finde es perfekt, um den Kosmos zu bereisen.*

Es gibt ja Menschen, die lesen Aurafelder und auch das Kraftfeld der Seele. Dann lesen sie in diesen Kraftfeldern bestimmte Farblichkeiten, und diese Farblichkeiten machen ja letzten Endes den Cocktail, wie du es so schön genannt hast, den Cocktail der Seelenenergie aus.

*Ja.*

Und je reiner die Seelenkraft ist, um so heller und weiter strahlt sie, richtig?

∞

*Ja.*

Okay. Kannst du mit deinen Worten sagen, in Metern gerechnet, wie viel das Maximum ist, dass eine Seelenkraft sich im Körper dehnen kann? Also das Aurafeld sich dehnen kann?

*Nein, das kann ich nicht sagen.*

Okay. Na gut. Eine letzte Frage fällt mir noch ein: Wenn die Seelenkraft logischerweise den ganzen Körper belebt, kann man einen Ort benennen, wo der Seelenkern sitzt?

*Ja.*

Echt?



*Ja.*

Wo? Im Bauch-Chakra. Im Solarplexus.

*Ja.*

Ach. Nicht im Herz.

*Nein. Das Herz ist dennoch der Motor dieser Kraft im Zusammenspiel mit dem Kosmos. Aber wenn du nach dem Seelenkern fragst, so ist er die Sonne in eurem Körper im Solarplexus, wie du so schön sagst.*

Aah. Das heißt, die ganze Seele erfüllt im Körper jede Zelle.

*Ja.*

Ihr Motor befindet sich im Herz, ihr Kern im Solarplexus.

*Ja.* ***Das Herz bündelt die Frequenz der Liebeskraft und macht mit ihr die Verbindung in den Kosmos aus.*** *Wenn das Herz blockiert ist oder schwach, so ist die Verbindung in den Kosmos schwerer zu fühlen. Es ist ein komplexes System, in dem Herz und Seelenkern zusammen agieren.*

Schön. Ich hätte ja gedacht, dass die Seele im Herzen sitzt, muss ich dir ganz ehrlich sagen.

*Das Herz hat eine andere Funktion, Liebes. Wenn es den Seelenkern beheimaten würde, könnte es nicht derartig aktiv im Körper arbeiten. Beides schließt einander aus. Es braucht einen rein energetisch, fast nicht organisch zu ortenden Ort, der den Seelenkern beheimatet. Das Herz ist mit das aktivste Organ in eurem Körper mit seinen vielen, vielen Schlägen – dort willst du nicht die Seele ruhen haben. Das geht nicht.*



Das stimmt, das macht Sinn, danke. Das hast du nochmal sehr schön erklärt.

*Da haben wir sie wieder, die beiden Bausteine Bewusstsein und Liebe.* ***Das Bewusstsein kommt mit dem Seelenkern, schwingt im ganzen Körper mit, die Seelenkraft wird durch das Chi getränkt, und die Liebe wird über das Herz bewahrt und hält die Verbindung in den Kosmos auf diese Weise****.* *Und so haben wir sie, die Elemente Liebe und Bewusstsein,* *die zusammen mit der Seelenkraft die Dreifaltigkeit des Seins ausmachen.*

Wenn der Seelenkern im Solarplexus „sitzt“, also das kosmische Bewusstsein dort sitzt, dann macht das total Sinn, dass man so etwas wie ein Bauchgefühl hat, die Intuition. Sie ist also Ausdruck des Seelenkerns. Des kosmischen Bewusstseins, richtig ?

*Ja.*

Also Liebe, Bewusstsein und (Seelen)Kraft, als die Dreifaltigkeit des Seins. Schön. Dann bin ich jetzt auch am Ende meiner Fragen, du hast ja auch nichts mehr. Dann danke ich dir für dieses weitere sehr schöne Kapitel. Danke. Liebe.

*Danke. Liebe.*

# Geister

Liebster Freund und Lehrer, ich bin bereit für unsere nächste Besprechung heute. Wie angekündigt geht es um das Thema Geister. Am besten ich lasse dich gleich sprechen und fange mal ohne eine direkte Frage an. Bitte beginne.

*Gerne. Du hast nun verstanden, dass es auch geschehen kann, dass die Verstorbenen sich nicht gleich in die feinstofflichen Ebenen begeben. Manche bleiben tatsächlich in der Ebene, in dem Bereich, der Grobstofflichkeit. Diese Art des Wirkens ist meist dann mangels Kraft und Bewusstsein geschehen. Ich möchte daher noch einmal die Komponenten, die Derartiges bewirken, beschreiben.*



*Die Seelen, welche zeit ihres Lebens entweder schon prinzipiell sehr wenig Energie hatten oder sehr viel Energie verloren haben in ihrem Inkarnationsprozess, kommen in den Bewusstseinszustand, in dem sie* ***wenig Verbundenheit mit dem Kosmos wahrnehmen*** *können. Manchmal ist es ein Schock, welcher die Seelenkraft hat so schwinden lassen, manchmal sind es mehrere. Wie auch immer, alles in allem bedeutet es aber eine Bewusstseinstrübung. Die Menschen identifizieren sich nur noch mit ihrem Körper und der Materie, die sie umgibt – oder ich sollte besser sagen, der Materie, die sie im Körper wahrnehmen. Eure Sinne. Eure Sinne sind die Werkzeuge eures Körpers. Diese Menschen glauben nicht an Verbundenheit , Empathie, Liebe, andere Welten, Wiedergeburten, weiteres Wachsen und so viel mehr. Wenn diese Verbundenheit* *im Bewusstsein verloren geht (weniger wird, denn sie kann nie ganz verloren gehen), dann wird die Wahrnehmung, über die reduzierte Kraft der Seele, auch reduziert auf das Stoffliche, das diese Seele kennt. Werden diese Kräfte frei gesetzt im Übergang aus dem Körper, so können sie* ***nicht loslassen von dieser Stofflichkeit. Sie wandeln und wandeln weiter in den ihnen bekannten Umgebungen. Und dort verweilen sie.***

Das würde erklären, warum man zum Beispiel an bestimmten Orten, Schlössern, Burgen oder auch anderen Orten, immer wieder von Geisterwahrnehmung berichtet, weil die ja dort geblieben sind, gell?

*Ja.*

Aber als ich meine Astralreisen erfahren habe, hatte ich mich immer sehr alleine dabei gefühlt. Meine Wahrnehmung ist tatsächlich auf niemanden getroffen, mit demeine Kommunikation möglich war. Kein bewusstes Gegenüber, nur mir mehr oder weniger bekannte Formen, wie Häuser, Strassen u.s.v. In meinem Nahtoderlebnis war das anders. Unterschiedliche Bereiche nahm ich wahr und je weniger Form mich umgab umso klarer wurde mein Bewusstsein und Kommunikation wurde plötzlich möglich. Seitdem weiß ich: ich kann auch andere wahrnehmen. Aber in den Astralreisen, als ich nur in dieser Ebene war, habe ich tatsächlich nur mich selbst wahrgenommen. Wie ist das zu verstehen? Ist es in dieser Ebene tatsächlich so „leer"?



*Eine interessante Frage. Ich möchte dich daran erinnern, dass die Wahrnehmungen der Menschen so vielfältig wie ihre Gesichter und Charakter sind. Das bedeutet, dass jeder natürlich auch diese Ebene anders wahrnehmen würde und kann. Letztlich ist es aber, rein kosmisch nicht so gefördert, dass körperlose Energien in den grobstofflichen Ebenen verweilen, sondern in den Bereich der Verstorbenen wandeln sollten. Du kennst aber auch das Gesetz des freien Willens und wenn eine Seele nun einmal nicht das alte Leben und die alten Formen aufgeben und loslassen möchte oder auch nicht kann, so bleibt sie nun mal in diesen Bereichen.*

Aber zurück zu meiner Frage, sie sind dort weniger?

*Ja. Ich selbst habe auch auf meinen Sichtungen und Besuchen dieses Bereiches nicht viele Verstorbene wahrgenommen. Es ist wie ein Ort der übrig Gebliebenen.* ***Für diejenigen, die wenig Energie haben und leider eben auch etwas wenig Verständnis des Kosmos, doch vor allem wenig Vertrauen in ihn haben.*** *Wenig Vertrauen, dass es noch etwas anderes gibt, als das, was sie bereits kennen.*



Aber es muss doch etwas geben, das sie permanent daran erinnert, dass es noch was anderes gibt. Dass es also wie ein Angebot des Kosmos, das dauerhaft besteht, gibt und sie auf gewisse Art und Weise daran erinnert, dass da noch viel mehr ist, als die glauben. Oder?

*Ja. Natürlich gibt es das.*

Und wie sieht das aus? Wie kann ich mir das vorstellen?

*Wenn du dich daran erinnerst, dass die Bereiche ineinander miteinander verschmelzend sind, dann kannst du dir gewiss sein, dass Derartiges auch in dieser Materie möglich ist.*

∞

Heißt, sie haben eine Art Möglichkeit einen helleren Bereich oder einen anderen Bereich wahrzunehmen, und es liegt an ihnen, dorthin zu wollen, richtig?

*Ja. Genauso ist es. Deine Beschreibung ist sehr gut. Ihre Verantwortung, selbst zu entscheiden, wo sie verweilen und wohin sie wandeln wollen, wird immer bestehen bleiben. Niemand kann ihnen diese Aufgabe, diesen Schritt abnehmen.*

Das habe ich verstanden. Und wie ist das mit den Seelenbruchteilen, wie kommt es, dass sich Seelenbruchteile in dieser Ebene aufhalten?

*Das geschieht, wenn sie in ihrer Wahrnehmung nicht das Bekannte loslassen können.*



Aber wie ist das zum Beispiel, wenn ein Mensch einen Unfall hat, nehmen wir mal einen Flugzeugabsturz, und die Seele dabei herausgeschleudert wird. Dann könnte sich ein Teil ablösen und wir haben dann eine Seele mit Seelenkern und zusätzlich ein kleineres Kraftfeld, einen Seelenbruchteil. Dann kann es also passieren, dass die Seele mit Seelenkern in die Ebene der Verstorbenen kommt und der Seelenbruchteil sich jetzt noch auf der materiellen Ebene, auf unserer materiellen Ebene weiter aufhält. Befindet er sich dann an dem Ort, an dem sie sich voneinander gelöst haben, oder kommt er an den Ort, den die Seele in ihren Erinnerungen kennt?

*Natürlich gehen diese Bruchteile an die Orte, die sie kennen, wenn sie schon nicht in den entsprechenden Bereich wandeln.*

Das ist übrigens sehr spannend, denn das gilt ja auch für die Seelen, die aus dem Körper gehen und nicht loslassen können. Die gehen prinzipiell an die Orte, die sie kennen, das verstehe ich. Aber wie geht das von Statten, wenn sie zum Beispiel viele Tausend Kilometer entfernt waren beim Übergang?

*Sie gehen ganz natürlich geführt von der kraft der Aufmerksamkeit, die in ihrer Seelenkraft schwingt, und kraft der Resonanz, in diese bekannten Örtlichkeiten. Das geschieht in Bruchteilen von Sekunden, wenn man es in Zeit messen sollte.*

Ach, dann bewegen die sich ja ganz schnell.

*Ja. Sehr schnell, Liebes. Sehr, sehr schnell, gemessen an euren bekannten Bewegungen der Körper.*



Aaah. Denn ich habe es bei meinen Astralreisen auch erlebt, dass ich mich, wenn ich mich bewegen wollte, diese Bewegung - das Fliegen - selber steuern konnte. Mal ging es schneller und mal ging es langsam.

*Das ist etwas ganz anderes, Liebes. Du warst mit deinem Seelenkern noch im Körper. Wir reden hier gerade über etwas ganz anderes.*

Stimmt. Okay. Man hört aber auch immer wieder, dass diese Art von Geister von Menschen wahrgenommen werden können. Wie geht sowas?

*Nun das geht ganz einfach. Menschen, die Feinstoffliches leichter wahrnehmen können, weil ihre Seele selbst hoch schwingt, können derartige Frequenzen natürlich lesen.* ***Und die Verstorbenen, welche sich an einem Ort aufhalten, sind leicht zu lesen, weil sie in ihrer Frequenz nicht sehr hochschwingend sind.*** *Also leicht mit euren Sinnen noch zu erkennen. Wenn du Engel oder hoch schwingende Meister sehen möchtest, ist das schon schwerer.*

Du willst damit sagen, dass es tatsächlich gar nicht so schwer ist, derartige Verstorbene wahrzunehmen, wenn man sich darauf einlässt.

*Ja, absolut. Mal mehr mal weniger. Du weißt es selbst.*

Ich will auf etwas ganz anderes hinaus und rede jetzt wirklich nur von den Verstorbenen, die man mehr oder weniger zufällig wahrnimmt. Ich habe einmal die Präsenz eines Verstorbenen gespürt, der unbedingt zu mir wollte, und das war nicht nur einmal sondern mehrfach der Fall. Ich habe an verschiedenen Örtlichkeiten derartige Energien wahrgenommen, die dann immer zu mir wollten. Im Sinne von „in mich hinein“. Warum haben die das gemacht?



*Wenn du Derartiges wahrgenommen hast, so hast du nicht nur ihre Präsenz, sondern auch ihre Gedanken wahrgenommen. Ihre Gefühle. Sie haben Energiefelder aufgesucht, die ihnen Kraft geben können. Und dabei bist du als starkes Kraftfeld natürlich sehr begehrt.*

Wenn ich derartige Energien gespürt habe, war es manchmal ein bisschen unangenehm, weil sie mich gar nicht gefragt haben, das heißt, die haben meinen freien Willen nicht wirklich respektiert.

*Ja. Vergiss nicht, dass du es nicht mehr sehr hoch schwingenden und bewussten Seelen zu tun hast. Sie sind sehr unbewusst, sehr mit ihrem letzten Leben verbunden und in Erinnerungen daran. Ihnen geht es nur darum Energie zu bekommen. Wie Nahrung ist das für sie.*

Und was machen sie dann mit dieser Energie? Könnten sie dann in die andere Ebene?

*Was genau jeder Einzelne damit macht, das kann ich dir nicht sagen, aber es ist in jedem Fall so, dass sie derartige Momente gerne nutzen.*

Ich habe dann einen Stein **erworben**, der mir geholfen hat, mich besser vor solchen „Bedürfnissen" zu schützen. Dadurch habe ich die Verstorbenen nicht mehr so wahrgenommen und konnte auch wieder ruhig schlafen. Ist das jetzt schlimm? Habe ich Ihnen damit die Chance, Energie zu bekommen, entzogen?

*Nein. Sie sollen sich nicht Energie über derartigen Energieaustausch der Bedrängung deiner Seele holen, sondern einfach in die Ebene der Verstorbenen wandeln.*

Verstehe. Aber so mancher bräuchte vielleicht ein Gespräch, in dem man ihm das mal klarmacht.

*Das mag sein. Ich lege große Hoffnung darein, dass dieses Buch den Menschn hilft, besser zu verstehen, was wie zusammenhängt und vor allem, was die Auswege aus den jeweiligen Situationen sind. Falls sie sich in solch einem Zustand nach dem Übergang wiederfinden.*

Ja. Verstehe ich. Es gibt aber auch so etwas wie Poltergeister. Was genau ist das?

*Poltergeister ist ein lustiger Name.*

Aber du weißt, was ich meine, oder?

*Ja.*

Kannst du dazu etwas sagen?

*Nun ja, es sind genauso Verstorbene und Seelenbruchteile, die in der Ebene der Menschen verweilen, in eurer Natur so gesehen verweilen, und welche sich eben auf diese Art und Weise Aufmerksamkeit verschaffen.*



Und warum tun sie das? Das hat ja auch etwas Gruseliges, ich meine, die ärgern die Leute auch.

*Es ist ausschließlich eine Frage der Aufmerksamkeit.*

Und mit welchem Ziel?

*Mit dem Ziel* ***über Aufmerksamkeit wahrgenommen zu werden,*** *vielleicht auch um Einsamkeit zu bekämpfen und auf diese Art und Weise auf jeden Fall auch Kraft zu bekommen. Die Parameter sind die gleichen, die Wege sind unterschiedlich.*

Verstehe ich. Es gibt Menschen, die erzählen mir manchmal, dass sie im Augenwinkel Energien wahrgenommen haben, aber keine Verstorbenen, sondern ganz helle Energien. Sind das dann auch Geister?

*Nein. Das sind andere Energiefelder.*

Aber die befinden sich doch dann auch auf unserer Ebene.

*Ja.*

Und warum tun sie das?

*Sie sind meist Schutzgeister. Oder andere helfende Wesen.*

Oh, damit machst du ein neues Kapitel auf. Ein Schutzgeist ist aber nicht ein Geist, so wie wir ihn gerade benannt haben, der sich ausschließlich auf der Ebene der Menschen aufhält, oder?



*Nein. Aber auch kann.*

Möchtest du darüber ein separates Kapitel machen?

*Ja.*

Okay, verstehe ich. Zurück zu den Verstorbenen. Wenn wir derartige Verstorbene, die da noch an bestimmten Orten „festhängen", wahrnehmen - wie können wir denen helfen?

*In erster Linie solltet ihr zu ihnen sprechen und ihnen bewusst machen, dass sie in eine andere Ebene voller Liebe,*

*Licht, Kraft und vor allem Freude wandeln könnten. Wenn sie es wollen. Ihnen bewusst machen, dass das, was sie gerade erfahren, nur eine Station mehrerer Möglichkeiten darstellt. Wenn die Kommunikation zwischen diesen Verstorbenen und den kommunizierenden Menschen so gut ist, dass man intensiver sprechen kann, so kann man letzte Fragen lösen und dann Wegweiser geben, darauf aufmerksam machen, dass es einen Bereich gibt, der leuchtend hell strahlt und man dort hingehen kann. Es ist möglich rein über die Worte. Es ist aber auch über das Gefühl möglich. Wenn ihr also keinerlei wörtliche Kommunikation mit diesen Energien aufnehmen könnt, so geht in das Gefühl. Fühlt ihr die Präsenz, so schickt Bilder von Licht und Liebe und gebt beruhigende liebevolle Impulse mit dazu, so dass das Gegenüber versteht, dass dies die Lösung der Problematik, in der sie gerade stecken, sein kann.*



Das sind ja echt interessante Möglichkeiten. Da hat man zum einen die Verstorbenen, die sich noch in der Ebene der Erde aufhalten, und zum anderen die Seelenbruchteile, die sich an inkarnierte Seelen anheften. Das ist ja ein lustiges Treiben hier.

*Wie auch immer du es nennen möchtest, es ist so, wie es ist.*

Ja, ich weiß. Eine Frage habe ich noch. Bevor ich diesen Stein getragen habe, habe ich ja diese Verstorbenen und ihr verzwiefeltes Drängen stark wahrgenommen.. Und dann habe ich einmal gesagt: „Ach weißt du was, jetzt reicht´s mir, mach doch, was du willst." Und dann ist so ein Verstorbener in mich hineingestiegen. Ich habe mehr oder weniger mein Bewusstsein verloren, und nach einer Weile hat er mich wieder verlassen - war einfach weg. Ich war dann wieder bei

Bewusstsein. Bei vollem Bewusstsein. Der Moment war komisch, es ging mir nicht so gut, mein Kreislauf hat ein bisschen geschwächelt. Was hat denn diese Seele nun mit dieser Kraft, die sie aus mir gezogen hat, letzten Endes gemacht?

*Derartige Seelen kommen meist über das Gefühl, das sie in deinem Körper erfahren konnten, in den Impuls, die andere Ebene zu besuchen. Es ist wie ein Wachruf. Du gibst ihnen einerseits die Kraft und andererseits dadurch das Bewusstsein, den Zustand zu ändern. Im Prinzip wirkst du wie ein Tor.*

Ich habe trotzdem nicht vorgehabt, das ständig zu machen, das war nämlich nicht so angenehm. Und ich habe gefühlt, dass das prinzipiell nicht richtig ist.



*Ja. Da hast du auch völlig recht, Liebes. Dein Gefühl sagt dir die Wahrheit – wie immer. Derartiges ist nicht prinzipiell der einzigste und richtige Weg, um Verstorbenen zu helfen. Das kannst du anders, wie du weißt.*

Ja, das weiß ich. Wenn ich den Verstorbenen täglich mit meinen Energiespritzen helfe, gebe ich ihnen genau diesen Impuls?

*Ja. Genau das tust du. Du gibst ihnen deine positive Liebeskraft über diesen Energieimpuls und du gibst ihnen Kraft. Beides wirkt letztlich bewusstseinserweiternd, die Sehnsucht weckend und beschleunigend in die andere Ebene hinein.*

Ach schön. Ja. Na das funktioniert ja dann super.

*Ja das tut es. Und das ist auch sehr wichtig, dass du es tust.*

Gerne. Kann man denn sagen, dass diejenigen, die auf der Ebene der Natur, der Erde, festhängen, dass es denen nicht so gut geht?

*Ja natürlich. Sie sind in einem sehr niedrig schwingenden Energiebereich und können nicht einmal Reinigung erfahren, wie diese im Kosmos zuteil wird. Du erinnerst dich.*

Ja. Oh, dann ist das ja wirklich so ein verirrtes Sein. Nicht schön. Wie nennen wir denn diesen Bereich? Wie nennt ihr ihn?

*Der Bereich der Menschen. Der Bereich der Körper. Der Bereich der Inkarnation.*

Verstehe. Okay… Danke. Möchtest du noch etwas zu dem Thema sagen? 

*Nein.*

Gut, dann danke ich dir vielmals bis hierher und freue mich aufs nächste Mal. Danke. Liebe.

*Danke. Liebe.*

∞

# Chakren

Mein liebster Freud und Lehrer, heute möchte ich dich zum Thema Chakren befragen. Ich selbst habe ja im 1 x 1 des Seins, in meinem allerersten Buch, schon versucht diese kleinen Energiefelder deutlicher zu beschreiben und vor allem, wie man sie aktiviert und was das bedeutet, wenn sie alle aktiviert sind. Wie dabei der Zugang in den Kosmos „gelegt" oder verstärkt wird - dass dafür aber alle Chakren gereinigt und aktiv sein müssen. Das ist natürlich im Zusammenspiel mit der Natur, dem Leben, den Gedanken und überhaupt dem Seelenpotential und der Kraft nicht immer so leicht. Ich habe dieses andere Buch aber noch weniger bewusst medial geschrieben und mich selbst dabei noch sehr eingebracht. Deswegen ist das jetzt die Möglichkeit, das Ganze nochmal ganz anders zu betrachten, nämlich mit dir, durch dich und durch deine Wahrnehmung. Daher bitte ich dich, sprich, was du zum Thema Chakren sagen kannst.



*Sehr gerne, meine Liebe. Chakren sind im Prinzip Ausformungen der Seelenkraft, welche in euch lebt. Sie werden durch das Kraftfeld der Seele immer gespeist. Um aber genauer in die Beschaffenheit zu gehen: Stellt euch vor, ihr habt den Seelenkern tief in euch veranktert und das Seelenkraftfeld schwingt aus euch durch jede Zelle hindurch hinaus. In meiner Wahrnehmung besitzt ihr dazu nicht nur euren Körper, sondern eben auch mehrere kleine Energieräder. Meine Wahrnehmung sieht diese Energiefelder nah am Körper sich drehend. Daher nenne ich sie Energieräder.*

∞

Aha. Und was genau ist die Funktion von diesen Energierädern aus deiner Perspektive?

*Ich sehe, dass ihre Schnelligkeit und Leuchtkraft stark mit der Seelenkraft verbunden wirkt und dadurch eine Art Indikator darstellen. Ist die Seelenkraft durch und durch rein und stark, gesund und kraftvoll, so leuchten diese Chakren in die ätherischen Welten hinein. Ist die Seele aber erkrankt, so stocken diese Räder und verschließen sich.*

Und was bedeutet das, wenn sie sich verschließen?

*Das, was du letzten Endes auch schon beschrieben hast. Weniger Chakrenaktivität bedeutet weniger Verbindung in den Kosmos. Mehr Chakrenaktivität bedeutet, das Seelenpotential voll entfaltet zu haben und dadurch in Verbindung mit dem Kosmos zu sein. Ich korrigiere: In bewusster Verbindung mit dem Kosmos zu sein.*



Also ist das ja mehr oder weniger wie eine Art Uhrmaschinenwerk, das verschiedene Zahnräder hat, die alle ineinander wirken. Und wenn ein Zahnrad in diesem Uhrenwerk nicht funktioniert, funktioniert die ganze Uhr nicht.

*Ja. Genau so ist es. Leider.*

Das ist so, wie ich es auch damals geschrieben habe. Erst wenn alle miteinander funktionieren, dann steht diese sehr starke Verbindung in den Kosmos. Dazu müssen sie aber wirklich alle miteinander funktionieren.Es reicht nicht, wenn nur eines super gesund und aktiv ist, alle anderen aber nicht.

*Ja. Aber bitte vermittle nicht das Gefühl, dass die Menschen keine Verbindung in den Kosmos haben. Ich möchte nur darauf hinweisen, dass sie in Klarheit und Bewusstheit diese Verbindung über diese Chakren* ***besser leben****. Verbunden seid ihr immer im Meer der Energien.*

Okay, aber was genau ist dann die Funktion von diesen Energierädern? Braucht es die wirklich? Warum gibt es nicht einfach nur einen Seelenkern, ein Seelenkraftfeld, welches sich als Aurafeld zeigt, und das war es? Wieso brauchen wir diese Chakren?

*Weil sie mit den Körperfunktionen zusammen wirken. Sie sind letztlich Brücken der feinstofflichen Welt in die Materie und umgedreht. Wie du weißt,* ***ist jedem Chakra mindestens auch eine Körperfunktion zugeordnet. Und das bedeutet, dass die Chakren diese Körperfunktionen auch beleben.*** *Es ist ein in sich agierendes System. Ein in sich miteinander synergierendes System.*



Also sind diese Chakren jetzt Bestandteil der Seele oder sind sie Bestandteil des Körpers?

*Sie sind Bestandteil des Zusammenspiels zwischen Seele und Körper.*

Das beantwortet mir nicht wirklich meine Frage. Ich möchte wissen, ob die Chakren zur Seele oder zum Körper gehören.

∞

*Du kannst es nicht trennen.*

Okay. Ich hätte jetzt gedacht, dass die Chakren feinstofflich sind und deswegen halt eher zur Seele gehören.

*Nein, das stimmt aber nicht, denn wenn du den Körper verlässt, hast du diese Energieräder nicht mehr bei dir. Ist der Körper aber ohne Seele, so hat er diese Energieräder auch nicht mehr. Sagen wir einmal, es ist eine* ***Art Zwischenenergie, die nur dann existiert, wenn eine Seele in einem Körper existiert und verweilt.*** *Kannst du damit etwas anfangen?*

Ja, damit kann ich etwas anfangen. Das heißt, es ist eine Art neue Energie, die entsteht, wenn diese beiden Systeme miteinander arbeiten. Kann man das so sagen?



*Ja.*

Na schau. Die Funktion der einzelnen Chakren kann man in anderen Büchern nachlesen, das ist hier nicht das Thema. Ich möchte eigentlich hier wirklich nur die feinstoffliche Beschaffenheit und deine Wahrnehmung zu den Chakrenaktivitätan festhalten. Sind diese Energiefelder vorne oder hinten, also vor dem Körper jeweils oder hinter dem Körper oder im Körper?

*Ich nehme sie in euren Körpern wahr. Nicht davor und nicht dahinter.*

Ja. Manche sagen, sie sind irgendwie leicht über dem Körper, da wo die Haut endet, ungefähr auf der Höhe.

∞

*Ich kann diese Körpergrenzen als solche nicht genau wahrnehmen, Liebes. Dazu solltest du andere Wesenheiten fragen. Wenn es dir wichtig ist.*

Verstehe. Ich möchte ganz kurz nochmal auf die Problematik der Chakrenaktivierungen eingehen. Heißt das also, dass ein Mensch, dessen Chakren aktiv und gesund sind, eine andere Verbindung in den Kosmos hat?

*Ja.*

Bitte beschreibe mir den Unterschied .

*Wenn der Mensch alle Chakren rein und aktiv hat, so schwingen die kosmischen Kräfte durch ihn und mit ihm in sehr starker Resonanz. Seine Seele strahlt dann voll, und er empfängt die Impulse des Kosmos, das Chi, und all die Kommunikationen in starker reiner Frequenz. Diese Menschen sind ruhig, ausgeglichen und in ihren Schritten mit dem Kosmos verbunden. Sie entscheiden nicht mehr nur aus dem Ego heraus, sondern fühlen das Kosmische in ihnen, durch sie.* ***Ist das Chakrenfeld gestört, so verzerren diese Wahrnehmungen.***

Was genau bedeutet das?

*Menschen mit verzerrten oder nur sehr langsam drehenden Energierädern nehmen die feinstoffliche Welt fast gar nicht wahr. Sie leben im Ego, ganz mit sich, glauben alles, was sie sehen und machen, sei das wichtigste und einzige im Kosmos. Sie sind der Kosmos.*

∞

Das ist ja letzten Endes eine Art Verschließung.

*Ja. Dann wirken nur die körperlichen Kraftfelder und die körperlichen Funktionen vor allem. Ich möchte damit sagen, dass diese Menschen nur das Körperliche wahrnehmen und dadurch auch nur körperlich „denken". Ihre Antennen in den Kosmos sind stumpf und verschmutzt, dadurch nehmen sie mehr oder weniger nur sich selbst wirklich wahr.*

Danke für die Erklärung, das ist sehr einleuchtend, und ich möchte das auch bestätigen, denn ich begegne natürlich sehr vielen Menschen, die nur sich selbst wahrnehmen, und ihre körperliche Grenze ist die Grenze ihres Denkens und ihres Fühlens. Dann wird der Mensch sehr animalisch, sehr unbarmherzig und herzlos, sehr berechnend, gierig und so vieles mehr, aufgrund der falschen Sichtweise, dass sie denken, sie seien der Mittelpunkt allen Seins. Also könnte man doch sagen, dass das Zusammenspiel von Seele und Körper durch das Existieren dieser Energierräder verhindert, dass der Mensch nur das Tier aus ich heraus lebt.



*Ja.*

Aber man kann nicht sagen, dass die Seele den Körper braucht, um Seele zu sein.

*Nein.*

*Das* Körperliche braucht die Energierräder, um das Feinstoffliche stärker wahrzunehmen.

∞

*Ja.* ***Die Energierräder sind die Werkzeuge des Körpers, um das Feinstoffliche besser wahrzunehmen.*** *Das ist letzten Endes die Essenz. Es sind Werkzeuge.*

Schön. Ich werde versuchen im Anschluss an das Kapitel noch ein paar Informationen zu den jeweiligen Chakren und den jeweiligen Bereichen, die damit erreicht werden können, festzuhalten. Das habe ich ja im 1 x 2 des Seins schon drin.

*Ja. Kannst du machen. Sehr schön, solange du bildlich auch die Dinge darstellen kannst.*

Wenn ein Mensch beispielweise nur das untere Chakra aktiviert hat und die anderen alle ziemlich langsam sind, ist dieser Mensch sehr aktiv in seinem Sexualtrieb. Das ist ja prinzipiell nichts Schlechtes, denn wenn alle diese Chakren geöffnet sind, dann ist der Mensch in vielen anderen Dingen auch sehr aktiv. Aber wenn es eben nur dieses Chakra ist, dann sind seine Entscheidungen, sein ganzes Leben, sein ganzes Sein dann eben eher von dieser Energie geleitet, oder?



*Ja, wobei du jetzt das Feinstoffliche verantwortlich machst für das animalische, und das ist nicht ganz richtig. Ich möchte das anders beschreiben. Sehe ich bei einem Menschen das untere Chakra sehr aktiv, so weist dies nur darauf hin, dass das Energiefeld dort am aktivsten ist. Das hat sonst Feinstofflich keinerlei Bedeutung. Die Bedeutung der Chakren in und für die feinstofflichen Welten entsteht wirklich erst,* ***wenn sie alle miteinander aktiv sind. Denn dann entsteht ein weiterer Kanal, eine Öffnung, eine Verstärkung der Verbindung aller Chakren.*** *Verstehst du?*

∞

Du willst also unterstreichen, dass nicht ein oder zwei Chakren, die aktiv sind, bedeuteten, dass dieser Bereich jeweils dann mit der feinstofflichen Welt in Verbindung agiert, sondern dass nur alle zusammen agierend überhaupt eine Art feinstoffliche Kommunikation ermöglichen.

*Ja, so ist es richtig.*

Ich erinnere mich aber, dass es auch eine gewisse Art von Verbindung zwischen den jeweiligen Chakren und den jeweiligen Bereichen gab.

*Ich kann das nicht sehen, Liebes. Wenn dem so ist, du kannst es gerne noch hier vermerken. Aber ich, in meiner Wahrnehmung sehe dies nicht. Nicht jeder Mensch trägt alle Verbindungen in alle Ebenen in sich. Lediglich das Zusammenspiel aller Energierräder miteinander ermöglichen die direkte Kommunikation in die feinstofflichen Welten,* ***aber wohin man dann letzten Endes kommuniziert, ist nicht daran gebunden, sondern wiederum an die Seelenkraft und die Reinheit der ganzen Seele****. Das hatten wir schon besprochen.*

Ja, das stimmt. Das heisst, selbst wenn ein Mensch alle Chakren aktiv und rein hat und auch die Verbindung stark fühlt, so heisst das nicht, dass er den ganzen Kosmos fühlen kann, da sein Kraftpotential, sein Seelenkraftpotential entscheidend ist für diese Weite. Das hattest du schon sehr schön erläutert. Vielleicht könntest du mir noch ein paar Tipps mitgeben, wie man die Chakren reinigt.

*Dazu möchte ich nur sagen, dass die Chakren allesamt Ener-*

*gierräder sind. Reinigt ihr euer ganzes Energiefeld, so reinigt ihr immer auch die Chakren mit. Lediglich* ***die liegende Acht ab und zu über die Chakrenräder zu schreiben****, beschleunigt sie und könnte daher bei der Reinigung der Seele helfen.*

Kann man nicht noch mit Kräutern oder irgendwelchen anderen Sachen arbeiten?

*Nein, nein, nein, nein, nein. Keine körperlichen Sachen können dieses Feinstoffliche bewegen. Du musst diesbezüglich auf der seelischen Ebene denken. Es ist ja letzten Endes keine Körperlichkeit, die gereinigt werden muss. Also kannst du auch keine Materie dazu benutzen. Aber wenn ihr derartige Symbole wie die liegende Acht nutzt, so schreibt ihr in die Energetik des Kosmos hinein und nutzt das Chi, damit diese Energierräder wieder beschleunigt werden. Ich sehe dies als das effizienteste Werkzeug.*



Okay. Ja gut. Das ist deine Wahrnehmung. Vielleicht gibt es auch noch andere Menschen, die andere Werkzeuge finden.

*Ja, das kann absolut sein. Ich berichte hier von meinen Werkzeugen, die ich weiß, dass sie funktionieren.*

Okay. Kann man nicht auch mit Gedankenkraft die jeweiligen Chakren durchgehen - also indem man eine Art meditative Reise macht, in der man sich vorstellt, dass man sie alle einzeln aktiviert?

*Ja natürlich. Das ist auch möglich.*

∞

Vielleicht ist es der Mix von beidem?

*Ja schön.*

Okay. Nun denn. Ich habe so weit keine Frage mehr zu den Chakren, hast du noch etwas?

*Nein.*

Okay. Dann möchte ich, glaube ich, dazu jetzt nichts mehr fragen. Ich danke dir vielmals, liebster Freund. Danke. Liebe.

*Danke. Liebe.*



∞

## Der Mensch auf dem Weg der Bewusstwerdung der Ganzheit

Sich nur der tierischen, grobstoflliche Ebene bewusst geworden, reduziert sich das Bewusstsein auf die körperlichen Grenzen und hält es im niederen Frequenzbereich fest. Derartige Menschen haben ein stark ausgeprägtes Ego, empfinden und fühlen nur das mit ihren körperlichen Sinnen sichtbare als Realität.

∞

Der Mensch und die Ebenen in und durch ihn. Wir sind ein Energiekomplex, der alle Ebenen in sich trägt und über sein Bewusstsein in diese hineinwirken kann. Sich aller Ebenen bewusst sein heißt, ganz zu sein.

∞

*Fortsetzung in Teil 2*

385

∞

# *Weitere Werke von Sylvia Leifheit*

(Leseproben und E-Book Ausgaben erhältlich)

**Das 1x1 des Seins**
Fachbuch - ISBN: 978-3941837478

**JAVAH**
Roman - ISBN: 978-9962-702-01-6

**Interviews mit den Wesenheiten von Abadiânia (Band 1)**
Fachbuch - ISBN: 978-9962-702-04-7

**Einweihung in die Geheimnisse des Kosmos (Band 1)**
Fachbuch - ISBN: 978-9962-702-15-3



**Einweihung in den energetischen Jahreskreis (Band 2)**
Fachbuch - ISBN: 978-9962-702-17-7

**Einweihung in Geburt und Tod (Band 3)**
Fachbuch - ISBN: 978-9962-702-19-1

**Einweihung in die Lebensweisheiten König Salomon´s (Band 4)**
Fachbuch - ISBN: 978-9962-702-25-2

**Einweihung in die Kartografie der feinstofflichen Welten (Band 5)**
Fachbuch - Teil 2: ISBN: 978-9962-702-33-7

∞

387

„Es gibt keine Grenzen, außer die unserer Wahrnehmung."

Sylvia Leifheit

*Danke.*

*Liebe.*

389

∞